普通高等教育公共基础课系列教材

大学生心理健康教程

主 编 刘 钰

中国海洋大学出版社
·青岛·

图书在版编目(CIP)数据

大学生心理健康教程/刘钰主编.—青岛:中国海洋大学出版社,2020.9
ISBN 978-7-5670-2591-2

Ⅰ.①大… Ⅱ.①刘… Ⅲ.①大学生-心理健康-健康教育-教材 Ⅳ.①G444

中国版本图书馆 CIP 数据核字(2020)第 186316 号

出版发行	中国海洋大学出版社
社　　址	青岛市香港东路 23 号　　　　　　邮政编码　266071
出 版 人	杨立敏
网　　址	http://pub.ouc.edu.cn
电子信箱	1079285664@qq.com
订购电话	0532-82032573
责任编辑	由元春　　　　　　　　　　　　　电　　话　0532-85902495
印　　制	北京虎彩文化传播有限公司
版　　次	2020 年 11 月第 1 版
印　　次	2020 年 11 月第 1 次印刷
成品尺寸	185 mm×260 mm
印　　张	15
字　　数	350 千
印　　数	1—1000
定　　价	36.00 元

如发现印刷质量问题,请致电 010-84720900,由印刷厂负责调换。

前言

21世纪是一个崭新的世纪,也是一个全新的时代。这个时代为中国大学生提供了前所未有的机遇,但同时也给他们带来了前所未有的压力。大学生是一个承载家长和社会高期望值的群体,自我定位高,成才的愿望非常强烈,但他们的心理发展尚未完全成熟、稳定,心理承受和适应能力相对较弱。面对自我冲突的"内忧"和社会适应的"外患",大学生们要不断学习与探索,才能一步步成长和成熟。

加强大学生心理健康教育,对于高校贯彻落实以人为本的科学发展观,推进素质教育,增强大学生思想政治教育的实效性,促进学生个性健全发展,为建设和谐社会培养身心健康的合格人才具有重要意义。大学生心理健康教育可以充分挖掘大学生的心理潜能,培养其良好的心理素质,促进人格和谐发展,增强其社会适应能力,从而最大限度地实现其人生价值。根据中共中央、国务院《关于进一步加强和改进大学生思想政治教育的意见》以及教育部《关于加强普通高等学校大学生心理健康教育工作的意见》文件的精神,结合我国高校开展心理健康教育的实际情况,几位从事心理学研究和教学的专家和教师共同编写了本书。

本书结合大学生成长的阶段性特点,针对大学生普遍存在的心理健康问题,从心理发展与健康的角度出发,以大学生的心理困惑为切入点,分别对自我意识、情绪管理、挫折应对、人际交往、学习成才、恋爱交友等基本问题进行了指导,同时也对职业规划、危机干预等新形势下的新问题进行了阐述。编者在编写本书过程中借鉴了当前心理健康教育方面的最新理论成果和实践经验,力求突破传统,有所创新。本书实现了理论内容的严谨性和形式结构的新颖性的结合,是大学生健康成长的指导手册。与目前教材市场上的其他同类教材相比,本书具有以下特点。

(1) 内容普适。本书传播大学生心理健康知识,使大学生能够认识自身心理活动与个性品质,让大学生了解心理学的一般理论,掌握基本的心理调适方法,树立心理健康意识。

(2) 实践性强。本书的每一章都提供了心理测试的工具,大学生借助于心理测试的结果,能够对自己的心理健康状况有一个客观的评价和真实的了解。此外,教材中还设计了心理训练环节,大学生可以通过一个个心理游戏和训练,提高自身的心理素质,教师也可以借助这些训练实现互动教学。

(3) 案例翔实。本书的每个章节都收录了心理咨询案例和手记,通过对案例的详实描述和深入分析,可以让大学生对相应章节的内容认识得更加深刻,对如何进行自我调适有所启示。

(4)形式活泼。本书语言活泼、结构新颖、形式多样,不仅有名言警句、阅读材料、测试与游戏等文字内容,还配有大量生动形象的插图和表格,增加了阅读的趣味性和可读性。

本书不仅可以作为大学生心理健康教育方面的通识课教材,也可以作为高校相关教职人员了解大学生心理的参考用书,还可以作为青少年健康成长指导手册以及青年人提高自身心理素质的自学用书。

本书在编写过程中参考了大量的相关资料,谨向有关作者表示衷心感谢!

由于编写时间仓促和编者水平有限,书中难免存在不足之处,恳请广大读者批评指正。

编者

2020 年 7 月

目 录

第一章 大学生心理健康导论 ... 1
- 第一节 心理活动的特点与实质 ... 1
- 第二节 大学生心理发展特点 ... 3
- 第三节 心理健康的标准 ... 10
- 第四节 影响大学生心理健康的因素 ... 15
- 小结 ... 20

第二章 大学生心理咨询 ... 26
- 第一节 心理咨询的概念和功能 ... 26
- 第二节 大学生心理咨询的类型 ... 30
- 小结 ... 33

第三章 大学生异常心理及心理困惑 ... 35
- 第一节 大学生常见的心理困惑及异常心理 ... 35
- 第二节 大学生常见的心理困惑 ... 37
- 第三节 大学生常见心理疾病及其应对 ... 38
- 小结 ... 51

第四章 大学生自我意识与培养 ... 52
- 第一节 自我意识概述 ... 52
- 第二节 大学生自我意识发展的特点 ... 57
- 第三节 大学生自我意识的偏差及调适 ... 61
- 第四节 自我意识的评估 ... 65
- 小结 ... 67

第五章　大学生的人格发展 ·· 72
第一节　人格概述 ·· 72
第二节　大学生人格发展异常的表现与评估 ·· 79
第三节　大学生人格完善的途径 ·· 83
小结 ·· 87

第六章　大学生生涯规划与能力发展 ·· 90
第一节　生涯规划的概述 ·· 90
第二节　大学生能力概述及发展目标 ··· 93
第三节　大学生生涯规划的制定 ··· 98
第四节　时间管理 ·· 102
小结 ·· 105

第七章　大学生学习心理 ·· 111
第一节　大学生学习特点与心理机制 ·· 111
第二节　大学生学习能力的培养及潜能开发 ·· 114
第三节　大学生常见学习心理障碍及调适 ·· 119
小结 ·· 124

第八章　大学生人际交往 ·· 128
第一节　人际交往概述 ··· 128
第二节　大学生人际交往及影响因素 ·· 132
第三节　大学生人际交往原则及技巧 ·· 138
第四节　大学生人际交往障碍及调适 ·· 143
小结 ·· 154

第九章　大学生性心理及恋爱心理 ··· 158
第一节　大学生性心理的发展和性心理特点 ·· 158
第二节　大学生性心理问题及调适 ·· 161
第三节　大学生恋爱心理及常见问题 ·· 165
第四节　培养健康的恋爱心理 ··· 172
小结 ·· 175

第十章　大学生情绪管理 …… 177

第一节　情绪理论概述 …… 177
第二节　大学生情绪特点 …… 181
第三节　大学生常见不良情绪及其调适 …… 182
小结 …… 191

第十一章　大学生挫折应对及压力管理 …… 195

第一节　压力与挫折概述 …… 195
第二节　挫折对大学生成长的意义 …… 201
第三节　压力和挫折对大学生心理的影响 …… 202
第四节　压力管理与挫折应对 …… 205
小结 …… 211

第十二章　大学生生命教育与心理危机应对 …… 216

第一节　大学生生命教育 …… 216
第二节　危机与创伤概述 …… 218
第三节　危机干预与创伤治疗 …… 223
小结 …… 228

参考文献 …… 232

第一章 大学生心理健康导论

在社会发展日益迅速、人们面临的各种压力逐渐增加的情况下,社会对大学生心理健康问题的关注也逐渐加强。本章提出了在生物—心理—社会医学模式下,关于健康及心理健康的新的概念,详细介绍了心理健康的标准和心理健康水平的判定,并对心理健康的影响因素进行了分析,提供了提高心理健康水平的途径。

第一节 心理活动的特点与实质

一、心理学研究什么

心理学是研究心理现象的科学。在我们的日常生活中,存在着各种自然和社会现象,这些现象分别由不同的学科进行研究,构成了人类不同的知识领域。心理学(Psychology)以科学方法为原则,着眼于个体的行为及精神过程,对人类的心理现象进行研究。

人类的心理现象异常复杂,概括起来,可以分为认知、情绪和动机、能力和人格等三个方面。

1. 认知

认知(cognition)指人们获得知识或应用知识的过程,或信息加工的过程,这是人的最基本的心理过程。它包括感觉、知觉、记忆、想象、思维和语言等。人脑接受外界输入的信息,经过头脑的加工处理,转换成内在的心理活动,再进而支配人的行为,这个过程就是信息加工过程,也就是认知过程。

2. 情绪和动机

人在加工外界输入的信息时,不仅能认识事物的属性、特性及其关系,还会产生对事物的态度,引起满意、不满意、喜爱、厌恶、憎恨等主观体验,这就是情绪(emotion)或情感(feeling)。事业的成功、朋友的支持、家庭的团聚,使人感到愉快、兴奋和喜悦;而工作的失利、朋友的讥讽、亲人的争吵,使人感到沮丧、痛苦或愤怒。情感在认知的基础上产生。"知之深,爱之切",深厚、真挚的情感来源于对人、对事真切、深刻地了解;情感又对认知产生巨大的影响,成为调节和控制认知活动的一种内在因素。积极的情感能激发人们认识的积极性,使人锐意进取;相反,消极的情感会使人消沉、沮丧,磨灭人们认识与创造的热情。

人类的认知和行为不仅受情绪和情感的影响,而且是在动机的支配下进行的。所谓动机(motive)是指推动人的活动,并使活动朝向某一目标的内部动力。例如,一个人希望成为科学家,并以自己的努力为祖国的科学事业做出贡献,这种内部的动力会成为推动他学习和工作的动机;一个人希望得到团体的承认,并在团体中享有一定的地位,这种内部动力会成为他处理各种人际关系的动机。即使像走路、开门、休息、睡眠这些较简单的日常活动,也都是在一定动机的推动下进行的。动机的基础是人类的各种需要,即个体在生理上和心理上的某种不平衡状态。人有生理的需要,如饥择食、渴择饮等;也有社会的需要,如劳动的需要、人际交往的需要、成就的需要、自尊的需要等。人有物质的需要,如食物、衣着、住房、交通工具等;也有精神的需要,如认识的需要,美的享受的需要等。正是在人的各种需要的基础上,才形成了人的不同的动机。

3. 能力和人格

人在获得和应用知识的过程中,或者说在信息加工的过程中,还会形成各种各样的心理特性,造成人与人之间的心理差异。人的心理特性有些是暂时、偶然出现的,有些是稳固、经常出现的。这些稳固而经常出现的心理特性,有时也叫个性心理特征或个性,它是心理学研究对象的另一个重要方面。

心理特性包括能力(ability)和人格(personality)两个方面。例如,有人记忆能力很强,有人记忆能力很弱;有人长于想象,有人善于思考等,这是能力的差异。有人比较温柔,有人比较粗暴;有人思维敏捷,有人反应迟钝;有人谦虚谨慎,有人骄傲自满;有人坚强,有人怯弱等,这是人格的差异。正是这些心理特性,使一个个体的心理活动与另一个体的心理活动彼此区别开来。

二、心理活动的实质

自然科学的发展阐明了心理现象是神经系统和脑长期演化的产物。生物进化史表明,生物进化到一定阶段,产生了神经系统和脑。人类具有高度发达的神经系统和大脑,派生了人类高度发达的认识能力和智慧,发展了人类语言和抽象思维,孕育了无限丰富的想象力、创造力以及复杂多样、各具特征的人格整体。

神经系统和大脑是使人类高于其他万物的物质基础。

科学研究发现,人脑的结构和机能与心理现象相联系。19世纪中叶,脑科学的发展从解剖上与心理现象联系起来。1861年,法国外科医生布罗卡(P. Broca)发现,大脑左半球皮层额下回受损伤的病人罹患了运动性失语症,这个区域后来被命名为"布罗卡区"。20世纪60年代以来,斯佩里(R. Sperry)等在为治疗癫痫发作而施行割断连接两个大脑半球的胼胝体手术中发现大脑两半球的心理功能是有差异的。经过反复研究,初步确定左半球具有言语思维优势,右半球具有空间定向优势。此后,通过持续对两半球单侧化的大量研究,进一步揭示了左半球具有认知优势,右半球具有情绪优势;左顶叶为正性情绪优势,右顶叶为负性情绪优势等功能差异。

越来越多的研究成果精确地表明,脑是心理的器官,心理是脑的机能。目前,要说明全部心理机制还有待时日,但随着脑科学的不断进步,心理的生理机制将得到更精确的揭示。

心理现象作为脑的机能是以活动的形式存在的,它以脑的神经活动为物质基础。脑的神经活动是生理、生化的过程,而心理活动则是在这些过程中发生的对外界现实刺激作用的反映活动,是对外界信息的加工。外部环境刺激事件作用于人的感受器,引起神经系统的活动,神经系统活动的复杂性好比机器装备系统活动的复杂性一样——产生感觉、知觉、记忆、思维、想象、情绪和意志等心理活动。环境刺激事件是心理的源泉和内容,神经系统对它们的加工和处理就是心理活动。因此,一切心理活动都是神经活动过程对现实刺激的反映。

第二节　大学生心理发展特点

一般认为,个体的心理发展是从出生开始,终止于生命结束。在整个过程中,随着不同的生理成熟阶段而出现不同的特点,呈现不同的水平。

> *名言警句*
> 当现实折过来严丝合缝地贴在我们长期的梦想上时,它盖住了梦想,与它混为一体,如同两个同样的图形重叠起来合二为一一样。
> ——《追忆似水年华》

一、大学生认知能力的发展

个体的认知是一个包括感知、记忆、思维与想象等的心理过程。大学生的认知在他们的学习与实践生活中作用重大。知识的掌握、信仰的形成、技能的应用、问题的解决、观念的创新等无不与认知密切相关。因此,对大学生的认知特点的研究是十分有必要的。

1. 大学生感觉的发展与特点

与其他心理过程相比较,感觉能力较多地取决于感官的生理状况,较少地取决于个体的学习与经验积累。再者,与其他器官相比较,感觉器官的生理状况既成熟较早,又衰退较早。于是,这就决定了人类的感觉是较早发展的心理过程,又是较早衰退的心理过程。

麦尔斯(Myers)整合了各种感觉过程的研究资料对此类问题进行了探究,他发现,如果以100作为感觉发展的最高水平,那么个体在10～17岁时即处于最高水平。由图1-1可知,大学生的感觉能力与其18岁以前相比虽然有所下降,但仍然处于一生之中的较佳水平上。个体的感觉能力在50岁之后才发生急剧的衰退。与此同时,动作及反应速度不仅是未来劳动技能的基础,也可以反映个体的运动感觉,甚至可以反映个体的平衡感觉的发展水平。由图1-2可知,麦尔斯的研究证明"并非年龄越大,动作越笨拙;年龄越小,动作越灵巧",大学生的动作及反应速度远比中学生好,处于一生之中的最高水平上。大学生的这一感知特点,对其掌握职业技能非常有利。

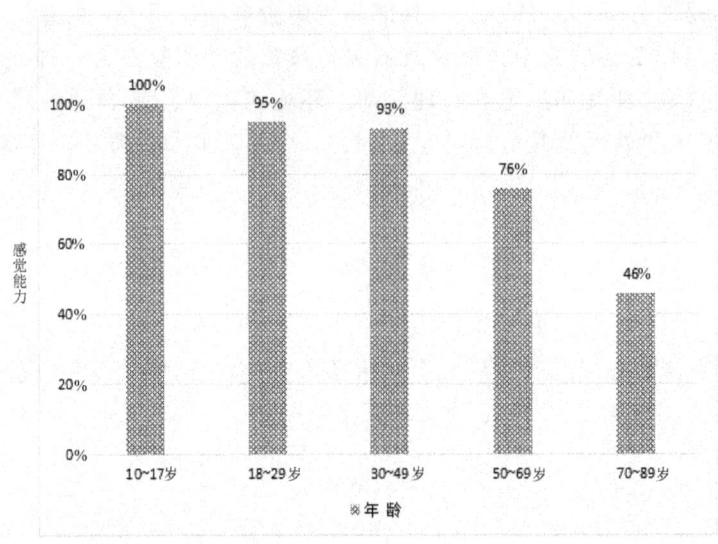

图 1-1 感觉发展与年龄的关系

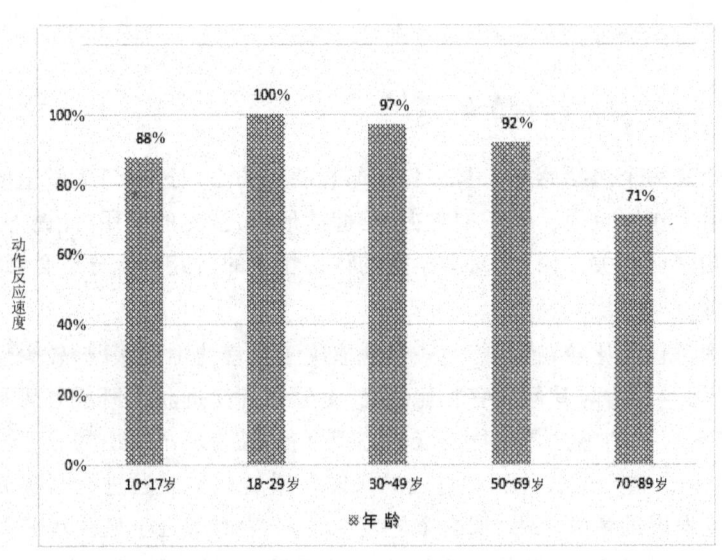

图 1-2 动作反应速度和年龄的关系

2. 大学生记忆力的发展与特点

记忆是人脑对过去经验的存储、组织与提取。日本心理学家大西诚一郎对不同记忆进行了一项研究,发现个体的机械记忆发展最早,17岁左右几乎达到顶峰,在维持一段时间以后才开始下降。形象记忆发展稍晚,14岁左右急速发展,17岁以后有所下降。逻辑记忆发展最迟,直到17岁才急速上升,维持几年的上升趋势,然后衰退。因此,大学生处于逻辑记忆发展期。琼斯和康拉德进行了一项逻辑记忆研究,发现20~25岁时个体的逻辑记忆能力达到最高峰,随后便逐渐下降。麦尔斯在综合了个体的各种记忆能力与年龄的关系之后,发现大学生的综合记忆能力处于最高水平(见图1-3)。

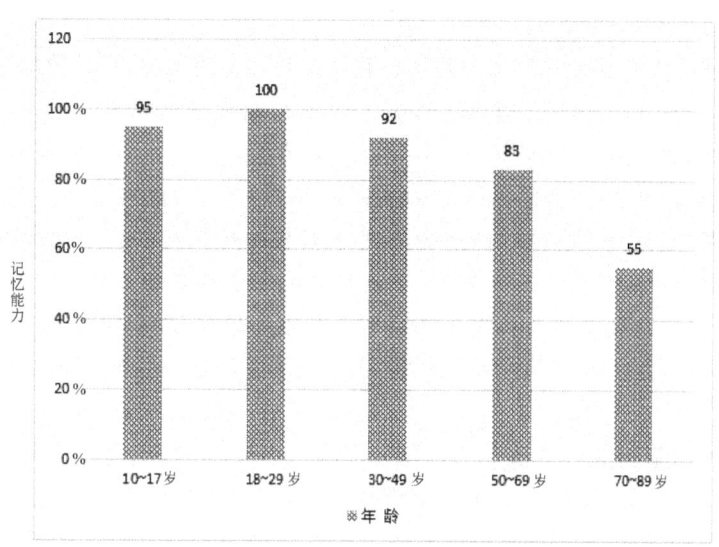

图1-3 记忆能力水平与年龄的关系

韦尔福特通过研究发现,个体记忆的衰退年龄也因记忆材料的不同而不同。如果记忆材料中含有较多的旧材料,那么记忆能力直到四五十岁还处于较高水平;如果记忆材料主要由新材料构成,那么记忆能力在20岁以后就急剧下降(见图1-4)。

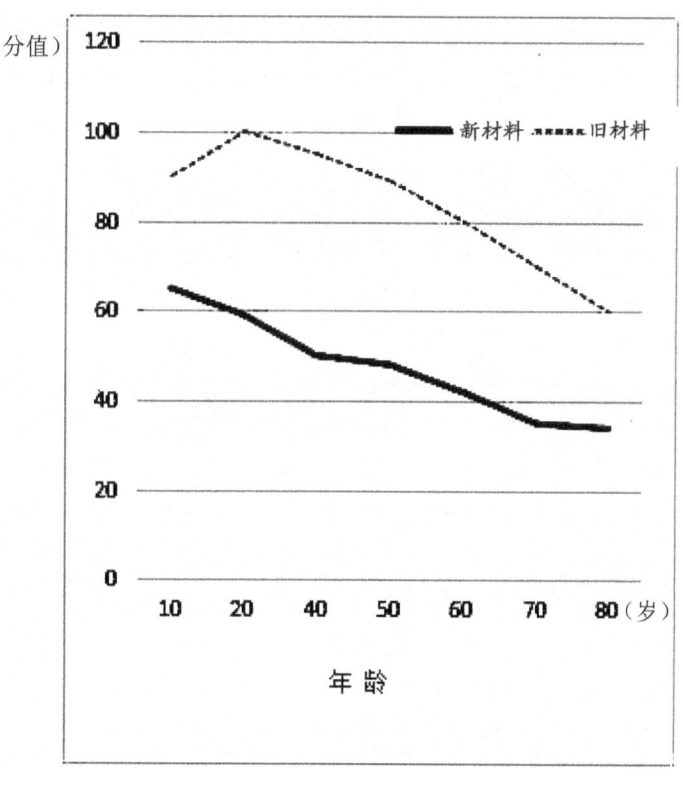

图1-4 不同材料的记忆得分与年龄的关系

3. 大学生思维的发展与特点

人类的思维分为直观动作思维、直观形象思维与抽象逻辑思维三种类型。前两种思维建立在直观操作和头脑中表象的基础上，后者建立在抽象概念和推理的基础上。大学生以思维能力为核心的智力处于高峰水平，主要有以下特点：

(1) 抽象逻辑思维水平处于一生之中的顶峰

心理学家通过研究发现，个体的逻辑思维水平与神经系统的发育水平和认知结构中抽象概念的数量有极大的关系。一般来说，随着年龄的增长和知识的积累，个体神经系统的发育逐渐成熟，他们通过教学活动获得的抽象概念会越来越多，利用这些抽象概念的机会越来越大，能力也越来越强。这些因素从总体上导致大学生的抽象逻辑思维水平处于他们一生之中的顶峰。

由于大学生抽象逻辑思维水平的迅速发展，他们所关心的问题也由较低级的具体问题逐渐转为较高级的抽象问题，他们比中学生更加关心政治、经济、文化、法律和伦理等领域，看问题的角度也较深刻。例如一部电影，中小学生喜欢看热闹、重情节，而大学生则喜欢将具体内容上升为理论，从政治经济背景、艺术手段、伦理道德观念等方面进行思考，发表见解。任何生活中的问题，大学生都不满足于就事论事，而是对它进行深层次的思考，探索对社会的各种影响和对策。因此，我们可以认为，大学生们喜欢讨论政治、社会问题的倾向与其抽象逻辑思维水平高是密切相关的。

(2) 思维发展方向具有极大的系别差异

如果在大学生之间进行横向比较，那么会发现，他们的思维发展方向具有极大的系别差异。许多理工科学生（如物理系、数学系、化学系的学生）以及一些文科的学生（如哲学系、经济系的学生），由于他们的学科内容包括逻辑推理，相当抽象，几乎全由抽象概念组成，"形式"已经从"内容"中完全解脱出来，只按逻辑关系展开，从而导致这些系的学生不仅习惯而且擅长抽象逻辑思维，逻辑思维水平极高；而其他一些系的学生（如中文系、艺术系、体育系的学生），他们的学科内容要求具备较高的形象思维，包括较高的视觉表象和动觉表象的感知、存储能力，从而促使他们的形象思维水平有了较高的发展。

(3) 辩证逻辑思维趋向成熟与完善

辩证逻辑超越了思维的外在形式，研究概念的矛盾和转化。它要求人们客观而全面地看问题，从事物的发展变化中对具体事物做具体分析，把握全部基本要素，指出什么要素占主导地位。心理学家通过研究发现，辩证逻辑思维属于较高级的思维形式，其形成时间晚于形式逻辑思维。哈佛大学的威廉·佩里(W. Perry)通过研究发现，大学生的思维可以分为四个阶段：

① 两重性阶段。在此阶段的学生还保留相当程度的具体形式推理，辩证逻辑推理能力尚待提高，其思维还处于"非对即错，非此即彼"的水平，总想寻求"什么是正确的答案"。

② 多重性阶段。此阶段的学生正在向较抽象的形式推理过渡。他们的思维具备一定程度的辩证逻辑推理能力，认识到事物具有复杂性与多样性，不可能"非对即错，非此即彼"，开始接受答案的多样性。

③ 相对性阶段。此阶段的学生处于形式推理的前期，他们的思维具备较高程度的辩证

逻辑推理能力。在他们看来,真理并非是固定不变的,一切结论都要依据当时的具体情况而定。

④约定性阶段。此阶段的学生处于形式推理的阶段,并且具备较高水平的辩证逻辑推理能力。他们对各种现象的解释能持相对的态度,意识到所有事物都具有运动和变化的性质,既能坚持约定俗成的思想与方法,也能改变自己的思维方式,采用一套更加适合的方法进行推理。具有较高的辩证逻辑思维的大学生倾向于探索较深刻的理论问题,喜欢听富有逻辑与哲理的演说与报告,热衷于开展热烈的辩论。佩里的理论对于认识大学生的思维品质、培养大学生的思维能力具有指导意义。

当然,辩证逻辑思维能力的发展并不能使大学生的认知十全十美。大学生作为一个特殊群体,活动范围多限于从家门到校门,并没有更多的机会深入自然、深入社会,缺少实践经验,这容易使他们陷入理想主义,陷入空想。

(4)思维更具独立性与批判性

大学生的思维已经能够离开客观事物和具体形象,从具体现实中解放出来,触及事物的本质,用抽象的理论体系把认识与解答统一起来。抽象推理与形式思维使得大学生具备了反省思考的能力,具有独立性与批判性。在大学生看来,反省思考似乎是全能的,似乎世界也应服从于一个观念的格式,而不应服从于现实的格式。

二、大学生情绪情感的发展

大学生处于生理、心理发展的高潮阶段,思想活跃、思维敏捷、兴趣广泛,但由于其经验不足,理智尚不够成熟,表现出独特的情绪活动特点。

1.情绪的丰富性与复杂性

处于青年期的大学生,身心发展已经成熟或接近成熟,能独立处理个人生活和周围的事物。他们精力充沛、思想敏锐,敢想、敢说、敢为,富有激情和创造性,情绪情感日益丰富。他们渴求知识,兴趣广泛,追求友谊和爱情,常对自己喜欢的对象和活动表现出热情,对自己信服的人流露出钦佩和仰慕之情。他们为学习、工作、爱情的成就而欢乐,为挫折而苦恼或忧心忡忡……总之,会产生自尊、自信、自负、自卑等丰富而复杂的情绪,当然,这些情绪体验在不同的个体身上也存在着一定的差异性。同时,他们还表现得既有儿童期残留下来的天真幼稚,又有成年期的深思熟虑。随着知识的增多、自我的成熟、实践的锻炼,他们会形成许多高尚的情操,如集体荣誉感、爱国主义情感以及为真理和正义而献身的热忱等。

2.情绪的不稳定性与心境化

大学生的情绪犹如疾风怒涛,表现出多变、不稳定的特点。他们容易兴奋、冲动,喜欢感情用事,情绪起伏较大,容易从一个极端跳到另一个极端。他们可能因一时的成功而产生积极的、愉快的情绪体验,甚至骄傲自满,忘乎所以;也可能因一时的挫折、失败而低估自我,甚至意志消沉、悲观失望。同时,他们的情绪一旦被激起,即使刺激消失,也还会转化为心境。如由成功或满足带来的喜悦往往会持续一段时间,并扩散到其他事物上,有事事称心如意之感;相反,一旦染上消极忧愁的情绪,则可能闷闷不乐,即使对平时喜爱的活动,也有可能兴趣全无。

3. 情绪的外显性与内隐性

大学生对外部刺激反应迅速、敏感,喜怒哀乐表现得充分而具体,由情绪引起的内心变化与外部表现是一致的,具有外显性的特点。如取得了好的成绩、获得了好的评价,高兴之情会溢于言表。但大学生的外部表现与内心体验又并不完全一致,在某些状态下甚至会表现相反。他们有时会有意识地掩饰自己内心的真实感受,如对于一些事物的看法、内心存在的秘密,说或不说,多说还是少说,都要依时间、地点、条件而转移。尤其是在对异性的态度上,明明喜欢某个人,却有意无意地表现得不关心甚至冷漠。

4. 情绪表现出一定的理智性

大学生随着年龄的增长,年级的升高,社会经验、知识的积累,以及大学环境的熏陶,自身素质不断得到提高,情绪的波动性、冲动性减少,表现出一定的理智因素。在不良情绪出现时,能够积极主动地寻找引起不良情绪的原因,进行自我反省,不断调整自己的情绪状态,理智地自我调节与约束,尽可能地减少情绪所带来的消极影响。

三、大学生意志水平的发展

一个人在意志行动中所表现出来的稳定的、鲜明的心理特征就是意志品质。大学生的意志品质呈现出较高的水平,但发展不平衡。总体而言,呈现出以下特征。

1. 自觉性不断提高,盲目性与惰性依然不同程度地存在

随着身心发展、自我意识的增强以及知识和经验的积累,大学生行为的目的性、自觉性有了较明显的提高。从我国各个高校的情况来看,大多数大学生在学习与生活中能自觉地提出自己的行动目标,制订学习、生活计划,并努力克服困难,朝既定目标行动。但是,我们也应该看到,现实中相当一部分大学生还存在着不同程度的盲目性和惰性。

2. 果断性增强,但面对重大决定仍犹豫不决,仓促行事风格依然明显

由于独立性的提高、知识经验的丰富以及能力的增强,多数大学生行事的果断性有了较大的发展。因此,一般情况下,大学生喜欢自己做决定,采取行动时亦表现得自信、果断。但由于果断性的体现与各方面的因素关系密切,大学生自身的发展与果断性的要求还没有完全适应,行为主体对意志的果断性也还有一个自我认识与评价的过程。因此,大学生们能够独立、迅速地对一般的学习、生活、工作做出决定并付诸行动,但在关键性的重大行动前,不少大学生又常常表现得优柔寡断、犹豫不决或者仓促行事,很容易事后后悔。

3. 坚韧性品质突出,但动摇、固执缺点依然存在

大学生血气方刚、精力充沛,富有正义感与冒险精神,再加上以往生活经历的锻炼,使得自身的坚韧性品质突出。他们敢想、敢说、敢干,内心充满为真理而勇于牺牲自己的大无畏气概;为克服学习、生活中的各种困难而一往无前。但由于大学生对社会生活的认识和体验还处在一个没有完全成熟的水平,因此,往往追求理想时容易脱离实际,陷入空想。在实现目标的过程中,大学生往往不顾客观条件,不善于从现实情况出发,固执己见,急躁冒进,滥用体力与精力;热情很高,但缺乏韧性、持久性,容易随时间的推移和困难的增多而失去信心,表现得左右动摇,导致事情最终有始无终。

4. 自制力达到相当水平,但某些时候仍显薄弱,容易被情绪所左右

知识和经验的增长,加强了大学生的理智。在日常生活中,大学生一般能较理性地思考与行动,努力进行自我调节。但仍有不少大学生常常为自己的自制力薄弱而深感苦恼,他们感到自己不容易消除内在情绪和外界环境的干扰,自己想做的事做不到,定下的计划往往难以实现,难以控制强烈的情绪冲动等。总体来看,大学生的自制力水平较之成人还有待进一步提升。

总的来说,大学生的主要意志品质在多数大学生身上已基本形成,并逐渐成熟。不过,大学生意志品质的发展呈现出差异性、不平衡性。就某一个体的意志品质发展而言,不同方面也有差异,不同情境下也有不同的表现。就某一品质而言,多数大学生既不是绝对好,也不是绝对差,而是常常处在意志的冲突、选择中。

四、大学生个性与人格的发展

人格是个体心理特性的整合体,在不同的时空背景下影响人的外显和内隐的行为模式。自我同一性是美国哈佛大学著名心理学家埃里克森人格发展理论中所提出的一个重要概念。埃里克森认为,同一性问题是青春期人格发展的核心,反映了青春期人格发展所遇到的矛盾和冲突的内在根源。大学生的自我同一性发展主要有以下特点。

1. 大学生自我意识的形成和发展就是自我同一性确立的过程

大学阶段,正是一个人人生的转折点,也是人的自我意识形成、发展、走向完善的重要时期。在大学阶段,学生将面临学业、择偶、就业等各方面的心理压力,更为重要的是在自我意识形成上面临着巨大的挑战与压力,会出现一系列大学生自我认识过程中的困惑。人格发展就是自我意识的形成从自我分化到自我整合的过程。可见,大学生自我意识的形成实际上正是埃里克森所说的自我同一性确立的过程。

2. 自我同一性方面经历着矛盾与冲突

在整个大学阶段,大学生主要进行自我的探索和目标的达成,在这个过程中,他们会经历主观自我与客观自我、理想自我与现实自我、个人期望的自我与他人期望的自我、现实自我与未知自我等一系列矛盾与冲突,最终获得自我同一性的整合。

阅读材料

双面神的烦恼

一位西方哲学家无意间在古罗马城的废墟里发现了一尊双面神神像。这位哲学家觉得这尊神很陌生,于是就问神像:"请问尊神,你为什么有了一个头却还要有着两副面孔呢?"双面神回答道:"因为只有这样,我才能一面察看过去,以吸取教训;一面展望未来,给人憧憬。""可是,你为什么不关注最有意义的现在?"哲学家问。"现在?"双面神茫然。哲学家说:"过去是现在的逝去,未来是现在的延续。你既然无视现在,即使对过去了如指掌,对未来洞察先机,又能有什么意义呢?"双面神听了,突然号啕大哭起来。原来他就是因为没有把握住"现在",罗马城才被敌人攻陷,他因此被视为敝屣,被人丢弃在废墟中。

3. 大学生自我同一性发展的阶段性

大学生自我整合的过程,并非是一个循序渐进的平稳过程,而是在冲突和矛盾中逐步统一、逐步完善的过程,是一个否定之否定的过程。在大学阶段,学生的自我同一性的确立与形成大致可分为三个阶段:

(1)主观臆想阶段

拿大学一年级新生入学适应阶段来说,大学生的自我概念最强。但这种自我概念往往更多的是一种理想式的、自我中心式的或内容抽象模糊的自我概念。当然,也有部分学生,由于个人成长(家庭)背景的影响、个人经历的重大创伤、高考的失利(没考入自己理想的学校或专业)而对自己的评价出现困惑。

(2)碰撞阶段

大学二、三年级的学生,对自我的理解与认识往往处于最差的阶段——"最找不到自我"的阶段。他们在如何面对及认识自我的问题上,面临着上述提到的一系列矛盾和内心冲突。为此,相当一部分学生将大学的中期阶段视为"最苦闷"的阶段。

(3)确立阶段

大学毕业前,大多数学生对自我的理解与认识开始比较实际和客观了,这一阶段被称为"重新找到自我"的阶段。这一时期,伴随着毕业时间的临近,多数学生已经逐步将过去抽象的、空泛的、过于理想化的自我追求逐步向务实的、具体的、现实的自我需要靠近。需求趋于现实,有了比较具体的、清晰的努力目标和评价标准,对自我的认识也变得较为客观。

第三节 心理健康的标准

国内外学者曾经就心理健康的定义和内涵从不同角度进行过阐述。第三届国际心理卫生大会(1946年)对心理健康是这样定义的:所谓的心理健康,是指在身体、智能以及情感上与他人的心理健康不相矛盾的范围之内,将个人的心境发展成最佳的状态。

要正确地理解心理健康的含义需注意以下三点:

①心理健康是多方面健康的统合体,包括健康的身体、正常的智能以及良好的情绪状态,缺失任何一方面,都不算达到心理健康。同时,这三者之间的关系也是相互影响、相互依存的,是一个相互作用的统一的整体。

②自身心理健康状态不能与他人的健康相矛盾,不能以损害他人的健康作为成就自己的前提。心理健康的目标是追求一种自身与他人和谐共处的双赢状态。

③心理健康是指个体所能达到的最佳状态而并非完美的境界。也就是说,心理是否健康要基于自身的条件,以自身作为参照系;同时,也不要苛求完美。

世界心理卫生联合会还明确提出心理健康的标准:第一,身体、智力、情绪十分调和;第二,适应环境,在人际关系中可以彼此谦让;第三,有幸福感;第四,在工作和职业中能充分发挥自己的能力,高效率地生活。心理健康主要包括发育正常的智力、稳定快乐的情绪、高尚的情感、坚强的意志、良好的性格、和谐的人际关系等等,只有心理健康的人生命才能充满活力,自身潜能才能充分发挥。

> *名言警句*
> 健康并不是一个要达到的目标,而是一个要维持的过程。
> ——唐纳德·阿德尔

一、心理健康的意义

1. 心理健康能提高机体的健康水平,对预防疾病有积极的作用

心理素质好,自身免疫力强,可以提高机体对疾病的抵抗力,可以减少感冒、传染性疾病的患病概率。

2. 心理健康是高效率脑力劳动的一个很重要的内在条件

智商正常是心理健康的标准,情商、逆商值高也是高效脑力劳动最重要的内在条件。

3. 心理健康可以延缓衰老,使人常葆青春

大哲学家黑格尔认为,额上的皱纹是愁苦的表情留下的痕迹,所以,心理健康使你更美丽、更出众。可以毫不夸张地说,保持心理健康是世间最好的美容术。

4. 心理健康是社交的有力助手

心理健康者善于处理人际关系,所以心理健康是社交的有力助手,是良好的人际关系的产物和结果。

5. 心理健康是自我调节的杠杆和阀门

心理健康者善于调整自己的情绪,能够预防和调适不良心态的发生与发展,保持心态平衡和稳定。因此心理健康是自我调节的杠杆和阀门。

6. 心理健康是一种生活目的

心理健康与否,只有在人际交往和人际相互作用的过程中才能得以调节与展示,从而使个人生活质量得以提高,精神境界得以升华,因此心理健康是一种生活目的。

二、心理健康水平的判定

一个人的身高可以用尺子精确测量,一个人的体温可以用温度计准确测定,但是一个人的心理健康水平的判定就困难得多了。在实际生活中,人们在判定心理健康时主要采用以下三种标准。

1. 常态分配的标准

人的各种心理特征或现象基本都服从常态分配"两头小、中间大"式的分布,即居中的总是大多数,而特别突出或特别滞后的总是少数的规律。照此标准,如果某种心理特征或现象和大多数人一致,则被认为是健康的;反之则被认为是不健康的。在实际生活中,人们或多或少都会用到这种标准,该标准虽具有一定的道理,但比较消极。

心理测验法是用标准化的心理健康量表进行测评,把结果和常用模型进行比较,若某项超出该项常模平均值的标准差,一般就认为是异常。此方法除了可以个别施测外,还能大量地用于团体测验和心理健康流行病学的调查,以掌握某一人群的心理健康的分布状况。这是目前心理健康评定中应用最为广泛的一种方法,但此种方法有一定的局限性。首先,由于心理的差异主要是质的差异性,仅仅以数量难以准确地区分常态与变态,而且常态与变态也并没有绝对的数量分界线;其次,常态与变态的标准和社会文化背景有一定的联系;再次,此方法使用时需明确量表和适用对象与范围,并需要被测验者认真配合,否则误差会较大。

2. 社会规范的标准

照此标准,如果特定个体的某种心理特征和行为表现符合其社会角色规范,即认为是健康的,反之则被认为是不健康的。传统上,我国广泛应用这种标准,尤其在教育领域。

3. 心理适应的标准

判断一个人的心理是否健康,可以以其是否有良好的生活适应性作为标准,这种标准也非常重视个人的心理感受。可以说,这种标准顺应现代社会的发展趋势,不仅为众多的专家学者所倡导,也越来越为民众所接受。

长期以来,人们习惯于将人的精神正常与否看作非黑即白的事情:要么你是个正常的人,无论你思想和行为有多大的变化和异常现象;要么你就是一个疯子,无论你的疾患有多大的好转。这种对人的精神正常与否做出非白即黑的判断,未免太过简单化。国内学者张小乔提出了心理健康"灰色理论"的概念,如图1-5所示,即人的精神正常与不正常没有明显的界线,它是一个连续变化的过程。具体来说,如果将人的心理正常比作白色,心理不正常比作黑色,那么在白色与黑色之间存在着一个巨大的缓冲区域——灰色区域。灰色区域又可划分为浅灰色区域与深灰色区域。处于浅灰色区域的人只有心理冲突而没有人格的变态,其突出表现为诸如失恋、丧亲、工作学习不顺心、人际关系不和睦等生活矛盾所带来的心理不平衡与精神压抑。处于深灰色区域的人则患有某种异常人格障碍和神经症等。一般而言,浅灰色区域与深灰色区域之间无明确界限,后者往往包含前者。

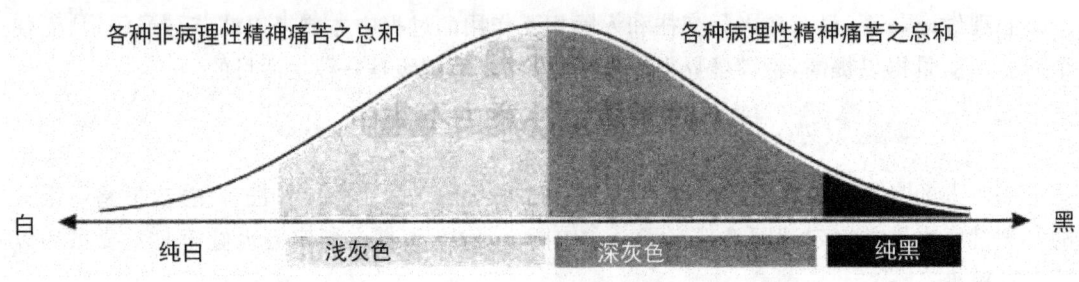

图1-5 心理健康"灰色区域"示意图

三、心理健康的标准

人的心理怎样才算健康?以什么作为健康的标志?是一个非常复杂的问题。要看心理健康还是不健康、正常还是异常是相当困难的,因为并没有一个公认的、一致的标准。不过已有许多心理学家从不同角度对此进行了积极探索,提出了各种观点,归纳起来大致可以有以下七条标准。

1. 心理健康的标准

(1) 智力正常

正常智力水平是人们生活、学习、工作、劳动所需的最基本的心理条件。从智力测验的角度来衡量,智力水平要与同年龄人的智力相比较。人的智力主要由观察能力、记忆能力、思维能力、想象能力和操作能力所组成,这五种能力要相对平衡,以防智力发展畸形。

(2) 情绪健康

情绪稳定与心情愉快是情绪健康的重要标志。情绪稳定表明一个人的中枢神经系统处于相对平衡的状态,意味着行动功能的协调。喜怒无常是情绪不健康的表现。心情愉快表示人的身心活动和谐与满意。一个人心理上快乐,则使其整个身心都处于积极向上的状态,对一切充满希望。如果一个人常常愁眉苦脸,灰心绝望,则是心理上不健康的标志。当然人生难免有不幸的遭遇,但心理情绪健康的人,即使遭遇不幸,也能很快重新适应,而不至于长期处于悲观的心境中。

(3) 意志健康

行动的自觉性和果断性是意志健康的重要标志。自觉性是指一个人在行动中有着明确的目的性,与之相反的则是盲目性。果断性是指人能适时地做出决定并执行,与之相反的则是优柔寡断和草率。经常性的盲目性和优柔寡断是意志不健全的表现。意志顽强性也是意志健全的表现。意志顽强性是指可以长时间地专注和控制行动去符合既定目的所表现出来的个性特征。

(4) 行为协调

一个心理健康的人,其行为是一致的、统一的,思想与行动也是统一的、协调的,其行为有条不紊,做起事来按部就班。心理不健全的人,其行为是矛盾的、分裂的,做事有头无尾,语言支离破碎,思维不时矛盾,注意力不集中。

(5) 人际关系的适应

人类的心理病态,主要是由人际关系失调引起的。原始人的人际关系是非常单纯的,等到人际关系复杂起来以后,人类的心理适应便不再像以前那样单纯,人类的心理病态也从此成为引人注意的严重问题。人的交往活动往往能反映人的心理健康状态,人与人之间的正常的、友好的交往不仅是维持心理健康的一个必不可少的条件,也是获得心理健康的重要方法。当一个人渐渐离开朋友而喜欢过孤独的生活时,这往往表示开始出现心理不健康的苗头。

(6) 反应适度

人的反应存在个体差异,有的人反应敏捷,有的人反应迟缓,但这种差别有一定的限度。反应敏捷绝不是过敏,反应迟钝也并不是不反应。人反应的心理变态表现为对反应的异常兴奋或异常淡漠。例如,一个人听见一声响,稍有震惊,这是正常的心理反应,若有人因此大喊大叫,就是过度反应。一个人遇到困难情绪就一落千丈,稍有一点挫折就无法容忍、憎恨别人,这是心理失常的先兆。

(7) 心理特点符合年龄

人在不同的年龄阶段,有不同的心理特点,如儿童天真活泼,青年朝气蓬勃,老年沉着老练。如果青年人出现了老年人的心理特征——记忆力不断减退、常有孤独感等,一般来说心理就是不健康了。

2.心理健康的原则

判别个体心理健康的好坏本质上就是判别其心理功能状态的好与坏。心理卫生工作的实践发现,良好的心理功能必须符合以下三个基本原则:

(1)心理活动与客观环境的同一性原则

人的心理活动从内容上讲归根到底是对客观现实,尤其是对社会现实的反映。所以,任何个体的心理活动与行为无论从形式上还是内容上,都必须与他所生存的客观环境保持一致。

(2)心理过程各部分之间的协调一致性原则

个体的认知、情感和行为意志三者是相互影响、相互依存和相互制约的。因此,这三者应该是完整统一、协调一致的。三者不统一意味着个体心理的分裂。例如恐怖症,在患者认知上并不认为某物有危险性,而情感上却产生不可控制的恐惧,行为上产生逃避,这显然是认知、情感和行为意志的矛盾,所以是异常心理状态。

(3)个性特征相对稳定性原则

长期的生活经历会让一个人的心理过程带有稳定的个人差异与特点,.形成较稳定的个性特征。因此,其心理活动的特点或个性特征是不会突然改变的。如果一个人的个性特征突然出现明显的变化,例如,一个一向热情活泼的人突然变得沉默寡言,而且没有合理的原因,这就表明他的心理活动产生了异常。

四、正确理解与把握心理健康标准

> *名言警句*
> 毫无精神性疾病或许是健康,但却不是生命。
> ——D. W. 文尼考特

从一定程度上讲,我们都是"问题中人",也只有"问题中人"才是正常的人。关键在于我们怎样调节,如何面对问题而智慧地生活,这就是心理健康。当然,上述的心理健康标准只是一种相对的衡量尺度,只有质的描述,而没有精确的量的计算。上述标准必须分解成从不同角度判别个体心理健康的各个心理测量量表之后,才能既从质上又从量上判别个体的心理健康状况。

另外,对于上述心理健康标准应做辩证、全面的理解和应用。心理健康状况是一段时间内较常存在的心理状态,一个人偶尔违背上述标准,并非心理不健康。心理健康状态不是静态的、固定不变的,而是动态的、变化的——既可由不健康转变为健康,又可由健康转变为不健康。一个人心理状态不符合上述标准,只能说明他此时此刻心理不健康,而不意味着他从前或今后也不健康。心理状况由健康到不健康并非非此即彼,而是由对立两极间的各个连续的状态构成。因此,即使都为"不健康",也各有各的程度,不能用"不健康"来一言以蔽之。

总而言之,对心理测量的结果,应因时、因地、因人、因事做具体分析,全面而深刻地理解它的内涵。个体的心理健康状态是动态变化的。随着个体的成长、经验的积累以及环境的改变,心理健康状况也会因此而改变。因此,我们可将心理健康的标准理解为一种理想的尺度,它不仅提供衡量一个人是否健康的标准,还指明提高心理健康水平的努力方向。每个人在自己现有的基础上都可以为之做出不同程度的努力,都可以追求自己心理发展的更高层次,从而不断发挥自身的潜能。

第四节 影响大学生心理健康的因素

人的心理健康是一个有相对独立性的极为复杂的动态过程,所以影响心理健康、造成心理障碍的因素也是复杂的、多样的,其中包括生物的、心理的、社会的等各方面的因素。

一、生物因素

1. 遗传因素

人的心理主要是在后天环境影响下形成和发展起来的,然而,人的心理发展与遗传因素也有着密切的关系。统计调查和临床观察资料表明,很多精神疾病的发病原因确实与血缘有关。北京医科大学精神卫生研究所曾经对躁狂抑郁症和精神分裂症患者亲属的患病率进行调查,结果如表1-1所示,表中数据明显支持躁狂抑郁症和精神分裂症患者受遗传和生物学因素影响的说法。结果也表明,血缘关系越近,对患者遗传影响也就越明显,这是遗传因素起作用的最为明显的证据。同时,遗传上的易感性在某些人身上也是存在的,以遗传素质为基础的神经类型及各个年龄阶段所表现的身体特征也可以影响人的心理活动。

表1-1 躁狂抑郁症和精神分裂症患者亲属患病率统计表

疾病种类	关系	百分比(%)
躁狂抑郁症	父母	11.5
	子女	22.2
	异卵双生	23.0
	同卵双生	95.7
精神分裂症	表兄弟姐妹	3.9
	堂兄弟姐妹	7.3
	父母	9.8
	同胞兄弟姐妹	11.9
	异卵双生	12.5
	子女	16.4
	同卵双生(分居)	77.6
	同卵双生(同居)	91.5

2. 病毒感染与躯体疾病

由病菌、病毒等引起的中枢神经系统的传染病（如脑梅毒、斑疹伤寒、流行性脑炎）会损害人的神经组织结构，导致器质性心理障碍或精神失常。这一点对儿童的影响尤为严重，是造成儿童智力迟滞或痴呆的重要原因。脑外伤或化学中毒、某些严重的躯体疾病、机能障碍等，也是造成心理障碍和精神失常的因素。

二、心理因素

1. 情感因素

人的心理活动往往通过改变人的情感进而影响内脏器官的活动。积极、愉快的情感对人的生活起着良好的作用，有利于发挥机体的潜能，提高工作效率，增进人体健康。近代医学科学实验研究已经肯定消极情感对身心疾病的发生、发展过程有着不良影响。例如，无所依靠和失望的情绪可以降低一个人的免疫力。情绪在心理变态中起核心作用，心理和精神疾病的先兆往往表现为情绪异常，所以良好的情绪是心理健康的重要保证。

2. 个性特征

每个人都有自己独特的个性，它对人的心理健康有非常重要的影响。这是因为人们总是根据自己的个性特点对致病原因及已形成的疾病做出各种反应，所以，个体的个性特征往往比引起疾病的病原性质更能决定疾病的表现。研究显示，各种精神疾病特别是神经功能症，往往都有相应的特殊人格特征作为其发病的基础。例如强迫性神经症，其相应的特殊人格特征称为强迫性人格，具体表现为谨小慎微、求全求美、自我克制、优柔寡断、墨守成规、拘谨呆板、敏感多疑、心胸狭窄、事事容易后悔、责任心过重和苛求自己等。又如，和癔症相联系的特殊人格特征是富于暗示性、情绪多变、容易激动、耽于幻想、以自我为中心和爱自我表现。因此，培养和完善健全的人格是预防和减少心理障碍或精神疾病的一项重要措施。

3. 心理冲突

心理冲突是人们面对难以抉择的处境而产生心理矛盾的状态。由于心理冲突带来的是一种心理压力，这种压力会增大个体适应环境的困难程度，因而在多数情况下都会对个体的身心健康和工作产生不良的影响。尤其当冲突长期得不到缓解时，便会产生紧张和焦虑的情绪，严重的还可以导致心理疾病。虽然心理冲突并不一定全都是坏事，但剧烈的心理冲突无疑有损身心健康，所以应尽量避免。

三、社会因素

1. 生活环境因素

物质生活条件恶劣，生活习惯不当，如摄取烟、酒、食物过量等，都会影响和损害身心健康。其次，不良的工作环境，如劳动时间过长、工作不胜任、工作单调以及居住条件不合心意、经济收入差等，都能使人产生焦虑、烦躁、愤怒、失望、紧张等心理状态，从而影响人的心理健康。生活环境的巨大变迁也会使个体产生心理应激反应，由此造成心理不适。

2. 文化教育因素

教育因素包含家庭教育和学校教育两个方面。对个人心理发展而言,早期教育和家庭环境是影响心理健康的重要因素之一。研究显示,个体早期环境如果单调和贫乏,其心理发展将会受到阻碍,并会抑制个人潜能的发展;而受到良好照顾、接受丰富刺激的个体则有较大可能在成年后成为佼佼者。此外,儿童与父母的关系,父母教养的态度、方式,家庭的类型等也会对个体以后的心理健康产生影响。早期与父母建立和保持良好关系、充分得到父母的关爱、受到支持和鼓励的儿童,容易获得安全感和信任感,并对成年后的人格良好发展、人际交往、社会适应等方面有着积极的促进作用。比如,杰克布迪(1980)通过大量的临床观察发现,成年期的抑郁与青春期前关爱的持续缺乏和丧失有密切的关系。

学校教育的失当,例如学校的教育方法、学校的人际关系、校风等方面的问题,教师的教育态度、人格状况不良等都会导致学生心理健康问题的产生。不同的社会文化对人的心理健康也有重大的影响。文化精神病学的研究表明,不同文化(科学、教育、宗教、风俗、传统文化、社会习惯等)中精神病的发病率与临床表现形式都存在着显著的差异。比如,在发展中国家狂躁或抑郁性精神病较少见,而在发达国家抑郁症却是常见的病症。

3. 重大生活事件与突变因素

生活中遇到的各种各样的变化(尤其是一些突然变化的事件)常常是导致心理失常或精神疾病的原因,如家人意外死亡、失恋、离婚、天灾、疾病等。在对生活事件与心理健康之间的关系进行解释的时候,一般人都认为由于生活事件的产生增加了个体适应环境的压力。换句话说,个体每经历一次生活事件,都要付出精力去调整由于这一事件的发生所引起的生活变化。例如,结婚就意味着单身生活的结束,开始新的家庭生活。而升学、就业、谈恋爱等也会不同程度地促使个体生活的改变,如果生活事件增加,那么个体的生活变化也会相应增加,个体要适应变化了的生活,所付出的努力也需要相应增加。所以,如果在一段时间内发生太多的生活事件,个体的躯体和心理健康状况就极易受到影响。

除生活事件的影响外,个体所处环境的巨大变迁也会使个体产生心理的应激。虽然环境变迁也可以算作生活事件的一部分,但这种变化对个体适应的影响将更加突出。例如,对移民研究的结果显示,新到一地的移民与当地居民以及他们原来所在地的居民相比,更容易产生各种各样的躯体或精神异常。很多刚入学的大学生,尤其是来自农村和边远地区的学生,由于入学前后生活和学习环境的巨大变化,在适应新的环境时容易出现各种各样的困难。

阅读材料

大学新生的适应

经过高中三年的辛勤努力,面对即将展开的大学生活,许多学生既新奇又忐忑,既憧憬又胆怯,因为一切都是新鲜的,一切也都是相对陌生的。在迈入大学后,你会发现,你原先的学习方式、人际交往模式甚至生活作息规律都要发生变化和调整。多年梦想的大学和个体的想象总是存在落差,一切也并不如想象中的完美,许多学生就会出现一系列的适应问题。

小A来到心理咨询室的时候还穿着军训的衣服,她是一个身材瘦小且腼腆的女生,说话的声音很低沉,一副怯怯的模样。小A来自甘肃农村,从大山里走出来来到这座海滨城市,一切都是那么陌生和不熟悉。她几乎带着哭腔告诉咨询师,她想家,不知道如何面对新的生活。她曾经熟悉的方言、熟悉的饮食、熟悉的同学都不在她身边,她普通话不好,因此也不愿意主动和其他同学交流,总是一个人独来独往,她害怕这种感觉,不知如何面对……

这是许多大学新生在进入大学后普遍存在的一种体验,尤其是来自外省的同学。成长意味着分离,成长意味着蜕变,成长的过程中除了鲜花还有荆棘。在刚刚迈入大学的初期,要允许自己有短暂的不适应,积极主动地去融入这个新的集体,敞开心扉去接纳更多新的同学,调整节奏去适应新的学习和教学模式。耐心点,勇敢点,一切都还是那么美好!

四、促进心理健康的途径

美国出版的《人类行为百科全书》指出:"促进人类心理健康的活动,应该包括生理、心理和社会三方面的内容。生理方面是指从受孕期到老年的各阶段人体脑神经系统的保护和预防损伤的各种卫生保健的服务事项。心理方面是指自幼到老的各发展阶段的心理需要获得满足和情绪困扰减到最低的限度。社会方面是指社会环境、社会制度和社会组织各方面功能的强化。"所以,如何维护心理健康和提高心理健康的水平,也必须从这三大方面去考虑问题,采取相应的方法和措施才可以达到预期目的。

1. 坚持健康的生活方式

生活方式是指在日常生活中人们所遵循的行为规范,即习惯化了的生活活动形式。在日常生活中人们总是按一定的方式去生活,这种方式是每个人在自己的生活过程中,为适应社会生活环境要求,自然而然地形成的。不健康的生活方式和不良的卫生习惯会对人体健康带来严重的危害,引发许多常见病、多发病,如高血压、糖尿病、溃疡病、冠心病、脑卒中,甚至癌症。"健康的精神寓于健康的身体",健康的生活方式和良好的卫生习惯则有利于提高人的身体健康水平,有了健康的身体,就能给心理健康提供良好的基础。

2. 讲究卫生

人们要维护和保持心理健康,提高心理健康水平就必须讲究心理卫生。说到心理卫生,直到目前恐怕还是一个普遍被人们忽视的概念。所谓心理卫生指的是人们应如何维护和保持心理健康,提高心理健康水平,避免和减少发生心理失调与精神疾患的原则、方法和措施。

(1)要注意用脑卫生

大脑是心理器官,而心理是大脑的功能,如果大脑受到损害,其心理功能也必然要受到危害,这时心理健康自然就难以维护和保持。用脑卫生除避免物理、化学和生物的有害影响之外,主要是指在使用大脑时要讲究科学用脑,劳逸结合,有张有弛,避免大脑的过度疲劳以致功能衰弱,特别是应有充足的睡眠,以便使劳累一天的大脑有一个及时而有效的修复过程。

(2) 切莫讳疾忌医

在我国,人们对心理失调或精神疾患的认识和态度存在许多误区,因而对一些本来很平常或难以避免的心理失调与精神疾患表现得难以接受,讳莫如深。如对于自身的类似情形常常"讳疾忌医",对于别人则避而远之或报以歧视的态度。这对于预防和消除心理失调与精神疾患、维护心理健康都是很不利的,也违反心理卫生的基本原则与方法。讲究心理卫生的一项重要任务就是及时在心理失调之初寻求心理咨询与治疗专家或精神科医生的帮助,以尽快消除可能发生的心理失调或精神疾患。

3. 增强情绪的自我调控能力,及时排除各种负性情绪

人的情绪活动可以分为两大类:一是积极的良性情绪,如高兴、愉快、喜悦等,其能给人的中枢神经系统增添新的活力,发挥机体的潜能,改善人的生理和心理功能,促进人的心理健康。二是消极的负性情绪,如愤怒、焦虑、恐惧、抑郁等。负性情绪的作用有两面性,一方面可利于个体为适应恶劣的环境刺激而斗争;另一方面,负性情绪往往以强烈的激情状态或持久的心境出现,使人的头脑失去冷静,可能导致意识模糊或精神颓丧、意气低沉,使观察事物的能力和思维判断的能力被歪曲、意志行为反应受到扰乱等,从而影响人的整体心理功能的正常发挥,使心理健康遭受严重的损害。因此,要维护心理健康就要学会情绪活动的自我调控,及时排除各种消极的负性情绪。

4. 培养完善健全的人格

人总是按照自己既有的人格来观察外界事物,思考问题,产生相应的态度和情绪体验;同时对外界环境刺激采取一定的应对策略,并做出一定的行为反应。能采取恰当的态度,体验正常的情感情绪,做出正确合理的行为反应,即具备了健全的人格,因而有助于人们正确地评价客观事物,顺利地进行社会交往和正确处理人际关系,更有助于人们有效地去适应变化着的社会生活环境,从而不断提高心理健康的水平。所以,培养和完善健全的人格对于心理健康的维护有着极为重要的意义。

5. 积极参与社会活动,扩大人际交往

人类是一种群体动物,过的是群体生活,每一个人作为社会的一员都必须生活在一定的社会群体之中。通过群体的社会生活和交往活动,一个人就可以与群体中的其他成员或其他社会群体进行交往和联系,特别是和志趣相投的伙伴、朋友、同学和同事在一起,更能推心置腹地进行思想沟通与情感交流,从中得到启发、疏导和帮助。通过积极参与社会活动,人际交往得以不断地扩大,不仅可以使人心情开朗、增进彼此之间的了解,还可以使人获得更多的社会支持。更重要的是,这可以使人感受到与社会集体融为一体、不可分离以及充足的社会安全感、责任感、信任感和激励感,从而大大增强个人对生活、学习和工作的信心和力量,最大限度地减少心理应激和心理危机感。社会活动是人们维护和保持心理健康的最基本、最重要的因素之一。一个离群索居、孤芳自赏、生活在社会群体之外的人,是不可能做到心理健康的。

小 结

- 心理学是研究个体心理现象和行为的科学,心理是大脑的机能,是脑对客观现实的反映。
- 所谓心理健康是指在身体、智能和情感上与他人的心理健康不相矛盾的范围内,将个人心境发展成最佳的状态。
- 心理健康的七条标准是智力正常、情绪健康、意志健康、行为协调、人际关系的适应、反应适度、心理特点符合年龄。
- 良好的心理功能状态须符合以下三项基本原则:心理活动与客观环境的同一性原则、心理过程各部分之间的协调一致性原则、个性特征相对稳定性原则。
- 社会环境对大学生心理发展的影响主要表现在大学生社会化的过程中,其中社会文化是个体社会化的重要因素,学校教育在大学生社会化中起主导作用,同辈群体在青年大学生社会化过程中有着不可替代的作用。
- 大学生认知能力的发展表现为感知觉和记忆的发展都处于高峰,抽象逻辑思维水平的迅速发展,思维发展方向具有极大的系别差异,辩证逻辑思维趋向成熟与完善,思维更具独立性与批判性。
- 大学生情绪情感的发展具有丰富性与复杂性、不稳定性与心境化、外显性与内隐性的特点,并且大学生随着年龄的增长,年级的升高,社会经验、知识的积累,表现出一定的理智因素。
- 大学生的主要意志品质已基本形成,并逐渐趋于成熟,但是其发展呈现出差异性、不平衡性。
- 大学生自我意识的形成和发展就是自我同一性确立的过程,其自我同一性的确立与形成大致可分为主观臆想阶段、碰撞阶段和确立阶段。大学生在不断经历矛盾与冲突之后,最终获得自我同一性的整合。
- 人的心理活动是一个极为复杂的动态的过程,影响心理健康的因素包括生物因素,如遗传和疾病;心理因素,如情感、个性和心理冲突;社会因素,如生活环境、文化教育和重大生活事件与突变因素。
- 维护和增进心理健康的途径主要有:坚持健康的生活方式;讲究心理卫生;增强情绪自我调控能力,及时排除各种负性情绪;培养和完善健全的人格;积极参与社会活动,扩大人际交往等。

* 心理测试 *

心理健康自评(SCL－90)

注意:表1-2列出了有些人可能会存在的问题,请仔细阅读每一条,然后根据最近一星期以内下述情况对你的影响程度做出评价,在5个方格中进行选择。

要求:1.独立地、不受任何人影响地自我评定。

2.每次评定一般在20分钟内完成。

表 1-2 心理健康自评表

项目	没有 0	很轻 1	中等 2	偏重 3	严重 4
1.头痛					
2.神经过敏					
3.头脑中有不必要的想法或字句盘旋					
4.头昏或昏倒					
5.对异性的兴趣减退					
6.对旁人责备求全					
7.感到别人能控制你的思想					
8.责怪别人制造麻烦					
9.忘性大					
10.担心自己衣服的整齐及仪态的端正					
11.容易烦恼和愤怒					
12.胸痛					
13.害怕空旷的场所和街道					
14.感到自己的精力下降或减慢					
15.想结束自己的生命					
16.听到别人听不到的声音					
17.发抖					
18.感到大多数人不可信					
19.胃口不好					
20.容易哭泣					
21.同异性相处时因感到害羞而不自在					
22.感到受骗、中了圈套或有人想抓你					
23.无缘无故地感到害怕					
24.自己不能控制地大发脾气					
25.怕单独出门					
26.经常责怪自己					
27.腰痛					
28.感到难以完成任务					
29.感到孤独					
30.感到苦闷					
31.过分担忧					
32.对事物不感兴趣					
33.感到害怕					

续表

项 目	没有 0	很轻 1	中等 2	偏重 3	严重 4
34.你的感情容易受到伤害					
35.别人能知道你的私下想法					
36.感到别人不理解你、不同情你					
37.感到人们对你不友好或不喜欢你					
38.做事必须做得很慢以保证做得正确					
39.心跳得很厉害					
40.恶心或胃不舒服					
41.感到比不上他人					
42.肌肉酸痛					
43.感到有人在监视你、谈论你					
44.难以入睡					
45.做事必须反复检查					
46.难以做出决定					
47.怕坐电车、公共汽车、地铁或火车					
48.呼吸有困难					
49.一阵阵发冷或发热					
50.因为害怕而躲避某些地方、场合或活动					
51.脑子变空了					
52.身体发麻或刺痛					
53.喉咙有痛感					
54.感到前途没有希望					
55.不能集中注意力					
56.感到身体的某一部分软弱无力					
57.感到紧张或容易紧张					
58.感到手或脚发重					
59.感到与死亡有关的事					
60.吃得太多					
61.当别人看着你时或谈论你时感到不自在					
62.有一些不属于你自己的想法					
63.有想打人或伤害他人的冲动					
64.醒得太早					
65.必须反复洗手、点数目或触摸些东西					
66.睡得不稳或不深					

续表

项 目	没有	很轻	中等	偏重	严重
	0	1	2	3	4
67.有想破坏东西的冲动					
68.有一些神经过敏					
69.感到对别人神经过敏					
70.在商店人多的地方等人感到不自在					
71.感到任何事情都有困难					
72.一阵阵的恐惧或惊恐					
73.感到在公共场合吃东西不舒服					
74.经常与人争论					
75.单独一人时神经紧张					
76.别人对你的成绩没有做出正确的评价					
77.即使和别人在一起时也感到孤独					
78.感到坐立不安或心神不定					
79.感到自己没有价值					
80.感到熟悉的东西变得陌生而不真实					
81.大叫或摔东西					
82.害怕会在公共场合晕倒					
83.感到别人想占你的便宜					
84.为一些有关性的问题而苦恼					
85.认为应该因为自己的过错受罚					
86.感到要赶快把事情做完					
87.感到自己的身体有严重的问题					
88.从未感到和他人很亲近					
89.感到自己有罪					
90.感到自己的脑子有毛病					

分析统计指标

（一）总分

1.总分是90个项目所得分之和。

2.总症状指数,也称总均分,是将总分除以90。

3.阳性项目数是指被评为1～4分的项目数,阳性症状痛苦水平是指总分除以阳性项目数。

4.阳性症状均分是指总分减去阴性项目（评为0分的项目）数,再除以阳性项目数。

（二）因子分

SCL-90包括9个因子,每一个因子反映出某人的某方面症状的痛苦情况,通过因子分可了解症状分布特点。

因子分＝组成某一因子的各项目总分÷组成某一因子的项目数

9个因子含义及所包含项目为：

1. 躯体化：包括1、4、12、27、40、42、48、49、52、53、56、58共12项。该因子主要反映身体不适感，包括心血管、胃肠道、呼吸和其他系统的不适，如头痛、背痛、肌肉酸痛，以及焦虑等其他躯体不适表现。

2. 强迫症状：包括了3、9、10、28、38、45、46、51、55、65共10项。主要指那些明知没有必要，但又无法摆脱的无意义的思想、冲动和行为，还有一些比较一般的认知障碍的行为征象也在这一因子中反映。

3. 人际关系敏感：包括6、21、34、36、37、41、61、69、73共9项。主要指某些人际的不自在与自卑感，特别是与其他人相比较时更加突出。在人际交往中的自卑感、心神不安、不自在，以及人际交流中的自我暗示、消极的期待亦是这方面症状的典型原因。

4. 抑郁：包括5、14、15、20、22、26、29、30、31、32、54、71、79共13项。主要以苦闷的情感与心境为代表性症状，还以生活兴趣的减退、动力缺乏、活力丧失等为特征。还表现出失望、悲观以及与抑郁相联系的认知和躯体方面的感受，另外，还包括有关死亡的思想和自杀观念。

5. 焦虑：包括2、17、23、33、39、57、72、78、80、86共10项。一般指那些烦躁、坐立不安、神经过敏、紧张以及由此产生的躯体征象，如震颤等。测定游离不定的焦虑及惊恐发作是本因子的主要内容。

6. 敌对：包括11、24、63、67、74、81共6项。主要从三方面来反映敌对的表现：思想、感情及行为。其项目包括厌烦的感觉、摔物、争论直到不可控制地暴发脾气等各方面。

7. 恐怖：包括13、25、47、50、70、75、82共7项。恐惧的对象包括出门旅行、空旷场地、人群或公共场所和交通工具。此外，还有反映社交恐怖的一些项目。

8. 偏执：包括8、18、43、68、76、83共6项。本因子主要围绕偏执性思维的基本特征而制订；主要指投射性思维、敌对、猜疑、妄想、被动体验和夸大等。

9. 精神病性：包括7、16、35、62、77、84、85、87、88、90共10项。反映各样的急性症状和行为，以及限定不严的精神病性过程的症状表现。此外，也可以反映精神病性行为的继发征兆和分裂性生活方式的症状。

10. 其他：此外还有19、44、59、60、64、66、89共7个项目未归入任何因子，反映睡眠及饮食情况，分析时将这7项作为附加项目或其他，作为第10个因子来处理，以便使各因子分之和等于总分。

假设强迫症状因子各项目的分数之和为30，该因子共有10个项目，所以因子分为3。在1～5评分制中，粗略简单的判断方法是看因子分是否超过3分，若超过3分，即表明该因子的症状已达到中等以上严重程度。下面是正常成人SCL－90的因子分常模，如果因子分超过常模即为异常。

项目	X＋SD	项目	X＋SD
躯体化	1.37＋0.48	敌对	1.46＋0.55
强迫症状	1.62＋0.58	恐怖	1.23＋0.41
人际关系敏感	1.65＋0.61	偏执	1.43＋0.57
抑郁	1.5＋0.59	精神病性	1.29＋0.42
焦虑	1.39＋0.43		

∗ 心理训练 ∗

我的生命线

目的：对过去、现在和未来的"我"做评估和展望，帮助成员思考过去一些重要事件对自身产生的影响，鼓励成员努力发现自己处理问题的正面力量与资源。

操作：生命线就是每个人生命走过的路线，世间有多少条生命，就有多少条生命线。

1. 请准备好一张白纸及红、蓝铅笔，其他彩色的也行，需一支较鲜艳，一支较黯淡，要用颜色区分心情。先把白纸摆好，最好横放。

2. 在纸的中部，从左到右画一道长长的横线，然后在右侧画上箭头。接着，请你在左侧写上0这个数字，在线的右方，箭头旁边，写上你为自己预期的死亡年龄（预测死亡年龄的三个依据：个人的健康状态、家族的健康状态、生活地域的平均寿命），可以是68，也可以是100。

3. 在线的上面写上"×××的生命线"（×××代表你自己的名字），写上你此时的年龄和今天的日期。

4. 在你的坐标系上，把你这一生曾经历的大事和未来想做的事都标出来。如果有可能，尽量注明时间。将其带给你的快乐和对其的期待程度，标在线的上方。如果是挫折和困难，比如父母逝去、孩子离家等各种意外发生，不妨一一用黑笔将其在生命线的下方勾画出来。

∗ 自我感悟 ∗

思考与收获

通过对本章的学习，我的思考是＿＿＿＿＿＿＿＿＿＿＿＿＿＿＿＿＿＿＿＿＿＿＿＿

＿＿

我的收获是＿＿＿＿＿＿＿＿＿＿＿＿＿＿＿＿＿＿＿＿＿＿＿＿＿＿＿＿＿＿＿＿＿

＿＿

第二章 大学生心理咨询

我国正处于社会转型期,社会各个领域发生着全面而深刻的变革,人们的生活节奏明显加快,社会竞争日趋激烈,心理负荷不断加重。社会发生急剧变化之后,必然会牵涉与影响大学生,诱发各种各样潜在的心理问题。因此,在各高校普及心理健康教育,促进大学生心理健康发展,已经成为社会发展的必然。心理咨询作为促进大学生心理健康发展的重要手段之一,越来越引起人们的重视。本章将介绍心理咨询的基本知识以及大学生心理咨询的相关问题,以帮助建立正确的心理咨询观念和自主求助意识。

第一节 心理咨询的概念和功能

在早期心理学学术理念和方法基本确立之后,在强烈的社会需求之下,心理咨询作为心理学的实践活动便开始了。不同的心理工作者在各自不同的工作领域使用心理学知识为人们提供帮助。他们那时并不是临床心理学家或咨询心理学家,而是一群自发的、为实现某一种具体目标而工作的人。

一、心理咨询的概念

"咨询"一词,源于拉丁语,有商讨、劝告、质疑、会谈、征求意见、参谋、指导等意义。从中文字面上理解就是一种提供信息、释疑解惑、忠告建议的活动。现代社会存在多个咨询领域,如法律咨询、置业咨询等。

心理咨询作为心理学的一个专业词汇,在其界定和描述上,不同的学术组织和团体、不同的专家和学者有不同的看法。例如,美国心理学会将心理咨询定义为:"帮助个人克服在成长过程中可能遇到的各种障碍,从而使个人得到理想发展。"

美国《哲学百科全书》认为,心理咨询有以下几方面的重要特征:

①主要针对正常人。
②为人的一生提供有效的帮助。
③强调个人的力量与价值。
④强调认知因素,尤其是理性在选择和决定中的作用。
⑤研究个人在制定总目标计划以及扮演社会角色方面的个性差异。
⑥充分考虑情景和环境的因素,强调人对于环境资源的利用以及必要时的改变。

在《咨询心理学》一书中,"心理咨询"这一概念有广义和狭义之分。作为广义概念,它涵盖了临床干预的各种方法和手段;而狭义的心理咨询,主要是指非标准化的临床干预措施,是各类非标准化干预方法的统称。

人本主义心理咨询大师罗杰斯指出,心理咨询是一种"与日常生活中其他关系不同的一种特殊关系",咨询者与来访者之间的关系应是一种温暖的彼此信任的关系。

马建青(1992)在其《辅导人生——心理咨询学》一书中认为:"心理咨询定义为运用有关心理科学的理论和方法,通过解决咨询对象(即来访者)的心理问题(包括发展性问题和障碍性心理问题),来维护和增进身心健康,促进个性发展和潜能开发的过程。"

二、对心理咨询的误解

1. 找心理咨询师咨询意味着我有精神病

找心理咨询师咨询的人不等同于有精神病,很多优秀的企业家都有私人律师和心理顾问,通过心理咨询师的帮助,让自己的身心更加和谐健康,同时了解与人交流沟通、管理企业的最佳方法,使自己变得更加卓越。另外,每个人都会有不同程度的心理冲突,就像人平常会患感冒一样,有心理困惑是非常正常的,世界上没有绝对心理健康的人。

2. 心理咨询师能看透我的内心想法

心理咨询并不等同于窥探来访者的内心世界,很多人认为心理咨询师应该能看透他人的内心,只是简单地说几句,咨询师就应该能找到自己的症结。其实不然,所以来访者应该敞开自己,详细提供有关情况,让咨询师充分了解事实后,才能根据心理学的理论和方法,帮助来访者看到自己的问题和模式,从而找到解决问题的关键和突破口。

3. 心理咨询无所不能

心理咨询不是万能的。有些来访者会将心理咨询师神化,对他们期望过高,觉得他们应该无所不会,来咨询一两次就应该立竿见影,帮助自己打开心结,从痛苦的深渊中解脱出来;如果没有达到这样的目的,就觉得没有效果,咨询师不行,大失所望,再也不去找心理咨询师了。事实上,心理咨询是一个艰难的、连续的改变过程,心理问题是由来访者早期的经历和个性形成的,非常坚固,要想攻破,如果来访者没有强烈的求助意愿和自我改变的动机,没有恒久的决心与之抗衡,是难以打破原有的不成熟的模式的。所以,选择了心理咨询,要想真正达到改变的效果,就必须有打持久战的准备。

4. 心理咨询师是救世主

心理咨询师不等同于救世主,有的人选择了心理咨询师后,就把他当作救世主,所有的心理包袱都会扔给他,只要生活中一有问题就找心理咨询师,觉得我找你做咨询,你随时回应我、帮助我是应该的。有的人也认为咨询师有能力帮助自己把一切问题都解决,自己无须思考、无须努力、无须承担责任,就像到传统医院看病一样,医生诊断出你的病症后,给你开药,然后你照着服用就行了。在心理咨询时,也期望医生能给自己提出建议和方法,然后你照着去做。其实这是不现实的,也是违背心理咨询的基本原则的,咨询师是绝对不允许给来访者直接提建议的。

5. 心理咨询就是思想辅导

心理咨询不等同于做思想辅导工作,有的人认为心理咨询无非就是给来访者讲道理,所以觉得心理咨询并没有用,还不如自己想开点,想办法克服。但是当我们有了心理问题后,光靠自己的力量是无法摆脱的,特别是一些比较严重的心理障碍,必须借助专业心理咨询师的诊断,找到心理障碍的症结,给予支持,有效帮助来访者克服困难,实现他们的自我成长。

6. 心理咨询会有隐私泄露的风险

心理咨询并不是咨询师对来访者隐私的窥探,有人觉得把自己内心的秘密全部告诉咨询师会有很大的风险,其实这种担心是多余的。因为作为一名心理咨询师,替来访者保密是基本的原则和要求。

三、心理咨询的对象

心理咨询面向的对象可分为三大类:一是精神正常,遇到了与心理有关的现实问题并请求帮助的人群;二是精神正常,但心理健康出现问题并请求帮助的人群;三是特殊对象,临床治愈处于康复期的精神疾病患者。

心理咨询主要面向精神正常人群在现实生活中遇到的许多问题,如择业求学问题、社会适应问题、情感问题等。他们在面对这些发展问题时,需要做出理想的选择,以便顺利地度过人生的各个阶段,这时,心理咨询师从心理学的角度,向他们提供心理学帮助,这类咨询叫作发展性咨询。长期处在困惑、内心冲突之中,或者遭到比较严重的心理创伤而失去心理平衡,心理健康遭到不同程度破坏的人,尽管个体的精神仍然是正常的,但心理健康水平却下降很多,这时心理咨询师所提供的帮助称作心理健康咨询。在大学生群体中,主要以发展性心理咨询为主。

四、心理咨询与心理治疗的区别

心理咨询(counseling)是通过来访者与咨询师建立的人际关系,咨询师运用心理学方法,帮助来访者自强自立的过程。心理咨询的根本目的是帮助来访者认清自己的问题所在,提高来访者应对生活中的各种挫折、困难与不幸事件的能力,使来访者能够自己面对和处理自己人生中的种种问题。

心理治疗(psychotherapy)是在良好的治疗关系的基础上,由经过专业训练的治疗者运用心理治疗的有关理论和技术,对来访者进行帮助的过程,以消除或缓解来访者的问题或障碍,促进其人格向健康、协调的方向发展。

心理咨询和心理治疗的区别有以下几点:

①心理咨询的工作对象为心理正常的人群,而心理治疗的工作对象为心理异常的人群。

②心理咨询着重处理的问题聚焦于正常人所遇到的各种生活问题,比如人际关系、职场问题、婚恋情感和情绪调节等;而心理治疗的工作对象更偏向于神经症、心境障碍、人格障碍、接受药物治疗的精神病人或康复中的精神病人等。

③心理咨询一般是在非医疗的情境中开展,而心理治疗则多是医疗或私人诊所的情境中开展。

④心理咨询的目标在于促进来访者的心理健康发展,即通过心理咨询,使来访者摆脱心理困扰,增强适应能力,充分开发潜能,提高发展水平;而心理治疗的目标在于纠正异常心

理,即通过心理治疗,消除或缓解病理症状,恢复正常生活。

⑤在心理咨询中,咨询师被称作咨询者(counselor),求助者被称为"来访者"或者"咨客"(client);心理治疗中,治疗师被称作治疗者(therapist),求助者被称为"病人"或"患者"(patient)。心理咨询与心理治疗的区别如图2-1所示。

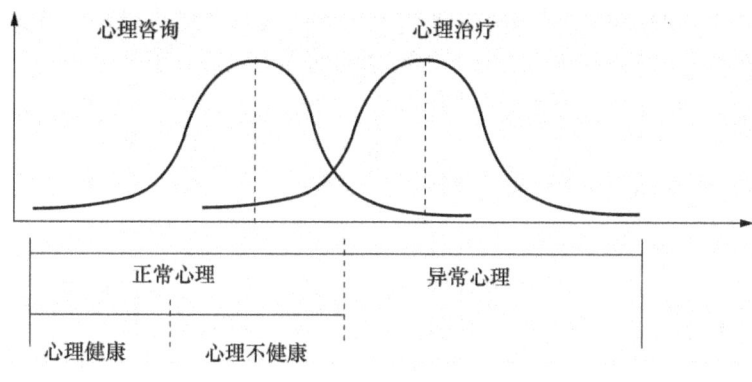

图 2-1　心理咨询与心理治疗的区别

五、大学生心理咨询的功能

大学生心理咨询是高校心理健康教育的一个重要环节。现代教育认为,教育不仅仅是为了传授知识、技能,更是为了塑造具备良好心理素质的健全人格。大学生心理咨询是可以帮助学生塑造健全人格、开发潜能的强有力手段,有助于大学生人格的成熟,促进学生身心健康发展。具体来讲,大学生心理咨询有以下功能:

1. 帮助学生更好地认识自我

心理咨询可以帮助学生对自身进行相对认识,引导他们发现自我、了解自我。个体在生活进程中不断积累经验,到一定时候,在自己的内心世界便形成所谓的经验系统。这种经验系统影响着人们对外部世界的认识,以及对待事物的态度、决策、行为等。个体在运用其经验系统时,常常和外部世界的事物发生摩擦、矛盾,这会使个体产生困惑与不解。心理咨询可以帮助个体了解身处的内外世界,了解内外世界的相互作用以及人的"积极适应"能力;帮助个体认识到身处的内部冲突,真正认识自己的需要、价值观、态度和动机等。

2. 纠正学生的不合理信念

许多个体经常确信自己的动机和需要是正确的、合理的,认为自己十分清楚需要什么,但实际上并非如此。例如,有个男生学习非常刻苦,几乎所有的时间都在图书馆或自习室学习,他的目标就是班级第一,如果考试总成绩不是第一名,他就非常痛苦、焦虑,就觉得自己非常失败,他把优秀的概念等同于考试总成绩第一。这位男同学的观念显然是不合理的。

许多人常常认为自己对事物的观察和理解是正确的,从不怀疑自己的思想观念和理解的正确性。但当他们遭遇到生活的挫折、情绪的痛苦,在走进心理咨询室与心理咨询师进行沟通时,才会发现许多观念是不合理的。心理咨询师可以帮助个体评估自己的思维、观念是否合理,这不但可以帮助他们解决当前的心理问题,而且能够帮助他们看清未来方向,促进个体自我成长。

  3. 帮助学生面对问题,解决问题

  当今大学生面临学习任务重、生活节奏快、人际关系复杂、社会竞争激烈等方面的压力,在适应环境和完善自身时容易出现某些不适应或迷茫现象,这种现象主要表现在学习、环境适应、恋爱、人际交往等方面。遇到问题时如不能及时自我调整或得不到外界有效的帮助,就会加重大多数学生的压力,甚至使其产生心理问题。通过心理咨询,可以为学生提供一个倾诉内心苦闷、烦恼和痛苦的场所,帮助其学习应对自身遇到的各种苦恼、挫折。心理咨询可帮助学生积极调节个人的心理状况、建立新的平衡、学会适应环境的技能,既能提高学习效率,又能维护身心健康。

  4. 及时发现有心理疾病的学生

  有少数学生在遇到严重生活应激时会出现巨大的心理疾病甚至自伤或自杀,有极少数学生会罹患精神疾病。心理咨询师针对影响心理健康的原因,展示预防的方法与手段,以求尽力防患于未然,提高大学生自我保健意识。如果学生在疾病发生初期,能主动求助,心理咨询师能及时有效地发现这部分学生存在的问题,并进行心理危机干预,或转至专业精神卫生医疗机构,可避免学生病情恶化或自杀事件的发生。

  大学生是文化知识层次相对较高的群体,随着社会对学生心理健康的关注和媒体对心理咨询的报道,他们之中了解心理咨询及其重要性的人越来越多,更多的大学生愿意主动走进心理咨询室和心理咨询师进行沟通。大学生咨询的主要内容也多为成长中遇到的问题,包括学习、环境适应、恋爱交友、职业规划等,多属于发展性咨询。

第二节 大学生心理咨询的类型

  心理咨询按照不同的标准可以划分为多种类型。

一、按咨询的途径分类

  1. 现场咨询

  现场咨询又可称为门诊咨询,是心理咨询中最常见、最主要也是最有效的形式。现场咨询的好处在于针对性强,咨询者能对来访者的具体问题提供有针对性的服务;了解信息全面,咨询者不仅可以听到来访者叙述的内容,还可以观察其表情动作、情绪反应等,从而做出准确的判断;亲切自如、保密性好。由于现场咨询多个别进行,因而可以消除来访者的顾虑,便于咨询的深入;此外,咨询者和来访者都可以随时提出问题,并根据对方的反馈信息随时调整对策。目前在国内,一些精神病院、综合医院、大专院校、科研机构和社区都设立了心理咨询场所,咨询师由心理学家、医生、社会工作者独立或联合组成。

  2. 电话咨询

  电话咨询是咨询者通过电话给来访者提供劝慰、帮助的一种较为方便、迅速的咨询形式。尤其是对于处在危急状态(如自杀)或不愿暴露自己的来访者,电话咨询是一种较好的形式。在20世纪50年代,一些发达国家开始开展电话咨询,它在防止由于心理危机而酝酿的自杀与犯罪方面起到了良好的作用。现在,我国许多城市也开设了电话心理咨询,服务范围不仅涉及心理危机干预,更扩展到为心理困扰者排忧解难。电话咨询也有不利之处,由于通话时间有限,通过电话传递的信息也有限,因此要求咨询者反应敏捷,能给对方以信任感,能控制局面;否则,咨询很难有实效。

3. 网络咨询

网络咨询是随着网络技术的发展而逐渐开展起来的网络化心理咨询。对于那些由于个人身体条件、地域环境的限制不能直接而方便地寻求心理咨询者,以及由于个人生活风格或生活习惯,不愿意面对心理咨询师的人们来说,网络心理咨询显示出其独特的优势。通过网络咨询,可实现"与心理咨询师的第一次接触",体现"安坐家中,看心理咨询师"的方便途径。此外,网络心理咨询还有许多优点,可以凭借行之有效的软件程序,进行心理问题的评估与测量;还可以方便地将咨询过程全程记录,便于反复思考和温习,以及进行案例讨论;在一个付费咨询体系中,协议的具体化和程序化将使得人们更容易接受。但是,网络心理咨询也有其不足,例如双方真实身份不易识别,以及咨询师如何弥补不在现场所造成的不足,如何避免因信息交流不充分而引起的误会、投射作用等问题。

4. 书信咨询

书信咨询是针对来访者来信描述的情况和提出的问题,咨询者以通信方式解答其疑难问题,对其进行疏导教育的一种形式。其优点是可以打破地域的限制和在来访者不愿向咨询师当面倾诉的情况下应用。其不足之处是由于双方不能直接面谈,不利于咨询师深入了解情况,很难进行具体指导。另外,受来访者文字表达能力的限制等原因,咨询师可能无法把握来访者心理问题的关键,从而影响咨询效果。

二、按咨询对象的数量分类

1. 个别咨询

个别心理咨询是心理咨询中最常见的形式,咨询最初的形式是一对一的关系。在方式上,是咨询师与来访者两者发生的单一交往,而与来访者所处的社会、集体及家庭无关。在内容上,着重帮助解决来访者个人的心理问题。

个别咨询一对一的关系,提供了一个可靠安全的环境,可使某些来访者降低他们的防御心,与咨询师建立彼此信任的关系。它为咨询师与来访者提供了最大限度的个人接触的可能性。个别咨询有许多优越性:

①来访者可以进行充分详尽的倾诉,将自己心中的烦恼、焦虑、不安或困惑直接告诉咨询师,咨询师在耐心倾听的基础上,可以与来访者进行面对面的磋商、讨论、分析和询问,这种形式显得直接和自然。

②个别咨询可以使咨询师对来访者进行直接观察,有助于对来访者的个性、心理健康状况、心理问题的严重程度和当时的心态进行观察、了解和诊断。个别咨询是在两人之间进行,不允许第三者在场旁听,在这种情境中,来访者易于消除顾虑,容易谈出自己内心深处的想法。

个别咨询也存在不足之处：

①个别咨询主要是一对一的关系，不适合大面积的咨询，效率和受惠人数不如团体咨询理想。

②个别咨询需要对来访者的问题进行深入的挖掘，费时费力，而且对咨询师的专业素质要求比较高。

2. 团体咨询

团体咨询，是在团体情境下提供心理帮助与指导的一种咨询形式，即由咨询师根据来访者问题的相似性，组成课题小组，通过共同商讨、训练、引导，解决成员共同的发展或共有的心理问题。团体咨询通常由一到两位领导者主持，五到十几个成员参加。成员通过参加团体聚会、活动，互相交往，共同探讨大家关心的问题，彼此启发、相互反应，支持鼓励，使成员了解自己和他人的心理，以便改善人际关系，增加社会适应性，促进人格成长。团体咨询是否有效，在很大程度上取决于团体的领导。

三、按咨询的主要内容分类

1. 发展性咨询

发展性心理咨询是指根据个体身心发展的一般规律和特点，帮助不同年龄阶段的个体尽可能圆满地完成各自的心理发展课题，妥善地解决心理矛盾，更好地认识自己和社会，开发潜能，促进个性的发展和人格的完善。

发展性心理咨询的目的在于帮助来访者了解心理发展的规律，重视自己在心理发展过程中可能会或已经出现的各种发展性心理问题，并提供处理方法，使其更好地认识自我，同时警惕自己在成长发展过程中可能会出现的心理异常表现，防患于未然；鼓励来访者最大限度地发挥自己已经具有的各种现实能力，充分挖掘潜在的能力，更好地适应环境，更健全地发展自我。

发展性心理咨询的范围和内容主要有：不同年龄、不同性别、不同群体心理发展的特点与规律；早期智力开发的价值与手段；个性结构与健全人格的措施；学习困难及其影响因素；依赖性与独立性的矛盾及其处理方法；性心理困惑；人际冲突的控制与社会能力的培养；个人与群体关系及其矛盾处理；直接和间接兴趣的培养；重大转折时期的环境适应与自我心理调节；升学时专业的选择与择业的心理矛盾；失恋心理的调节以及成就动机的激发与自我价值的体现等。

2. 障碍性咨询

障碍性咨询是针对存在不同程度心理障碍的来访者进行的咨询。其对象是存在程度不同的非精神病性的心理障碍、生理障碍者。其目的在于宣泄来访者的消极情绪，改变来访者在认知上的错误观念，缓解心理压力并确立正确合理的思考方向和方法，指导来访者进行有效的自我调控，激发来访者的自愈机制与潜能，帮助来访者重新建立包括和谐的人际关系在内的良好的社会适应行为。

与发展性咨询相比，障碍性咨询存在以下特点：

①障碍性咨询侧重于心理障碍层面的矫治，以消除或减缓心理障碍为工作目标；发展性

咨询则侧重于心理发展任务,强调促进人的心理成长,排除正常发展过程中的障碍。

②障碍性咨询侧重于当前的心理障碍和引起障碍的情境因素;发展性咨询关注的不仅仅是眼前的发展障碍,而且十分关注与下一阶段发展任务的衔接。障碍性咨询关注的是眼前的、具体的、局部的咨询目标;而发展性咨询关注的是长远的、联系的、整体的咨询目标,即把心理咨询与促进人的全面发展、人的未来发展联系起来。

③障碍性咨询重点解决的是已构成心理障碍的问题;而发展性咨询则更重视对发展过程中可能出现的障碍问题的早期发现和预防,强调防患于未然。

④障碍性咨询中涉及的障碍问题往往具有较明显的个体性,与个体的具体生活情境有关,有些还与个体儿时的个性心理发展的障碍有关;而发展性咨询着重于这一年龄阶段共有的发展问题,具有群体性、规律性,因而发展性咨询往往更有针对性和预防性。

⑤障碍性咨询的工作人员一般多为专业人员,有处理心理障碍的专门技术和方法;而发展性咨询工作除专业人员外,还可在专业人员的辅导下,由教师和家长实施。障碍性咨询的知识背景以变态心理学、精神病学和心理治疗技术等障碍性内容为核心;而发展性咨询则更多地运用发展心理学、教育心理学、心理辅导技术等。

⑥障碍性咨询多采用个别咨询的方式,强调一对一地解决咨询对象的具体障碍问题;而发展性咨询除采用个别咨询的方式外,还经常采用集体辅导、小组咨询的方式,包括教学、讲座、小组活动等,是个别咨询与团体辅导的结合,有时甚至更重视、更强调团体辅导的意义。障碍性咨询主要使用矫正、治疗性的方法,具有较浓厚的医疗色彩;而发展性咨询则常用指导性的方法,充满浓厚的教育色彩。

小　结

- 学校心理咨询经过近百年的历程,各国发展层次参差不齐。现代意义上的学校心理健康教育起源于美国,美国学校心理健康教育位列世界的前沿,无论是其方法、手段还是理念、观念,迄今为止,美国在这一领域依旧领先。

- 心理咨询定义为运用有关心理科学的理论和方法,通过解决咨询对象(即来访者)的心理问题(包括发展性问题和障碍性问题),来维护和增进身心健康,促进个性发展和潜能开发的过程。

- 高校大学生心理咨询的主要功能有:帮助学生更好地认识自我,纠正学生的不合理信念,帮助学生面对问题和解决问题,及时发现有心理疾病的学生。

- 目前大学生心理咨询常见的形式有个别咨询、团体咨询、电话咨询、网络咨询等。

阅读材料

小E是个农村长大的孩子,在家中排行老五。父母在中年有了这个男孩,并且这个男孩不负众望,考上了大学,这是一个农村家庭的骄傲。一直生活在被照顾和被赞扬的氛围中的小E来到大学以后逐渐发现,无论是物质上还是精神上,自己并不是那么优秀,于是先前并不是很有底气的自负就转变成了自卑,在老师和同学面前甚至有种被"审判"的感觉。他开始变得郁郁寡欢,开始怀疑自己曾经相信的一切,开始向自己挚爱的亲人发脾气,开始蜷缩在自己的世界里拒绝和外界交流。偶然的机会,小 E 经过学校的心理咨询室,有些胆怯又有些好奇地走了进去……

【咨询师手记】 没有强大的力量,想要完美却换来深深的自卑,只好用一种拒绝或清高的心态来保护自己脆弱的自尊。

弱小的自我要经得住风雨,这需要摆正现实与理想的巨大差距。家庭关系、家庭环境对一个人的影响是巨大的,每个人的身上都会留下家庭的烙印。很多类似的案例表明,对于这种自我弱小的个体,咨询师在面对的时候要变得有力量些,其行为方式可能在某些方面会成为个体无意中模仿的对象,更重要的是对这种有依赖的个体"赋能",让他们知道他们是有力量的,他们必须面对与胜任生活中的一些事情,才能在以后的路上走得更远。

* 自我感悟 *

思考与收获

通过对本章的学习,我的思考是＿＿＿＿＿＿＿＿＿＿＿＿＿＿＿＿＿＿＿＿＿＿＿＿＿

＿＿＿＿＿＿＿＿＿＿＿＿＿＿＿＿＿＿＿＿＿＿＿＿＿＿＿＿＿＿＿＿＿＿＿＿＿＿

我的收获是＿＿＿＿＿＿＿＿＿＿＿＿＿＿＿＿＿＿＿＿＿＿＿＿＿＿＿＿＿＿＿＿＿

＿＿＿＿＿＿＿＿＿＿＿＿＿＿＿＿＿＿＿＿＿＿＿＿＿＿＿＿＿＿＿＿＿＿＿＿＿＿

第三章 大学生异常心理及心理困惑

正如我们的身体会生病一样，我们的心理也会出现问题。你是否担心过度？你是否感觉焦虑却不明原因？你是否曾经通过酗酒、吸烟来逃避现实问题？你是否因遇到挫折而一蹶不振？你是否因情绪低落而彻夜不眠？你是否因恋人的离去而否定自我？几乎所有人对以上问题中至少一条的回答是"是"。我们每个人在成长过程中都会遇到各种各样的心理问题，但心理问题不等同于心理障碍或心理异常，当前许多人处于心理健康和心理异常之间的中间状态。

大学生是心理疾病的高发人群，了解青年期心理异常的特点和规律、正确处理常见的心理困惑、各种身心疾病、适应性障碍、神经症性障碍、人格障碍等，对于大学生心理健康发展十分重要。

第一节 大学生常见的心理困惑及异常心理

心理正常与异常的区分

人的心理可分为心理正常和心理异常两种状态，心理正常包含心理健康和心理不健康两种状态，其中心理不健康根据其严重程度又能分为一般心理问题、严重心理问题和神经症性心理问题。心理异常又称心理障碍、精神障碍、心理疾病或精神疾病，大学生常见的心理异常有神经症、心境障碍、精神分裂症、人格障碍和性心理障碍等，见表3-1。

表3-1 心理活动性质分类

心理正常		心理异常
心理健康	心理不健康	
	一般心理问题	神经症
	严重心理问题	心境障碍
	神经症性心理问题	精神分裂症
		人格障碍
		性心理障碍

判断个体的心理活动是否正常、是否具有心理疾病，其判断标准并不是非此即彼、黑白分明的，往往参照一些原则进行衡量。判断心理疾病的总体指导原则有三条：

1. 主客观是否相一致

主要是观察其心理活动与外界环境的协调性。一个人正常的心理及受它支配的情感和行为,应与外界相协调,而不应发生矛盾和冲突,他们的言谈和举止行为,应该受到正常人的理解。比如说,一个同学在班级里唱一支一般化的歌曲,可引起大家的掌声,但如果在一个会议上突然引吭高歌,就会使人们惊讶。我们说前者为正常心理,后者为心理异常,因为和外界环境不协调。

2. 知、情、意是否相统一

就是观察其心理活动与情感和行为的一致性。一个人的心理活动应与受它支配的情感和行为是一致的,人们常说:"人逢喜事精神爽,闷上心来瞌睡多。""酒逢知己千杯少,话不投机半句多。"都说明这种一致性。比如一个同学面带笑容地讲述他的不幸遭遇,我们说他对痛苦的事件缺乏相应的内心体验。知觉、情感、意向不协调,也是一种异常心理。

3. 人格是否相对稳定

即观察当事人心理活动的相对稳定性。一个人受遗传素质、家庭教育、环境影响,使他们对现实有比较稳定的态度和习惯的行为模式,这就是人的性格特点。它相对稳定,如果一个人几年来一直寡言少语,不明原因突然变得话多而爱交往,给人一种判若两人之感,这就说明心理异常了。

对心理疾病实施诊断的操作过程中,所运用到的判定标准如下:

1. 经验标准

首先是患者的主观经验,由于患有心理疾病,患者可能经历过不愉快或自己不能控制的某些行为,始终无法摆脱困境,据此,患者本人可以判断自己存在心理疾病,并主动寻求医生帮助。但是,仅仅依靠患者自身主观经验作为判定标准是不够的。一方面,当心理疾病严重到一定程度时,患者本人会丧失自知力,即难以对自己的心理状态做出符合客观实际的认识和评价;另一方面,某些心理疾病患者,如反社会人格障碍者,他们并不认为自己的心理异常。经验标准还包括医者自身的主观经验,即设身处地的诊断模式,若患者的心理活动与自己相同,则为正常;反之,则为异常。这种经验标准因人而异,缺乏一定的可靠性。

2. 社会适应标准

人生活在特定的社会文化环境中,社会必然对个体的行为具有规范性的要求。人要适应社会环境,其行为就必须符合社会规范,必须根据社会要求和道德准则行事。因此,心理和行为异常是相对于社会常态而言的。通过考察一个人对人对己的态度、与他人交往的方式、人际关系情况、社会适应和社会功能情况,就可以对其是否心理异常做出判断。使用这一标准时,应注意社会文化的差异,在某一社会文化背景中被认为是正常的心理和行为,在另一社会文化背景下可能被视作异常。

3. 社会常规模型和统计学标准

即对正常心理特征进行测量,以群体中具有这种心理特征的人数分布为依据,把变态心理看作是对"正常的偏离"。

4. 精神症状标准

心理疾病无论是主观上的感受体验还是客观上的动作行为都必然有其外在表现。异常心理活动的临床表现即为各种精神（心理）症状。因此，是否存在精神症状可作为是否异常的判定标准。再进一步，还可根据症状的内容和形式以及症状的组合和相互关系来对心理障碍进行分类。有些精神症状与正常精神活动有着质的差别，例如幻觉、妄想等重性精神病的症状；有些症状与正常精神活动之间只有量的差别，例如各种神经症中的焦虑。对于后者，判断其是否属于精神症状比较困难，必须结合具体的情境来分析。日常生活中的情绪反应，例如遇到高兴的事时感到愉快，遇到挫折时感到沮丧、郁闷等，都属于正常心理活动。但如果持续很长时间，程度与客观事件不相称，以至于影响了个体的社会功能时，就属于精神症状了。

我国台湾心理学家张春兴提出能使生活适应良好的要求有以下几个方面：a.了解自己并肯定自己。b.掌握自己的思想行为。c.自我价值感与自尊心。d.能与人建立亲密关系。e.独立谋生意愿与能力。f.人际关系和谐。g.社会适应良好。h.生活情趣高尚。i.心理年龄与行为相符。心理健康的标准是良好的心理素质的体现，也是适应现代社会应该达到的心理品质的目标要求。心理健康与否的区分是指人的基本心理活动过程是否内容完整、协调一致，是否能适应社会。一般人并不能让自己始终或所有方面都符合这些标准，有时或有些方面未达到这些标准并不等于心理不正常，只属于暂时有心理问题。

第二节　大学生常见的心理困惑

在心理正常的范畴中，存在心理健康和心理不健康两种类别，从当前的情况看，多数大学生的心理是健康的，表现在有较高的智力水平，有强烈的探索精神，对学习有浓厚的兴趣，学习效率较高；有稳定的情绪，乐观自信，充满朝气和活力，对于未来满怀憧憬；有比较健全的意志，有自制力，为了自己的目标不懈地努力；人格完整统一，敢于竞争，努力向上，积极进取；有比较完善的自我意识，能较好地认识和接纳自己；有良好的人际关系，能够和平友好地和同学相处，有自己的知心朋友；对环境能够较快地认识，善于进行自我调节，适应良好。

但是也有一部分大学生的心理健康状况不容乐观，甚至有一些学生存在精神疾患。有调查显示，近几年来，大学生群体中精神疾病和心理健康不良的人数有增加的趋势。大学生在成长发展中总会碰到一系列的问题，常见心理问题主要表现在适应问题、学习方面的心理健康问题、人际交往问题、自我认知不良及恋爱心理问题等。

一、大学生适应问题

大学生在迈入大学后，多数远离父母、亲人和曾经熟悉的环境，要开始学习独立处理问题，开始融入新的集体，开始适应新的生活方式和学习方式。学生的异地就读带来饮食习惯、生活习惯和气候等方面的不适应，偏远地区的学生到大学就读，常会出现一定程度上的语言隔阂现象，从而造成学习困难和交流障碍。许多学生在步入大学初期遇到上述问题，会出现思乡情绪严重、睡眠不良、孤独无法排解甚至封闭退缩等不良心理。

二、自我认知失调

自我意识也称自我，是个体意识发展的高级阶段。进入大学的学生都曾思考过这样一个问题:"我是一个什么样的人?"大学生的自我意识逐步完善,但依然存在一些问题。大学生最常见的自我意识问题就是"理想自我"与"现实自我"的认知失调。许多学生往往对一切事物都寄予美好的希望,对于自我和事物的认识过于理想化,并以为理想中的自我一定能在现实中实现。当理想中的自我在现实中被否定时,理想与现实发生错位,许多学生便出现情绪不稳定、悲观失望等心理;还有些大学生在发展自我的过程中放大自己的缺点,忽略了自我优势,害怕暴露自己的弱点而采取压抑的心态,很少与同学交流,常常独处,多疑而不信任他人等。

三、学习方面的心理问题

学生在进入大学校园后,学习环境、学习目标和学习方式都发生了巨大的变化,大学课程的学习已经不能再沿用高中时代的学习方法,老师也不再像以前一样严格监督,学习的内容和种类也变得繁杂,如果学生忽视学习方法的探讨和改进,可能会在课业上疲于应付。部分学生学习动机缺乏,对大学课程不够重视;部分学生学习动机过强,把全部的时间和精力放到专业课的学习上而忽略了自身其他方面的发展;部分学生失去学习目标,整日迷茫却不知如何摆脱……上述问题都会引起学生的学习焦虑,有些学生采取回避、退缩的应对方式,于是学习成绩下降,进而自责、焦虑增加,形成恶性循环。

四、人际交往中的心理问题

人际交往是一种人与人之间的心理沟通和情感行为上的影响,感情色彩较浓厚。建立良好的人际关系是每个学生的美好预期,但现实中并非总能得偿所愿。大学生的感情丰富、变化快,对人对事过于敏感,考虑问题过于简单,常常因一时的好恶改变对一个人的看法,表现出重感情而不重客观,重一面而不重全面的特点,使得人际交往缺乏稳定性。良好的交友愿望和人际关系不协调的矛盾常导致大学生出现内心冲突,产生自卑、嫉妒、自我中心等不良心理,影响良好人际关系的建立。大学生在交往过程中的个性意向和个体心理特征存在很大差异,常常出现以自我为中心、苛求于人、不尊重对方等个性特点,造成交往中的误解和矛盾。

五、恋爱心理问题

大学生情感丰富,对爱情充满向往与憧憬,为爱情赋予了太多浪漫的幻想。但是大学生在校期间的主要任务是学习专业知识、不断发展和完善自我。有些大学生谈恋爱不是出于爱情本身,而是为了弥补内心的空虚、好奇甚至只为和别人攀比。恋爱动机的纯洁和健康是保证恋爱顺利进行的重要基础,纯洁的爱情能使人充分地体会美好、健康的情绪。大学生中常见的恋爱问题有失恋、单相思、陷入感情纠纷中不能自拔,出现情绪低落、否定自我、悲伤忧郁等严重情绪反应,致使生活、学习、人际关系等各个方面受到打击和干扰。

第三节 大学生常见心理疾病及其应对

进入大学,尤其是能够进入自己期望中的大学继续深造,或许是每个学生的梦想与追求。在追求梦想的路上，有些人可能只盯着远方那面迎风飘扬的旗帜，而忽略了身边的风景。从紧张、忙碌、焦虑的高中生活进入学习生活节奏相对缓慢的大学，许多惯常的学习方式和生活方式发生转变，学生也有更多的时间去关注自身的心理健康。在大学生群体中，学生会遇到诸如人际交往不和谐、学习方法不适应等一系列问题。但是，这些问题属于个体在成长过程中的一部分，个体通过自身调整与发展或求助心理咨询师便可解决，出现心理疾病的只有一小部分学生。

心理疾病(mental disorders)，又称精神障碍或心理障碍，是指心理(精神)功能紊乱，并达到影响个体的社会功能或使自我感到痛苦的心理异常状态。心理疾病概念的外延较大，而通常所说的精神病概念的外延较小。精神病是指存在明显的幻觉、妄想等精神症状，是自知力丧失的严重情况。通常，人格障碍、性心理和性行为障碍、智力发育障碍(精神发育迟滞)属于心理疾病的范畴。

按照不同的标准，心理疾病可以做不同的分类。以是否可以检出器质性病变为标准，可以将心理疾病划分为器质性心理疾病和功能性心理疾病；以对个体社会功能损害程度的不同，可以将心理疾病划分为重性精神病(如精神分裂症等)和轻性心理障碍(如各种神经症)。

一、什么是神经症

神经症(neurosis)，亦称神经功能症，是一组精神障碍的总称。它是指非器质性的大脑神经机能轻度失调的心理疾病，主要表现为烦恼、紧张、焦虑、恐惧、强迫症状、疑病症状或神经衰弱症状等，病前多有一定的素质和人格基础，起病常与社会心理因素有关。其症状无器质性病变基础，患者没有思维障碍，有自知力，会对自身异常的心理状态感到十分痛苦。

1. 神经症的共同特征

从症状角度出发，神经症可分为强迫症、焦虑症、恐怖症、抑郁症、疑病症、神经衰弱、癔症等。尽管神经症的种类繁多，彼此之间却具有一些共同特征。

(1) 神经症起病通常与社会心理因素有关

随着社会文明的进步与发展，城市化加速、居住环境日渐拥挤、社会竞争激烈等原因均导致人们的精神紧张，而这种精神紧张在神经症发病中的比例日益突出。

(2) 患者常具有某种特定的人格特征

神经症常见于情绪不稳定和性格内向的人，其个性具有多愁善感、焦虑、刻板、过于严肃、悲观保守以及孤僻等特征。

(3) 未发现和症状相符的器质性病变

神经症的症状可以在多种躯体疾病中见到，但是不能称之为神经症，神经症目前仍被认为是一种功能性精神障碍。

(4) 社会功能相对完好

神经症患者的生存能力、学习和工作能力以及人际交往能力基本完好。这种完好是相对的，和重度精神病相比，神经症的社会功能是完好的，但是和正常人相比，这种完好又大打折扣，患者在学习、工作和人际交往方面非常吃力，效率低下，适应性很差。

(5)自知力存在

神经症患者对自身的状况具有良好的认识,他们的现实检验能力正常,也就是说,对于环境和自身都能做出正常判断。即使有时不接受医生的诊断,只要仍在主诉症状、仍然有摆脱症状的强烈愿望,就不能说他们没有自知力。

2. 几种主要的神经症

(1)强迫性神经症(Obsessive Compulsive Disorder,缩写 OCD)

强迫性神经症是以不能为主观意志所克制,反复出现的观念、意向和行为为临床特征的一组心理障碍,简称"强迫症"。强迫症状的特点是有意识的自我强迫和自我反强迫同时存在,二者的尖锐冲突使患者焦虑和痛苦,患者能感受到观念或冲动是来源于自我,且违反其意愿,遂极力抵抗和排斥,但仍无法控制,即患者认识到强迫症状是异常的,但无法摆脱。病程迁延的强迫可表现为以仪式化动作为主而精神痛苦显著减轻,但社会功能严重受损。强迫性神经症依据其临床表现通常被划分为强迫观念及强迫行为两类。

①强迫观念。

a. 强迫怀疑:患者对自己言行的正确性反复产生怀疑,继而产生强迫性检查行为。如出门后怀疑是否关好门窗、写信是否写错地址等,为此而反复检查。

b. 强迫性穷思竭虑:患者对日常生活中的一些事情或自然现象反复思索,追根溯源,明知毫无意义,但无法控制,其思维经常纠缠在一些缺乏实际意义的问题上而无法自拔。这一症状在青少年中才可以看到,如像"为什么把桌子叫桌子而不叫椅子""为什么一加一等于二却不等于三"。

c. 强迫联想:患者听到或看到某一观念或某一句话,便不由自主地联想起另一个观念或词句。

d. 强迫回忆:患者对经历过的事件,不由自主地在意识中反复回忆,虽自知无此必要但无法自控。有时强迫回忆和强迫怀疑可同时出现,患者在强迫回忆时怀疑自己回忆有错又不得不从头想起,加重其不安和痛苦;有时患者表现为发呆,实际上是在回想,若被打断或认为"想得不对"时,就得从头再想,因怕人打扰而出现烦躁、躲避等退缩性表现。

e. 强迫记数:病人对一定形状的物品进行强迫性记数,虽自知无此必要但不能自控。

f. 强迫情绪:指病人对某些事物存在担心或恶心感,明知不对,却无力自拔。如担心自己会伤害人、会说错话、会做出不理智的行为或受到细菌感染等。

g. 强迫意向:患者反复体验到想要做某种违背自己意愿的动作或行为的强烈内心冲动。尽管病人明知这是荒谬的想法,自己也不会如此做,但却无法摆脱这种内心冲动。如抱着孩子走在河边,萌生出将小孩扔进河里的念头等。

h. 强迫对立观念:患者脑子里经常出现与现实相对立的、通常是违反道德准则的内容,为此患者感到紧张、害怕但又偏偏不能摆脱这种行为,有时甚至有脱口而出的冲动,如骂粗话等。

i. 强迫表象:指头脑中反复呈现形象性的内容,如色情等。

②强迫行为。

a. 强迫检查:为减轻强迫怀疑所引起的焦虑而采取的行为。

b. 强迫询问:强迫症患者往往不信任自己,为了消除疑虑或深思竭虑所带来的焦虑,往往对他人进行询问或要求他人反复地、不厌其烦地予以解释或保证。

c. 强迫性清洗:为了消除受到细菌感染的担心而反复多次地洗手、洗澡或洗衣服。有的病人反复多次用肥皂洗手,甚至造成手背皮肤皲裂或破损仍反复洗手,否则会出现十分严重的焦虑或担心。

d. 强迫性意识动作:指病人完成一系列的复杂动作或重复出现某些动作,以消除或减轻由强迫观念引起的焦虑或不安。如患者出门时必须先前进两步,再后退一步,如此反复数次才可以出门。有人把强迫性计数也归入此类。有些患者因强迫性意识动作而导致行动迟缓,例如早晨起床时,病人反复穿脱衣服多次,直至自己感到满意为止,这样就耽搁了时间,以致误工或迟到。

强迫行为往往是为减轻强迫观念而引起的焦虑,患者不由自主地采取的一些顺从性行为。某些慢性病程的强迫症患者,往往通过意识性的动作行为来消除焦虑,久而久之则成为习惯性动作,而反强迫的表现却逐渐消失,这时,病人便不再感到苦恼。另外,强迫症患者的智力水平一般为正常或较好,平时比较安静,好思考,儿时家庭管束较多。他们可能在某些突然事件下急性发病,也可能在长期过分紧张疲劳下缓慢起病,其中大约 2/3 起病缓慢,病程相对较长,病状时轻时重。

阅读材料

强迫性神经症自查小常识

当下列一条或一条以上的症状持续存在并影响正常生活时,则应该考虑求助于专业的心理咨询和治疗机构。

1. 经常对病菌和各种疾病敏感,并存在毫无必要的担心。
2. 经常反复洗手而且洗手的时间很长,超过正常所需。
3. 有时会毫无原因地重复相同的话语好几次。
4. 觉得自己穿衣、清洗、吃饭、走路时要遵循特殊的顺序。
5. 经常没有必要地反复做某些事情,例如检查门窗、开关、煤气、钱物、文件、表格、信件等。
6. 对自己做的大多数事情都要产生怀疑。
7. 经常不自觉地产生一些不愉快的回忆或想法,且无力摆脱。
8. 经常认为自己细小的差错就会引起灾难性的后果。
9. 时常无原因地担心自己患了某种疾病。
10. 时常无原因地计数或多次吟唱某一段歌曲。
11. 在某些场合,很害怕做出尴尬的事。
12. 当看到刀、匕首和其他尖锐物品时会感到心烦意乱。
13. 为要完全记住一些不重要的事情而困扰。
14. 有时会毫无原因地破坏某些物品,或伤害他人。
15. 在某些场合,即使当时生病了,也想暴食一顿。

16. 当听到自杀、犯罪或生病这类事件时,会心烦意乱很长时间,很难不去想它。

17. 有洁癖、幻想症、电邮综合征、自慰过度等表现。

18. 当听到或看到某一观念或某一句话,脑子里便不由自主地联想起另一个观念或词句。

强迫性神经症的预防小常识

从小注意个性的培养是十分必要的。不要给予过多、过于刻板的要求,对于预防强迫症的发生有很大帮助,特别是父母本人有个性不良者更应注意。

参加集体性活动及文体活动,多从事有理想、有兴趣的工作,培养生活中的爱好以建立新的兴奋点去抑制病态的兴奋点。

采取顺应自然的态度,有强迫思维时不要对抗或用相反的想法进行"中和",要带着"不安"去做应该做的事。有强迫动作时,要理解这是违背自然的过度反应形式,逐步减少这类动作反应直到和正常人一样,坚持练习,必然有益。

注意心理卫生,努力学习应对各种压力的积极方法和技巧,增强自信,不回避困难,培养敢于承受艰苦和挫折的心理品质,是预防强迫性神经症的关键。

(2)焦虑性神经症

焦虑性神经症(anxiety disorder)是一种内心紧张不安,预感到似乎将要发生某种不利情况而又难以应付的不愉快情绪。恐惧在面临危险时发生,而焦虑发生在危险或不利情况来临之前。其主要临床表现常伴有头晕、胸闷、心悸、呼吸困难、口干、尿频、尿急、出汗、震颤和运动性不安等症状,其焦虑并非由实际威胁所引起,紧张惊恐程度与现实情况也很不相称。

焦虑症与正常焦虑情绪反应不同:第一,焦虑症是无缘无故的、没有明确对象和内容的焦急、紧张和恐惧;第二,焦虑症是指向未来的,似乎某些威胁或危险即将来临,但是病人自己说不出究竟存在何种威胁或危险;第三,焦虑症持续时间很长,如不进行积极有效的治疗,几周、几月甚至数年迁延难愈;第四,焦虑症除了呈现持续性或发作性惊恐状态外,同时伴有多种躯体症状。简言之,病理性焦虑是一种无根据的惊慌和紧张,心理体验为泛化的、无固定目标的担心与惊恐,生理上伴有警觉提高的躯体症状。

焦虑性神经症可分为以下两种类型:

①惊恐障碍。

其基本特征是反复发作的严重焦虑(惊恐),发作不限于某一特殊情境或场合,因而难以预料。其主要症状因人而异,但常有突发的心悸、胸闷、窒息感和眩晕感。几乎所有惊恐发作患者都会出现对死亡的恐惧,或害怕失控、发疯,部分患者有出冷汗、手抖、站立不稳的症状。

②广泛性焦虑症。

其基本特征为广泛和持续的焦虑,表现为缺乏明确对象和具体内容的提心吊胆和紧张不安。除了焦虑心情外,还有显著的自主神经症状和肌肉紧张以及运动性不安。

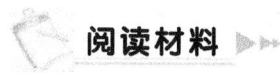 **阅读材料**

焦虑性神经症的自查与预防

过度焦虑会直接威胁身体健康。若出现下列症状,且无明显原因,请尽快寻求专业帮助。

1. 连续头晕或暂时失去记忆。
2. 直肠出血。
3. 脉搏加速。
4. 手掌冒汗。
5. 慢性背痛、颈椎痛。
6. 慢性或严重头痛。
7. 颤抖。
8. 荨麻疹。
9. 情绪过度紧张,无法承受。
10. 失眠。

焦虑性神经症的生活预防小常识如下:

(1) 多吃香蕉

香蕉含有一种称为"生物碱"的物质,生物碱可以振奋精神和提高信心,而且香蕉是色胺素和维生素 B6 的一大来源,这些都可以帮助大脑制造对人体有益的血清素。

(2) 选择全麦面包

碳水化合物可以促进血清素的增加,而食用复合性的碳水化合物,如全麦面包、苏打饼干,虽然效果较慢,但更合乎健康原则。更令人欣喜的是,近来发现微量矿物质硒能振奋情绪,全谷类也富含硒。

(3) 听音乐

音乐是对抗焦虑的好帮手,不仅可以使肌肉松弛,也可以使精神放松、心情愉悦,使你积聚的压力得到释放。

(4) 多运动

运动非常重要,人们往往惊讶于其带来的效果。做运动可消除烦恼及控制紧张与焦虑的情绪。一来,运动能消耗一些紧张时所分泌的化学物质;二来,运动让肌肉疲劳,从而让肌肉放松。你可以选择跑步、走路、打球等,任何形式的运动都有益,但需要定时定量,十天半个月才运动一次,是不会有效果的。

(5) 热水洗澡

热水可消除焦虑反应。当我们紧张与焦虑时,流到四肢末梢的血液减少。热水可加速身体血液循环,帮助身体放松。冷水的作用恰好相反,它模拟焦虑反应,使血液远离四肢,结果徒增焦虑与紧张。

(6) 培养广泛的兴趣爱好

从事业余爱好是纾解心情的极佳方式。不妨花些精力和时间去做自己喜爱的事,比如养花、钓鱼、画画、下棋等。

(7)补充葡萄柚

葡萄柚有强烈的香味,可以净化繁杂的思绪,也可以提神,此外葡萄柚中高含量的维生素 C,不仅可以维持红细胞的浓度,使身体有抵抗力,也可以抗压。最重要的是,在制造多巴胺、去甲肾上腺素时,其中的维生素 C 是重要成分之一。

(3)恐惧性神经症

恐惧性神经症(phobia)又称恐怖性焦虑障碍,是一种以过分和不合理地恐惧外界客体或处境为主的神经症。对某些情境、场合产生不必要的恐惧心理,不能自控地逃避行为,不但别人难以理解且认为全无必要,有时本人也知道这是不切实际、不合情理的,但仍不能摆脱,因此苦恼,患者采取回避行为,并有焦虑症状和自主神经功能障碍的一类心理障碍,简称恐怖症。

恐惧性神经症主要分为三种类型:

①广场恐惧症。

最初有这一名词描述对广场感到恐惧的综合征。目前"广场"已不限于广场,还包括人群拥挤的场合、商店、剧院、车厢或机舱等,也包括空旷的地方、独自一人留守的家。其临床表现有以下三点。

其一,恐惧症状,患者担心在公共场所昏倒而无亲友救助,失去自控又无法迅速离开。这种恐惧是对即将发生危险的一种预期,预感自己或所爱的人将发生可怕的后果,且伴有植物性神经功能激活的表现,很多病人在焦虑程度严重时会出现惊恐症状发作。

其二,恐惧均在特定情境中发生,多数场合是拥挤的人群、封闭的场所、难以立即逃到安全地方的大厦等。

其三,回避行为,立即从恐怖情境中逃走或回避恐怖情境是广场恐惧症的一个重要特征。

②社交恐惧症。

社交恐惧症(social phobia)是个人对可被他人观察到的公共场合,预先感到的一种持久的、非理性的恐惧。如害怕在公共场所吃饭、打电话或与异性交谈时感到紧张不安,害怕被人观看、注视。其具体可表现为恐惧被别人注视,恐惧自己会出现丢脸的言谈举止或表情尴尬;害怕自己在别人面前张口结舌;怕吃饭时由于有人注视而丑态百出;在公共厕所里因恐惧而解不出小便;由于旁边有人而恐惧得手发抖以致无法写字;害怕在公共场所呕吐等。由于害怕,他们拒绝参加各类聚会,也尽可能回避所有公众场合,如餐厅、剧场和公共车辆等,在极端的情况下,甚至完全与社会隔离。除恐惧外,该症还有面红、心慌、颤抖、出汗、恶心、尿急等症状。

患者多数有自卑感,害怕别人评论自己。虽然也可见到抑郁、强迫症状,但不如广场恐怖症患者多见。社交恐惧症与广场恐怖症的不同在于,患者的先占观念是害怕别人给予不好的评价和自己感到发窘,从而行为上先避开与他人的接触和交谈,而不是害怕无法离开。

③特定恐怖症。

其指特殊物体或情境引起的不合理焦虑。如接近某些动物、登高、雷雨、黑暗、锐器、外伤出血、接触某些疾病等。特定恐怖症患者以儿童较为常见。

(4)抑郁性神经症

抑郁性神经症(depressive neurosis)又称神经症性抑郁,是由社会心理因素引起的一种以持久的心境低落状态为特征的神经症,常伴有焦虑、躯体不适和睡眠障碍,患者有治疗要求,但无明显的运动性抑制或精神病情症状,生活不受严重影响。国际上通称其为"心境恶劣",临床表现有如下几点:

①呈情绪低落状态。

本症在外表上不一定有明显的异常表现,也无抑郁症那样悲痛欲绝、消极忧愁的症状。多数患者不经细致检查,无法看出有什么问题。但是,患者绝大多数皆有持久性情绪低落和不愉快的内心体验,自觉心情压抑、沮丧、忧愁、苦闷、悲痛,对日常活动(工作、学习、生活等)缺乏兴趣和活力,对周围环境冷淡,缺乏积极参与社交活动的兴趣。这并不是说患者整天处于情绪低落状态,他们在日常生活中仍可以表露出正常人喜怒哀乐的情绪变化,只是总的心理倾向是孤独、空虚、忧郁和悲伤的。多数病人用"郁郁寡欢""沉闷空虚""凄凉失望""孤独无生活乐趣"等词汇描述自己的内心体验。不少人表现出"内苦外乐"的矛盾情绪状态,使他人看不到其真实的心理状态(也称微笑型抑郁症)。哭泣是常见的症状表现,一般来说,暗泣多于痛哭流涕。

②认知障碍。

情感是人心理活动的"着色板",人的一切心理行为无不带有情感色彩的"烙印"。因此,情绪低落必然导致认识功能的障碍。其具体表现为"忧郁性认识三联征",对自身、对现在和对未来的曲解等认识障碍。其特点是自我评价过低、自责自罪、优柔寡断、思维迟钝、自惭形秽,对人生和前途充满消极情绪,感到生活毫无意义。

③意志行为能力低下。

患者自觉懒散无力,精神不振,反应缓慢,对学习、工作缺乏信心,效率低下;意志行为退缩,缺乏动力和活力;对日常事务感到厌倦;尽量回避社交应酬和应担负的责任,甚至连日常家务、吃饭、吃药等最简单的任务都难以完成;不愿主动与他人交往,但是被动接触良好。

④躯体症状。

该症表现为全身疲乏,缺乏体力和精力,常有胸闷、心悸、腹部不适、食欲不振、便秘、月经不调(男性表现为阳痿)、性欲减退等;睡眠障碍较为突出,失眠、难以入睡、早醒、多梦等是常见症状;不少患者伴有疑病观念和躯体不适症状。

⑤伴随症状。

情绪反应不仅表现在心境上,而且总伴有机体的某些变化,如口干、便秘、消化不良、胃肠功能减弱或全身不定部位的疼痛等。有时因躯体症状突出而掩盖了抑郁症状,可能造成一时误诊。抑郁症的症状因人而异,根据临床严重程度可有轻度、中度、重度抑郁。

⑥自杀。

很多患者有消极观念,声称"活着不如死去"。少数重症患者有自杀的危险,必须高度警惕。

抑郁性神经症具有一般神经症的特点，本症的临床特征就是持续性的心境恶劣。不少患者是在不良的社会心理因素作用下起病的，这一点与内源性抑郁症在无重要心理因素影响下起病不同。

抑郁性神经症表现的抑郁程度较轻，很少发展到严重程度，但患者描述多生动具体。如患者常诉心情不畅、消沉、沮丧，看事物犹如戴着一副墨镜一样，周围一片暗淡；对工作无兴趣、无热情、缺少信心；对未来悲观失望，常感精神不振、疲乏，有些患者甚至有轻生的念头。这种抑郁情绪随着时间、地点、生活的不同而有所改变，波动性大。尽管如此，患者的工作、学习和生活多无明显异常，故往往与环境保持良好接触，人们常不认为这是抑郁症。

阅读材料

抑郁性神经症的预防小常识

抑郁性神经症通常由心理事件引起，在疾病初期患者对事件常耿耿于怀，故治疗时要设法改变患者对事件的错误想法。病后患者多伴有忧郁情绪与众多不合理的观念，如自觉不如人、否定自身价值、认为是他人的负担、前途渺茫等。需对这些观念进行矫正，通常采用认知纠正技术。同时，患者存在精神与体力的不足与疲劳感，可以通过呐喊等发泄方式振奋其精神及体能。抑郁性神经症通过系统的认知再以药物协助提高情绪，对治疗会大有好处，可获得理想效果。

(5) 疑病性神经症

疑病性神经症 (hypochondriacal neurosis) 是一种以担心或相信自身患有严重躯体疾病的持久性观念为主的神经症。患者往往对自身的健康状况或身体的某一部分功能过分关注，怀疑自己患了某种疾病，但即使与实际情况不符，医生对疾病的解释或客观检查也不能消除患者对自身健康固有的成见。病人因为这种症状反复就医，常伴有焦虑和抑郁现象，并为此深感苦恼。有些时候，病人确实存在某种躯体障碍，但躯体障碍不足以解释所诉症状的性质或程度，或病人的痛苦和观念与现实不符，也属疑病症。

疑病症最初表现为过分关心自身健康和身体的任何轻微变化而做出与实际健康状况不相符的疑病症解释，伴有相应的疑病症不适，逐渐演变为日趋系统化的疑病症状。疑病症状可以为全身不适、某一部位的疼痛或功能障碍，甚至是具体的疾病，多见于胃肠系统；就部位而言，以头、颈、腹部居多。疑病症常伴有焦虑、忧虑、恐惧和自主神经功能障碍症状。这种疑病性烦恼是指对身体健康或所怀疑的疾病本身的纠缠，而不是指对疾病的后果或继发性社会效应的苦恼。患者也知道烦恼于健康不好，却苦于无法解脱、不能自拔，四处求医、陈述病情始末，又不相信检查结果和医生的解释或保证。有的患者仅表现为特殊嗅觉异常或自身形态奇异等单一症状的疑病症。

疑病症的心理障碍有两种表现：一为疑病感觉，感觉身体某部位的敏感增加，进而疑病（或过分地关注），但描述较含糊，部位不恒定；但另一种患者的描述形象逼真，内容具体，自觉患有某种实际上并不存在的疾病，不断要求进行各种检查，博取医生同情。尽管检查结果正常,医生的解释与保证都不足以消除其疑病信念,于是患者惶惶不安。此为一种疑病观念,带有强烈的情感色彩。

疼痛是本病最常见的症状,约有2/3的患者有疾病症状,常见部位为头部、下腰部或右髂窝。患者对这种疼痛描述不清,有时甚至诉说全身疼痛,但查无实据,患者常四处求医辗转于内、外各科室,仍然毫无结果,最后才到精神科。其临床表现常伴有失眠、焦虑和抑郁症状。躯体症状表现多样而广泛,涉及身体许多不同的区域,如恶心、吞咽困难、反酸、胀气、腹痛、心悸、左侧胸痛、呼吸困难。有些患者疑虑五官不正,特别是鼻子、耳朵形状异样等。

判定疑病症有四个条件:一是自己害怕患有某种疾病;二是反复就诊仍不放心;三是自己内心非常苦恼,不能正常工作与生活;四是上述症状连续出现3~6个月及以上。若有,请及时就医。

(6)神经衰弱

神经衰弱的主要临床表现是与精神易兴奋相联系的精神易疲劳、心情紧张、烦恼和易激惹等情绪症状,以及肌肉紧张性疼痛和睡眠障碍等生理功能紊乱症状。

①神经衰弱的主要临床表现。

a.精神疲乏、注意力难以集中、效率减低等衰弱症状。

b.回忆及联想增多且控制不住,对声、光敏感的兴奋症状。

c.易烦恼、易激惹的情绪症状。

d.紧张性疼痛。

e.入睡困难、多梦、易醒等睡眠障碍。

②造成神经衰弱的主要原因为精神因素。

凡是能引起持续的心情紧张和长期的内心矛盾的一些因素,使神经活动过程长期处于紧张状态,超过神经系统张力的耐受限度,即可发生神经衰弱。如过度疲劳而又得不到休息使兴奋过程过度紧张;对现在状况不满则使抑制过程过度紧张;经常改变生活环境而无从适应使灵活性的过度紧张。

③神经衰弱的症状表现。

a.易兴奋、易激惹。

b.脑力易疲乏,如看书学习稍久则感觉头胀、头昏、注意力不集中。

c.头痛部位不固定。

d.睡眠障碍,多为入睡困难、早醒或醒后不易再入睡、多噩梦。

e.自主神经功能紊乱,可表现为心动过速、出汗、厌食、便秘、腹泻、月经失调或早泄。

f.继发性疑病观念。

④神经衰弱的防治。

a.建立有规律的生活制度,安排好自己的工作、学习和休息。学会科学用脑,防止大脑过度疲劳。

b.根据个人的体力、爱好,每天坚持适当的体育锻炼,如打球、游戏、体操等。

c.进行必要的治疗,如食疗、针灸、理疗等。

> 📋 **阅读材料** ▶▶

预防神经衰弱的饮食小常识

饮食要定时,养成良好的生活规律,对于肠胃及整个身心都十分有利。

不要过饥过饱,不要常吃冷食物,不然会伤害脾胃。

饮食要清淡,以平补为主,多食养心安神健脑的食物。

注意劳逸结合,保持良好的心态,这些对神经衰弱的恢复很有帮助。

(7)癔症

癔症又称歇斯底里,是一种常见的精神障碍,其临床表现多种多样,故有人称其为"疾病模仿家"。癔症是由明显的精神因素如生活事件、内心冲突或情绪激动、暗示或自我暗示等引起的一组疾病,其表现为急性的、短暂的精神障碍、身体障碍(包括感觉、运动和自主神经功能紊乱),这些障碍没有器质性基础。癔症的发病主要受心理、社会(环境)因素影响,具有情感丰富、暗示性强、自我中心、富于幻想等性格特点的人是癔症的易患人群。

癔症躯体障碍(转化型癔症)表现为麻木,感觉过敏;突然失明,突然发生完全性听力丧失;失声或喉部梗阻感;肢体瘫痪、不能站立或行走但无肌肉萎缩;痉挛发作,倒地抽搐,常常手足乱舞,有时扯头发,有时咬衣服。

癔症性心理障碍(分离性癔症)表现为突然情感爆发、哭笑不止、撞头、扯头发、咬衣服、捶胸顿足、满地打滚,常伴有情绪的急剧转变和戏剧性表现。还有的病人,表现为有选择地遗忘那些与心理创伤有关的内容或某一阶段的经历;而神游症患者,突然离开原先的活动,外出漫游,可历时数日。

癔症属于神经系统疾病,有时让人琢磨不定,又没有器质性病变发生,所以,许多人认为癔症是邪病,是鬼神等作祟,于是到处向巫医神汉求救,不仅被人骗去了钱财,还往往导致病情加重,耽误了正常治疗。

> 📋 **阅读材料** ▶▶

癔症急救法

癔症是强烈的精神创伤和痛苦情感的反应,该病起病急骤,且多半有过发作史。

癔症的表现形式之一是抽风:忽然两手紧握、口眼紧闭、人往后挺、呼叫不应,但没有大小便失禁和舌头咬伤的现象。这种抽风可以持续几十分钟甚至几小时。

表现形式之二是兴奋激越:突然叫喊哭笑、歌唱狂呼、乱骂乱跑,有的还毁坏器物,甚至殴打自己或咬人。

表现形式之三是神经异常:不能下地,仅能在床上活动,自己感觉身体麻木、两眼看不见东西,双耳听不清声音,甚至不会说话。

当遇到癔症发作时,急救措施如下:

第一,保持镇静,将病人安置在肃静的房间,不要惊慌喧嚷,尤其不能谈论病的轻重,免得病人听了更不容易恢复常态。

第二，用语言暗示，对病人进行诱导，告诉病人此病不要紧，慢慢就会好。切忌让过多的人前来看望病人，这样会使暗示得不到预期的效果。

第三，必要时可以服用医生开的镇静药，也可吸入氨液，让其安静入睡。

特别要注意的是，癔症过后要多做细致的思想开导，辅以热情的关怀，劝导病人心胸开阔。

二、重性精神疾病

1. 什么是重性精神疾病

重性精神疾病指严重的心理疾病，患者的认识、情感、意志、动作行为等心理活动均可出现持久的、明显的异常；不能正常学习、工作、生活；动作行为难以被一般人理解，显得古怪、与众不同；在病态心理的支配下，有自杀或攻击、伤害他人的动作行为；有程度不等的自制力缺陷，患者往往对自己的精神症状丧失判断力，认为自己的心理与行为是正常的，并拒绝治疗。

重性精神疾病是由于人体丘脑、大脑功能的紊乱，而导致患者在感知、思维、情感和行为等方面出现异常。其多发病于青壮年时期，有的间歇发作，有的持续进展且趋于慢性化，复发率高、致残率高。如不积极治疗，病人可出现精神衰退和人格改变，使患者不能适应社会生活，难以担负对家庭和社会的责任。但如果及时发现、及时治疗，患者也可以痊愈，然后正常地生活、学习与工作。

2. 重性精神疾病的常见种类

重性精神疾病有多种类型，常见的种类有精神分裂症、情感性精神障碍和反应性精神病等。

（1）精神分裂症

精神分裂症（schizophrenia）是重性精神疾病里最严重的一种，它是以基本个性的改变，思维、情感、行为的分裂，精神活动与环境的不协调为主要特征的一类最常见的精神疾病。病因未明，多发病于青壮年，隐匿起病，主要影响的心智功能包括思考及对现实世界的感知能力，进而影响行为及情感。其临床上表现为思维、情感、行为等多方面障碍以及精神活动的不协调。患者一般意识清楚，智能基本正常。

精神分裂症的主要症状是基本的思考结构及认知发生碎裂。这种解离现象会造成思考形式障碍并导致无法分辨内在及外在的经验。罹患精神分裂症的人可能会产生幻觉，或者旁人可以发现他们的表现受幻觉影响。患者也可能表达明显的妄想观念。

精神分裂症病程多迁延并呈进行性发展，如早期发现应尽早给予合理治疗。多数患者愈后较为乐观，少数患者由于治疗不及时、贻误了诊断治疗，使病情发生进展，甚至失去了治疗良机。

（2）情感性精神障碍

情感性精神障碍（affective disorder）又称作心境障碍，是以心境显著而持久的高扬或低落为基本特征，伴有相应的思维和行为改变，并反复发作，间歇期完全缓解，症状较慢者可能达不到精神病程度的精神障碍。一般愈后良好，少数病人可迁延而经久不愈。本病发作可能表现为躁狂或抑郁。其临床表现是以情感高涨或低落为主，伴有思维奔逸或迟缓，精神运动性兴奋或抑制。躁狂状态时患者心境高扬，与所处的境遇不相称，可能兴高采烈，易激惹、激越、愤怒、焦虑,严重者可能出现与心境协调或不协调的妄想、幻觉等精神症状。抑郁状态时病人心情不佳、苦恼、忧伤甚至悲观、绝望,兴趣丧失,自我评价低,严重者还可能出现自杀观念和行为,病情呈现为昼重夜轻的节律性变化。此症大多具有反复发作的病程特点,具有较高的阳性家族史。

(3) 反应性精神病

该症是由外部事件诱发的一组精神病,发病与该事件有病因学的因果联系。这些事件有个人损失、居丧、凌辱、自然灾害等。这类精神病大多为期短暂,常随诱发因素的消退而缓解。其形式和内容倾向于反映诱因的性质,可分为三个类型:即意识障碍(如意识错乱)型、情感障碍(如抑郁)型和妄想(偏执)型。其临床表现的主要内容与精神创伤密切相关,并伴有相应的情感体验,容易被人所理解。经适当的治疗,一旦致病因素消除或环境改变,精神状态即可恢复正常。所以,反应性精神病的预后是良好的,且一般不再复发。

(4) 其他

重性精神疾病还包括脑器质性精神障碍、躯体疾病伴发的精神障碍、酒精依赖或酒精中毒性精神障碍、中毒性精神障碍、偏执型精神病和精神发育迟滞等。

阅读材料

精神分裂症的早期症状

认识精神分裂症的早期症状是十分重要的,可以帮助我们早发现、早治疗。急性起病者病前很难发现或者根本就不存在早期症状。大部分患者是在无明显诱因下缓慢起病,仔细观察分析一般都能发现如下一些早期精神症状。

1. 睡眠改变:逐渐或突然变得难以入睡、易惊醒或睡眠不深,整夜做噩梦或睡眠过多。

2. 情感变化:情感变得冷漠,失去以往的热情,对亲人不关心,缺少应有的感情交流,与朋友疏远,对周围事情不感兴趣,因一点小事而发脾气,莫名其妙地伤心落泪或欣喜等。

3. 行为异常:行为逐渐变得怪僻、诡秘或者难以理解,喜欢独处,不适宜地追逐异性,不知羞耻,自语自笑,生活懒散,发呆发愣,蒙头大睡,外出游荡,夜不归家等。

4. 敏感多疑:对什么事都非常敏感,把周围的一些平常之事和他联系起来,认为是针对他的。如别人在交谈,就认为是在议论他;别人偶尔看他一眼,认为别人不怀好意。有的甚至认为广播、电视、报纸的内容都和他有关,察言观色,注意别人的一举一动;有的认为有人要害他,不敢喝水、吃饭、睡觉;有的认为爱人对他不忠而进行跟踪。

5. 性格改变:原来活泼开朗、热情好客的人,变得沉默少语,独自呆坐似的在思考问题,不与人交往;一向干净利索的人变得不修边幅、生活懒散、纪律松弛、做事注意力不集中;原来循规蹈矩的人变得经常迟到、早退、无故旷工,工作马虎,对批评满不在乎;原来勤俭节省的人变得挥霍浪费,本来很有兴趣的事物也不再感兴趣等。

6. 语言表达异常:与其谈话话题不多,语句简单、内容单调,谈话的内容缺乏中心;在谈话中说一些与谈话无关的内容,使人无法理解,感觉交谈费力或莫名其妙;自言自语,反复重复同一内容等。

7. 脱离现实:沉湎于幻想之中,做"白日梦"。

小 结

- 心理疾病(mental disorders),又称精神障碍或心理障碍,是指心理(精神)功能紊乱,并达到影响个体的社会功能或使自我感到痛苦程度的心理异常状态。
- 判断心理疾病的总体指导原则有三条:第一,个体行为是否与其所处情境的要求相符合,即主体的心理活动是否与环境具有统一性;第二,个体自身的心理活动是否具有完整的协调统一性;第三,个体的个性特征是否具有相对的稳定性。
- 大学生常见的心理困惑有适应问题、自我认知失调方面的心理问题、人际交往中的心理问题、恋爱心理问题等。
- 神经症(neurosis),亦称神经官能症,是一组精神障碍的总称。它是指非器质性的、大脑神经机能轻度失调的心理疾病。
- 神经症的共同特征:第一,神经症起病通常与社会心理因素有关;第二,患者常具有某种特定的人格特征;第三,不能发现和症状相符的器质性病变;第四,社会功能相对完好;第五,自知力存在。
- 从症状出发,神经症主要分为强迫症、焦虑症、恐怖症、抑郁症、疑病症、神经衰弱、癔症等类型。
- 重性精神疾病指严重的心理疾病,患者的认识、情感、意志、动作行为等心理活动均可出现持久的明显的异常;不能正常学习、工作、生活;动作行为难以被一般人理解,显得古怪、与众不同;在病态心理的支配下,有自杀或攻击、伤害他人的动作行为;有程度不等的自制力缺陷,患者往往对自己的精神症状丧失判断力,认为自己的心理与行为是正常的,并拒绝治疗。
- 常见的重性精神疾病有精神分裂症、情感性精神障碍和反应性精神病等。

* 自我感悟 *

思考与收获

通过对本章的学习,我的思考是_____
_____
_____

我的收获是_____
_____
_____

第四章 大学生自我意识与培养

在希腊阿波罗神殿的石柱上赫然刻着"认识你自己"几个字。自我认识是自我意识的认知成分,是自我意识的首要成分,也是自我调节控制的心理基础。正确认识自我是大学生发展的重要前提。大学生在生活、学习上已是一个独立的个体,自我意识开始划分理想自我与现实自我两部分,也正是这种分化,形成了大学生思维与行为上的主体性。大学生自我意识逐渐完善,但自我意识矛盾日益突出,调控能力相对较弱。本章从自我意识概念谈起,详细介绍了大学生自我意识发展的特点、大学生自我意识偏差及自我意识评估。

第一节 自我意识概述

> *名言警句*
> 世界上没有完全相同的两片树叶。
>
> ——莱布尼茨

人类的心理发展和演变经历了漫长的过程,而人类意识的出现才真正标志着人类心理的正式诞生。与此同时,人的自我意识也诞生了。而正是自我意识的出现和成熟,才使得人类个体具有了完整的意义。自我意识是个性开始的起点和核心。

一、自我意识的概念

所谓自我意识(self-consciousness)就是指一个人对自己的认识,即个体对自己的身心状况与特征,自己与他人、与周围世界的关系的意识。它是人格结构的核心部分,是人的意识的本质特征,是一种多维度、多层次的心理系统。

二、自我意识的结构

从心理成分的知、情、意三个层面进行分析,可以把自我意识分为自我认识、自我体验和自我调节,具体结构如图4-1所示。三者以自我认识为基础,产生自我体验,进而达到自我调节;同时,又在自我体验的推动下加强自我调节,加深自我认识。这三者相互联系、有机组合,构成一个人个性中的核心内容——自我意识。

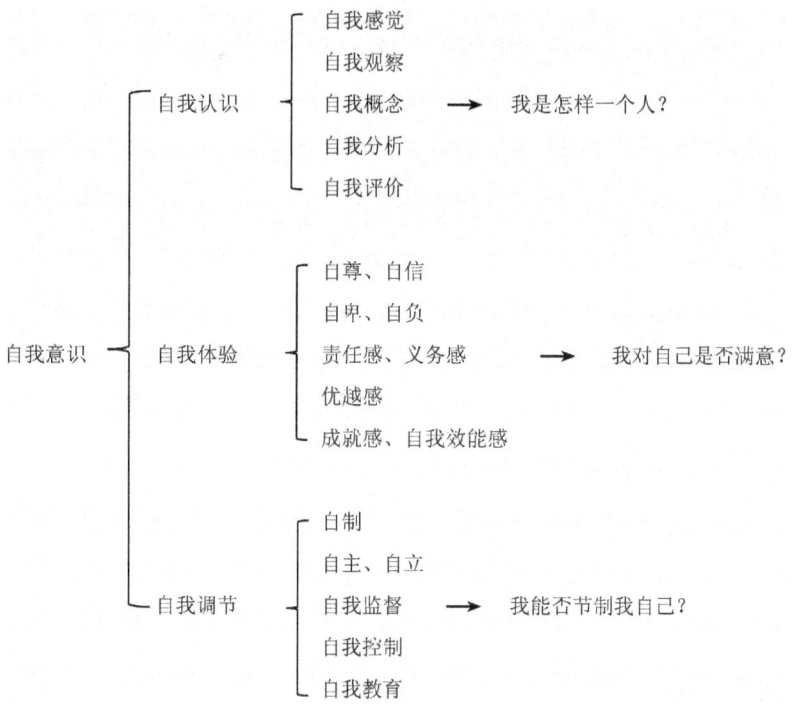

图 4-1 自我意识的结构

自我意识是一个人对自己的自觉的观念系统,它是稳定的,但又在不断的发展之中。对于这个复杂的观念系统,还可以从其他维度和层次上对其进行分析。

三、自我意识的分类

1. 根据自我意识的内容进行划分

从自我意识的内容来看,自我意识可以分为生理(物质)自我、社会自我和心理(精神)自我。

(1)生理自我

生理自我(physical-self)是指个人对自己生理状况的意识,包括占有感、支配感、爱护感和认同感等,这些意识是一个人在与他人交往中通过学习而逐渐形成的。生理自我使一个人把自我和非我区别开来,即将自己从客观事物中区别出来,意识到自己不是别人,自己的生存是寄托在自己的躯体上的。生理自我是自我意识的最初形态。

(2)社会自我

社会自我(social-self)是指个人对自己社会性的意识,包括个人对自己在社会关系中各种角色、地位、权利、义务等的意识。社会自我是随着社会化进程,在个体逐渐学习角色并实践角色的过程中出现的。

(3)心理自我

心理自我(psychological-self)是指个人对自己心理方面的意识,包括自己的感知、记忆、思维、智力、性格、气质、动机、需要、态度、信念、理想、价值观和行为等。个人对自己的生理的、社会的、心理的种种意识是密切联系在一起并且是互相影响的。心理自我是与社会自我同时形成和发展起来的,这也构成了每个人独特的自我形式和内容。

2. 根据自我认识中的自我观念进行划分

根据自我认识中的自我观念,自我意识又可分为现实自我、投射自我和理想自我。

(1)现实自我

现实自我也称为现实我,是个人从自己的立场出发对现实中的我的认识。

(2)投射自我

投射自我是个人想象他人对自己的认识,如想象他人心目中自己的形象,想象他人对自己的评价以及由此产生的自我感。因此,投射自我又称为镜中自我。现实自我与投射自我不一定是相同的,两者之间可能会有距离。当这个距离加大时,个体就会觉得自己不为别人所理解,因而容易产生隔阂,甚至发生冲突。

(3)理想自我

理想自我也称为理想我,是个人对将来自我的构想,如个人将来的生活目标、抱负、成就以及自己想成为一个什么样的人等。理想自我是个人追求的目标,不一定与现实自我一致。但理想自我对个人的认识、情绪和行为影响很大,是个人活动的动力和参照系。

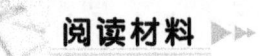

自我意识的"冰山"

弗洛伊德认为人格由本我、自我、超我构成。

本我是人格中最原始、最不容易把握的部分,是人内心的无意识部分,由一切与生俱来的本能冲动所组成。这些本能不懂得逻辑、道德和价值观,其活动只受快乐原则支配。

自我是现实化了的本能,是在现实的反复教训之下从本我分化出来的一部分。这部分不再盲目地去追求满足,而是在现实原则的指导下,力争避免痛苦又能获得满足。

超我是道德化的自我,被认为是人格最后形成的,而且也是最文明的一部分。超我依据道德原则行事,主要作用是按照社会道德标准监督自我的行动,使之符合社会和文化的要求,图 4-2 所示为人格的结构及相互关系。

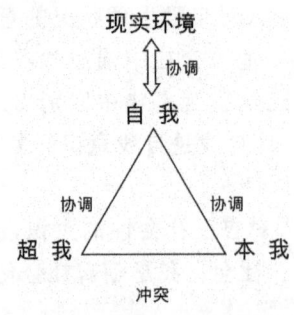

图 4-2 人格的结构及相互关系

弗洛伊德认为人格的这三种构成不是静止的,而是不断相互作用着。对健康的人而言,这三种作用必然是均衡协调的。本我是生存的必要原动力,超我负责在监督和控制主体按照社会道德标准行事,自我调整冲动欲望,对外适应现实环境,对内调节心理平衡。这三种力量如不能保持动态的平衡,就会导致心理失常的产生。

对于本我和自我的关系,弗洛伊德有这样一个比喻:本我是马,自我是马车夫,马是驱动力,马车夫给马指引方向。自我要驾驭本我,但本我可能不听话,二者就会僵持不下,直到一方屈服。对此弗洛伊德有一句名言:"本我过去在哪里,自我即应在哪里。"自我又像一个受气包,处在"三个暴君"——外部世界、超我和本我的夹缝里,努力调节三者之间相互冲突的要求。

弗洛伊德认为,只有三个"我"和睦相处,保持平衡,人才会健康发展。而三者吵架的时候,人有时会怀疑:"我是不是我?"或者内心有不同的声音在对话:"做得?做不得?"或者内心因为欲望和道德冲突而痛苦不堪,或者为自己某个突如其来的丑恶念头而惶恐。这种状况如果持续久了,或者冲突得比较严重,就会导致神经症的产生。

四、自我意识的形成

个体的自我意识不是与生俱来的,而是在后天的社会交往过程中,随着语言和思维的发展而发展起来的。一个人的自我意识从发生、发展到相对稳定,要经过20多年的时间。一般来讲,如果说婴儿期是自我意识的发生阶段,童年期至少年期则是自我意识进一步发展的阶段,那么,青年期则是自我意识迅速发展并趋向成熟的阶段。

1. 自我意识的发生

初生时,婴儿还不能区分自己和非自己的东西,没有意识到自己的存在。8个月时婴儿产生的生理自我,是自我意识的开端。1岁的婴儿逐渐学会用名字来称呼自己。2岁左右的幼儿逐渐学会用第一人称代词"我"来代表自己,这标志着儿童自我意识的重大飞跃。因为能用"我"来称呼自己,表明幼儿已经能够把自己从周围事物中区分出来。3岁左右的幼儿开始出现羞耻感、占有心,要求自主。这一时期的幼儿,其行为往往以自我为中心——以自己的身体为中心,以自己的想法和情感来认识和投射外部世界,因此这一时期被认为是生理自我时期。

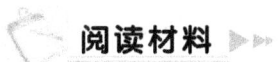
阅读材料

点红实验

1972年,北卡罗来纳州大学的 Beulah Amsterdam 为6~24个月的婴儿设计了"点红实验",才真正确定了婴儿的"自我再认"。实验的过程很简单,首先悄悄地在婴儿鼻子上点一个小红点,然后把他们放在镜子前,孩子的妈妈指着镜子里的影像问孩子:"那是谁?"研究者们开始记录婴儿的反应。

Amsterdam 测试了88个婴儿,最终只能得到16个孩子的可靠资料——婴儿终究是婴儿,而且很多孩子不想玩。从这16个婴儿身上,Amsterdam 发现了三类反应。

6~12个月:那是别的孩子! 婴儿的行为表现好像镜子里的是另一个人——一个他们

想友好相处的人。他们会做出接近的动作,比如微笑、发出声音等。

13~24个月:退缩。婴儿看到自己在镜子里面的样子不再感到特别兴奋。有些婴儿看起来有些警惕,而另一些则会偶尔微笑一下并发出声音。对这种行为的一种解释是婴儿这时的行为很自觉(感到自己存在,可能表现出自我概念),但这也可能是面对其他孩子的反应。

20~24个月以后:那是我!大约从这个时候开始,婴儿开始能够通过指着自己鼻子上的红点,清楚地认出自己。这明确地表明他们认出镜子里的是自己,而那个红点则点在自己的鼻子上。

虽然Amsterdam的结果是通过小样本得出的,但之后在更多的被试者身上得到了同样的结果。另外,在设置了控制组的实验中发现,这个年龄段的孩子如果鼻子上没有红点就不会碰自己的鼻子。这说明摸鼻子并不是他们看到自己影像的自然反应,婴儿因为具有自我再认的能力并认出镜子里的"自我",他们才会注意到新出现的红点而去摸鼻子。

2. 自我意识的发展

从三岁到青春期这段时间,是个体自我意识发展的时期。这一时期的个体在幼儿园、小学、中学接受社会教化,逐渐习得社会规范,形成各种角色观念。个体在与外界的不断接触、与他人的不断交往中,逐渐明确自己与他人的关系,明确自己的作用与地位,并学会有意识地调节自己的行为。虽然青春期少年开始积极关注自己的内心世界,但他们主要利用别人的观点去评价事物、认识他人,对自己的认识和评价也服从于权威和同伴。例如,幼儿园小朋友的口头禅是"老师说的""我爸爸说的";小学生的口头禅是"我们班主任陈老师说的""张三也是这样说的"等。这时期认识自我的最主要途径就是他人的评价,因此个体的自我意识在这一时期的发展被称为"社会自我"的发展阶段。

3. 自我意识的成熟

青年期是自我意识迅速发展并趋向成熟的阶段,一般来说,青年期的自我意识发展经历了特别明显的分化、矛盾和统一的过程,每一次分化和统一都使青年的自我意识不断走向成熟。

(1)青年期自我意识的分化

青年期自我意识的继续发展,表现为自我意识的分化,即把自我分为主体我和客体我。主体我是观察者的自我,客体我是被观察者的自我。自我意识的明显分化,使这一时期的青年主动、迅速地对自己的内心世界和行为有了新的认识,开始意识到那些从来没有被注意到的"我"的很多细节。青年期自我意识的分化,还表现在理想自我与现实自我的分化。随着青年期自我意识的逐步成熟,个体内心常为自我画像,既画自己当前现实的像,也画自己未来的像,也就是说自我意识分化出了"现实自我"与"理想自我"。青年期个体常常用"理想的我"去催促"现实的我"前进与成长,也用"现实的我"去补充、丰富、校正、发展"理想的我",形成了推动自我发展的新动力。自我意识的分化促进了青年期个体思维和行为的主体性的形成,从而为客观地评价自己和他人、合理调整自身言行奠定了基础,这是自我意识开始走向成熟的标志。

(2)青年期自我意识的矛盾

由于自我意识的分化,"主体我"和"客体我","理想自我"和"现实自我"的矛盾冲突也开始出现。大学生富有理想,憧憬未来,希望取得较大的成就,但是实际生活中,部分大学生的生活条件不尽如人意,"现实自我"与"理想自我"存在很大差距,他们常常会因为自我意识出现矛盾而感到焦虑、苦恼或无能为力。其实,自我意识出现矛盾并非坏事,如果处理得好,还能成为个人进步的动力。关键在于如何通过主观的努力,正确处理这种矛盾,使自己的意识倾向得到统一。

(3)青年期自我意识的统合

自我统合是一种个体自我一致的心理感受。按照埃里克森的心理社会发展理论,自我统合指的是青年期个体在个人发展上趋于成熟的状态,在心理上能自主导向,在行为上能自我肯定。由于自我意识的分化、矛盾所带来的痛苦不断促使大学生寻找方法以求得自我意识的统合。这包括"主体我"与"客体我"的统合,"理想自我"与"现实自我"的统合,自我与客观环境的统合,自我认识、自我体验、自我控制的统合等。个体进入青年期后,由于身心两方面都发生了很大的变化,个体开始从自我现状、生理特征、社会期待、以往经验、现实环境等方面去思考关于"自我"的问题,统而合之,用以回答"我是谁""我将走向何方"两大问题。可见,自我统合是个体了解自我与追寻自我的必经历程。

第二节 大学生自我意识发展的特点

一、大学生自我认知的特点

主体自我对客体自我通过感觉、知觉、表象而产生的自我感觉、自我观察,也可以通过分析、判断、比较等高级思维活动形成自我分析和自我评价。这个自我认识的意识过程就是自我概念形成并完善的过程,此过程能明确告诉个体"我是谁"。大学生的自我认知具有以下几个特点:

1. 深刻性

大学生在描绘自我形象时,使用分析性的描述,而不像中学生那样使用整体性描述。这种分析一般能深入剖析个人的内心世界、情绪体验、思想动机、意志特征与理想愿望,展示自我形象的深刻性,如用"大海里的一滴水"等来描述自己。

2. 社会性

大学生自我评价的能力与中学生相比有明显提高,能较全面、客观和主动地从政治思想、动机、理想、品德方面,从与他人的比较中观察自己、分析自己,这表明大学生自我形象的社会性更强。

3. 概括性

大学生对自我形象的评价已从外部的、具体的、偶然的特征,发展到用概括性的词语或方式来描述自己经常出现的综合心理特征,如用"富有个性""洒脱不羁"等形容自我。这说明大学生自我形象的概括水平有了明显的提高。

二、大学生自我体验的特点

在自我认知的基础上所表现出来的情绪体验,既可以是正面的情绪体验,如接纳、肯定、自尊、优越感等,也可以是负面的情绪体验,如不满意、否定、自卑等。这个过程使人们了解到客观的我是否让主体的我感到满意,回答"我怎么样"的问题。大学生自我体验主要有以下几个特点:

1. 丰富性

大学生的自我体验比较丰富,可以说是一生中或各种社会群体中"最善感"的一个年龄阶段或群体。他们有肯定的和否定的自我体验(喜欢自己还是讨厌自己,满意自己还是不满意自己等),也有积极的和消极的自我体验(喜悦还是忧愁,趣味无穷还是乏味无聊等),还有紧张和轻松、敏感和迟钝等自我体验。一般说来,大学生自我体验的情绪情感基调是积极的、健康的。

2. 波动性

大学生自我体验仍有一定程度的波动性,主要表现为当事情进展顺利时,会产生积极、肯定的情绪体验,甚至得意扬扬、忘乎所以;当遇到挫折时,就会产生消极、否定的情绪体验,甚至自暴自弃、悲观失望。

3. 敏感性

大学生对涉及"我"的、与"我"相联系的一切事物都非常敏感,特别是在与异性的接触中,更常常出现情绪波动。在行为与自我形象的塑造上,往往触景生情,通过想象表达自己的灵感或生活的体验,因而在描述中经常带有一些感慨和遐想等。这种情况在学生的日记、通信、诗文中是很容易看到的。

三、大学生自我控制的特点

自我控制是自我心理层面中的意志方面,表现为个体对自我的认知、情绪、动机和行为有一定控制能力,使用各种手段和方法,比如自我监督、自我塑造和自我克制等来克服外部障碍和内部阻力,使之有利于设定目标的实现。这个过程体现了人作为行为主体的主观能动性。

大学生的自我控制主要有以下两个特点:

1. 自觉性

大学生自我控制的自觉性体现在随着知识的积累和生活阅历的增加,他们能够根据别人的评价和自己的行动结果进行反省,及时调整自己的行为以适应目标实现的要求。大学生自我评价的自觉性来源于社会责任感、成就目标的决心、生活的价值定向和意志的努力与锻炼,而外部直接诱因的作用则相对减少。这说明大学生行为的自觉性和自我控制能力明显增强,盲目性和冲动性逐渐减少。

2. 独立性

大学生自我控制的独立性也有所增强。在他们心目中,"我"的形象已经改变,不再是

"中学生娃娃"般的形象,而是一个既肩负着历史使命,又有着一定知识、才能和人格的大学生形象,成人感特别强烈。因而,在自我意识的发展中,他们强烈要求独立和自治,希望摆脱依赖和管束。

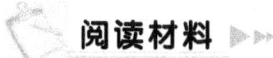 阅读材料

自我同一性的四种状态

美国心理学家玛西亚根据青少年所遇到的冲突及其解决冲突的方式,为自我同一性划分了四种主要状态:同一性获得(identity achievement)、过早自认(identity foreclosure)、同一性扩散(identity diffusion)和同一性延缓(identity moratorium)。

这四种同一性来源于对两个问题做"是"或"否"两种回答的结合。这两个问题是:个体积极参与寻找同一性的活动吗?个体已经确定自己的选择了吗?(例如,对价值观,对学校,对职业生涯,对要成为一个什么样的人,对自我同一性的其他方面)

如果一个人对两个问题都回答"是",那么他就处于同一性获得状态,这样的人已经找到了自我同一性,并在此基础上做出了教育、职业或个人行为的决定。

有的人对两个问题都回答"否",那么他正在经历同一性扩散,这样的人既不积极寻找同一性,也没有致力于任何有关同一性重要内容的行为。

第一个问题回答"是",而第二个问题回答"否"的人处于同一性延缓状态,这样的人正在积极寻找同一性,但是还没有做出决定。

第一个问题回答"否",而第二个问题回答"是"的人处于过早自认状态,这样的人已经做出了工作、上学或自我同一性其他方面的行为,但并没有积极寻找同一性。这样的人一般都是迫于父母的压力而做出行为。

自我同一性的四种状态如表4-1所示。

表4-1 自我同一性的四种状态

个体积极参与寻找同一性的活动吗	个体已经确定自己的选择了吗	
	是	否
是	同一性获得	同一性延缓
	自我坚定感和安全感	正在经历同一性危机,或者正处在转折点上
	确定了职业、宗教、信仰、性别角色的观念等	对于社会没有清晰的目标
	充分考虑别人的看法、信仰和价值观	没有清晰的自我认同感
	自己的决定是自己做出的	正在积极地争取获得同一性

续表

个体积极参与寻找同一性的活动吗	个体已经确定自己的选择了吗	
	是	否
否	过早自认	同一性扩散
	对于自己的职业和各种理念已经有所定位	缺乏方向
	缺乏自我建构的过程	对政治、宗教、道德或职业问题不关心
	不加怀疑地接纳他人的价值体系	做事情不问为什么
	在获得自我同一性的过程中过早做出决定	对其他人为什么要做那些事情不关心

根据我国当代大学生成长的环境与条件，并参照美国心理学家玛西亚关于青少年自我同一性四种方式的论述，我国大学生的自我同一性大致可以归纳为以下几种类型：

1. 达成型（achievement）

这类大学生独立性较强，平时勤于并善于思考，有较健全的人格。他们通过对自我的认真思考，认定了自我的特点与发展方向，认为所学专业既符合自己的兴趣，又能发挥自己的特长与潜能。他们找到了理想自我与现实自我的最佳结合点，即自我同一性已达成。这类大学生为数不多，大多数大学生的自我同一性尚在发展之中。

2. 早定型（foreclosure）

这类大学生自小就是在家听从父母教导的"乖孩子"，在学校是听从老师教诲的好学生。他们对自己的志趣、能力等身心特点的认识来自父母和师长的评价，对自己人生目标的确定、未来发展的设计来自父母和师长的期望。这类大学生基本上没有经过什么困惑就认定了自己的特点和发展，免除了自我确认中的痛苦思考。其实，对一个人的成长来说，这种"早定"并非一定是件好事。由于缺乏独立思考和自主性，这类听话式的早定往往是较脆弱的。当他们走向竞争激烈的多元化社会时，往往难以驾驭自己，一旦理想自我与现实自我不能统一，便会变得束手无策、不知所措，甚至陷入自我迷惘之中。正如鲁迅先生所说："'听话'，自以为是教育的成功，待到放他们到外面来，则如暂出笼的小禽，他绝不会飞鸣，也不会跳跃。"因此，这类自我同一性的早定之人应加强自主性，在对自我的不断疑问、探索之中求得真正的自我同一性的"达成"。

3. 延缓型（moratorium）

这类大学生在中学时代对自我思考较少，埋头读书，一心只想考上大学，其他问题很少去考虑。父母以及他们本人的希望与要求就是每学期的成绩在班级名列前茅。特别是在高中阶段，他们更是围着"高考"这根"指挥棒"转，在家长和学校双重推力作用之下向高考冲刺，只知读书做题，很少思考自己以及自己与周围环境的关系。在中学里他们一般是学校中的尖子生或佼佼者，是老师的好学生、父母的骄傲、其他同学羡慕和推崇的对象，因此他们的自我烦恼与自我冲突较少，在高考的压力下延缓了自我同一性的发展。进入大学后，他们发现周围高手云集,在竞争激烈、高手如林的新集体中,平静的自我开始有了烦恼:考试成绩不能名列前茅、在社团活动中缺乏可以展示的才艺、与同学相处不能潇洒自如,甚至为自己的身材不好或容貌欠佳而痛苦不堪。这类大学生必须重新审视与评价自己。其中,一些人经过对自我的认真思考,逐步认定了自己的特点和发展方向,找到了理想自我与现实自我的最佳结合点,满怀信心地奔向未来。另一些人由于仍旧处于自我确认的困惑之中,尚未全面认识自我,拖延了理想自我与现实自我的统一。由于大学生自我意识发展的种种矛盾,这种自我同一性的延缓现象是不可避免的。尽管延缓之人经受着自我确认的煎熬,但只要没有放弃对自我的思考,相信定会在徘徊之后,逐步达成自我同一性。

4. 迷惘型(diffusion)

这类大学生由于对现实自我不满,又认为理想自我难以实现,而完全陷入了自我确认的困惑之中,甚至不愿去思考自我,不愿与他人交换自己的想法,不愿也不敢面对复杂社会的挑战,甚至得过且过。这类大学生人数极少。其实,他们内心深处并没有完全放弃自我,只是在自我的浑噩世界之中难以突破。父母、师长和同学们应倍加关心他们,引导他们正确认识自我并欣然接受自我。这类大学生自己亦应努力从自我迷惘中走出来,必要时可以找心理工作者进行咨询。

上述四种自我同一性的类型与每个大学生成长的环境与条件不尽相同有关,也与大学生本人的需要以及其他身心特点不尽一致有关。不论目前处于哪一类状况的大学生都可找到理想自我与现实自我的最佳结合点,关键在于本人的努力及家长、学校和社会的积极影响。

第三节 大学生自我意识的偏差及调适

一、大学生自我意识的偏差

大学生的心理尚未完全成熟,其自我意识还在不断发展变化,容易出现各种偏差,从而阻碍良好自我意识的形成。大学生群体中出现的自我意识偏差主要有以下两种类型:

1. 自我否定型

这类学生对现实自我评价过低,理想自我远远高于现实自我,经过努力仍无法拉近距离;或者虽然理想自我与现实自我之间的距离不大,但由于缺乏驾驭自我的能力,这类学生不能通过坚韧不拔、不屈不挠的努力去实现理想自我;或是想通过简单的努力实现理想自我,却一遇到困难挫折就灰心丧气、悲观失望。这类学生往往通过放弃理想自我而迁就现实自我来求得自我意识的统一,结果只会令其更加缺乏自信,更加自卑,更加不能正确对待理想自我与现实自我的差别。他们整日沉浸在理想自我的幻想中,在理想自我与现实自我的落差中郁郁寡欢。

2. 自我扩张型

与自我否定型相反,自我扩张型学生高估了现实自我,形成虚妄的判断,建立了一个不切实际的甚至错误的理想自我,并认为实现理想自我是件轻而易举的事。对这类学生而言,其理想自我与现实自我的统一是虚假的。如有的学生常以幻想的我替代真实的我,自认为与众不同;有的学生常常自吹自擂、目中无人、盲目自尊、爱慕虚荣、防卫意识过强、心理容易扭曲;个别学生还可能用不正当手段去求得个人欲望的满足,用违反社会道德规范甚至违法犯罪的手段来谋求理想自我与现实自我的统一。

阅读材料

自我意识案例分析

案例:

王某,女,大学一年级新生,诉说自己情绪压抑,适应不了大学生活。第一,交往有问题,宿舍里所有的同学都排挤她,这让她感到特别失落和气愤。第二,她报名参加了学生会及其他一些社团组织,可是除了几个不知名的社团,其余社团都没有给她面试机会,这让她感到非常羞愧。她从小的理想就是要当领袖,可是现实的大学生活反倒使她觉得处处受排挤,理想得不到实现。

经过进一步的深谈,我们了解到王某自小集全家的宠爱于一身。堂兄妹之间发生争执,长辈们无一例外地都偏袒她,她是全家人的重心。在王某幼小的心灵里,大家理所应当地要考虑她的需求,从小到大,她已习惯于这种优胜者、指挥者的角色。过去一直生活在家里,人际间的矛盾尚不明显,但是到了大学之后,她的惯性思维受到了来自同学的各方面的挑战,没有人顺从她,没有人偏袒她,没有人考虑她的需求。她觉得她们太自私了,简直无法同其他人在一个宿舍生活下去。

分析诊断与指导:

第一,调整认知,正确归因。在社会心理学中有一个归因理论:人在每时每刻都会为自己的行为找一些理由,凡是成功的事情,都容易归到自己的努力上;凡是失败的事情,往往归到客观的理由上。不同的归因会影响对问题的正确判断。在咨询中,辅导员要带领王某对她的成长经历以及交往中的一些矛盾进行梳理、澄清,让她自己领悟到以自我为中心的性格,设身处地地替别人考虑问题,体验别人的情绪,培养客观看待事情的思维方式和习惯。

第二,客观认识自我,适应环境。在认识自我的过程中,应积极与他人进行比较,通过比较发现自己的优缺点,恰当地评价自我,回归现实,调整心理落差以达到平衡。

第三,学会欣赏别人。试着发现别人身上的长处,来培养自己对他人的欣赏能力。要经常地、不厌其烦地替别人的感情、观点、欲望、需要设想,多考虑别人的需求与感受,因为你怎么看待别人,别人也就怎么看待你。

第四,学着赞美别人。真诚的赞美是人际交往中的润滑剂,每个人都有被尊重的需要,这种需要的满足会拉近人际间的关系;没有人喜欢总是挑剔、批评自己的人;人们总是喜欢同尊重和欣赏自己的人来往。因此,自我扩张型的人要学着欣赏别人并通过言语、非言语的信息表示出自己的赞美。

3. 自我萎缩型

这类学生的自我统一比较困难,表现为理想自我极度缺乏或丧失,对现实自我又深感不满。他们往往认为理想自我难以实现,甚至永远无法实现,要么放弃对理想自我的追求,得过且过,极度放任;要么玩世不恭、自怨自艾、自暴自弃,出现自我拒绝心理,甚至出现理想自我与现实自我的对抗,产生心理变态,最终向更严重的心理与行为发展,严重者可产生精神分裂症或因绝望而轻生。

4. 自我矛盾型

这类学生表现为理想自我与现实自我无法协调,无法转变成一个新的自我。其自我意识冲突强度大,持续时间长,自我认识、自我体验、自我控制缺乏稳定性和确定性,因而新的自我无从统一,积极的自我难以产生。

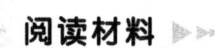

乔韩窗口理论

美国心理学家Jone和Hary提出了关于自我认识的窗口理论,被称为乔韩窗口理论,如图4-3所示。他们认为人对自己的认识是一个不断探索的过程,每个人的内心都有4块领域。

1. 公开的自我(见图4-3A区域)。也就是透明真实的自我,这部分自我不仅自己了解,别人也了解。

2. 秘密的自我(见图4-3B区域)。自己了解、别人不了解的自我。

3. 盲目的自我(见图4-3C区域)。别人了解但自己却不了解的自我。

4. 未知的自我(见图4-3D区域)。别人不了解、自己也不了解的自我,需要一些契机才可以将其激发出来。

		自我观察	
		认识到	未认识到
他人观察	认识到	A	C
	未认识到	B	D

图4-3 乔韩窗口

每个人的自我都由这4部分构成,但比例各不相同。而且,随着人的成长及生活经历的增加,自我的4个部分也在发生着变化。当一个人自我的公开领域扩大,则其生活变得更真实,无论是与人交往还是独处,都会感到轻松愉快并充满活力;盲目领域变小,人对自我的认识才会更清晰,在生活中更容易扬长避短,发挥自己的潜力。一个人在其成长过程中,通过自我开放促使公开领域扩大;通过他人的反馈使部分隐秘区、盲目区进入公开区;通过与他人分享秘密的自我,通过他人的反馈减少盲目的自我。如此这般,人对自己的了解就会更多且更客观。

二、大学生自我意识偏差的调适

1. 愉快地接纳自我

(1)无条件接纳自我

我们要无条件地接受并宽容对待自己的一切,包括优点和缺点、成功和失败。我们首先要对自己不抛弃、不放弃。试想一个人如果自己都不爱自己,又怎能期望别人来爱他呢?

(2)相信"瑕不掩瑜"

古人云:"金无足赤,人无完人。"接纳自己的不完美和失败,是自信的表现,也是自我完善的起点。努力发现自己的"闪光点"、肯定自己的价值、对自己充满自信心和自豪感,是接纳自我的推动力。

(3)运用积极的自我暗示

为了避免自尊心受到伤害,不妨采用一些策略性的自我美化的暗示,如向下比较(比上不足,比下有余),选择性遗忘(记住成功经历,忘记失败经历),自我照顾归因(将成功归于自己的努力和能力,将失败归结于自己的不努力和运气不佳)等。

2. 有效地控制自我

塑造自我、超越自我是一个需要不断实践的过程,有效地控制自我是塑造自我与超越自我的根本途径。

(1)确定努力方向

大学生在追求理想、塑造自我的过程中,应根据社会需要和自己的特点确定努力的方向,将远大理想分解成符合实际的、经过努力可以实现的子目标,将长远目标与阶段目标结合起来,循序渐进,逐步加以实现。排除大而无当、好高骛远的想法,对切实可行的目标、力所能及的事情要认认真真去完成。把塑造自我、超越自我的意识贯彻到每一个具体的行动中,集中精力,从一点一滴的小事做起。

(2)要增强自信心

每个人在学习、工作和生活中不可能总是一帆风顺。自信心是指个体相信自己能力的一种自我意识倾向,可以使人们最大限度地发挥聪明才智,激励自己不断奋进。

(3)增强自制力

自制力是指一个人自觉地调控和控制自己行为的品质,自我调控是自我意识在意志中的表现,是有明确目标的实际行动与环境相互作用的过程。自制力强的人能够理智地对待周围发生的事件,有意识地调控自己的思想和情绪,约束自己的行为,成为驾驭现实的主人。

3. 不断地超越自我

超越自我是人生的崇高境界。只有超越自我,才能找到人生的真正价值。正如一位名人所说:"每一次人生的关键时刻,每一次大大小小的抉择,其实都是一个能不能自我战胜、能不能自我超越的过程。"

(1) 建立适当的抱负水平

大学生往往不能正视自我,不愿降低自己的抱负水平,而生活中的一些挫折常常是由不切实际的成就欲望导致的。最为适当的抱负水平,应当是选择既有适度把握又有适度冒险的目标。如果不考虑胜任的把握,一味冒险,就会经常遇到挫折,既白白耗费精力,又给心理带来消极影响;如果一味求稳,而不愿意承担一点风险,则可能错过许多发展机会,使自己总在原有水平上徘徊。另外,适当的抱负水平,还能避免大学生因盲目与他人攀比、竞争而使自己终日生活在紧张状态中,心理也承受过大的压力。

(2) 小步子,大飞跃

古人云:"不积跬步无以至千里,不积小流无以成江海。"我们可能无法一次就直接达到目标,但可以将目标分解为一天之内可以达到的一个个小目标,每达到一个目标后,就自我肯定一次。人的潜力是惊人的,每一位大学生都要相信自己的无穷潜力。

(3) 注重陶冶性情,保持积极的情绪

健康和积极的情绪能使自己保持适当的紧张和敏感度,这样才能在遇到挫折后尽快恢复自信,勇往直前。

第四节 自我意识的评估

一个人的真正伟大之处就在于其能够认识自己。应培养大学生良好的自我意识,使其具有健康的自我概念、自我体验和自我实现的愿望,学会对自身自我意识进行评估。评估主要从以下几方面入手:

一、自我意识评估的几种方法

自我意识评估是运用相应的测评体系对自己的兴趣、特长、性格、学识、技能、智商、管理能力、协调能力、活动能力等进行测评,简而言之,就是通过科学手段分析自我、认识自我和了解自我。

1. 交谈法

交谈法是通过谈话直接了解自我的方法,一般有两种形式:一种是结构式访谈,另一种是非结构式访谈。结构式访谈由访问者按照预先制订的计划提出问题,希望从双方的交谈中得到自己所需的信息,从而更加准确地了解受访者;非结构式访谈法一般由研究者感兴趣的问题组成,与对方的交谈时从某些有准备的问题开始,后面的问题取决于前面的话题,访问者可以随时根据谈话的内容进行提问。

2. 调查法

调查法是通过个体的有关资料,间接了解被调查个体心理活动的方法。调查法可以根据个体在成长过程中的言语和行动留下的痕迹,如日记、书信等来了解个体在活动中所体现的心理活动;也可以从个体对待人、物、自己的行为进行评估,对一些事情的态度和处理方式,可以体现出个体的计划性、精确性、忍耐性、冲动性等性格品质;采用问卷调查的方式,根据要了解的内容,要求教师、家长、同学等人根据问卷问题进行回答,从中分析被调查个体的自我特征。

3. 自我测试法

自我测试法是被广泛采用的了解自我的方法,从大的方面可以分为问卷法和投射法两种形式。问卷法是让测试者回答测量表中一定数量的问题,据此评分,然后经过统计得出结论,这种方法极为简便,题目、记分、评分都经过标准化。投射法是在测试时,刺激测试者或向其提供一些无确定含义的图片,使其在无防御的状态下表露出自我特点的方法。

性格的心理测试方法有很多,如卡特尔的16种人格因素测验(16PF)、明尼苏达多项人格量表(MMPI)、麦尔斯—布瑞格斯类型指标(MBTI)、"大五"人格量表(NEO PI—R)等。

二、自我意识评估的注意事项

一个人如果能够对自己有一个全面、正确的评价,就能够扬长避短,根据自己的实际情况选择相应的目标而为之努力奋斗。

1. 多方面、多途径地了解自我

在日常生活中,我们对于自己的判断和理解往往较多依赖于小范围内的社会比较和别人对自己的评价。而实际上这样形成的自我概念有很大的局限性,无助于人们适应更大的生活范围。许多学生在中学阶段都是佼佼者,可是进入"群英会"的大学后就很容易淹没在人群中,这时他们常常会迷失自我。要多方面、多途径地了解自我:既要从目前的生活环境又要从自己的整个生活经验了解自己;既要了解别人对自己的评价、自己与别人的差别,又要了解自己成长变化的过程,逐渐形成清晰的自我认识;既要了解自己的能力、身体特征,又要了解自己的性格、品德,以便对自己有一个全面的了解。

2. 客观、真实地面对自我

心理学研究证明,人们对周围世界的信息选择和理解都要受到需要倾向的制约。在日常生活中,一种途径反馈的信息往往需要从其他途径中得到验证,特别是当人们并不直接表达真实想法,甚至口是心非的时候。如果轻易相信成为一种倾向,而对他人对自己的批评或改进建议置之不理,那么人们的自我概念就会越来越脱离真实自我。

3. 寻找正确的参照系

他人是反映自我的镜子,是用于自我认识的重要参照物,与他人交往是获得自我认识的主要来源。大学生可以通过与同学比较,找出自己的位置。但是这种比较往往带有浓厚的主观色彩,应该采用正确的参照系,比如关注后天主观的努力,看轻不可改变的先天的客观条件,才能更好地认识自我。古人云:"吾日三省吾身。"以自身为坐标,不断自我反省,也是认识自我的很好的途径。

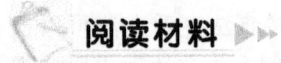
阅读材料

小蜗牛的壳

小蜗牛问妈妈:"为什么我们从生下来,就要背负这个又硬又重的壳呢?"妈妈说:"因为我们的身体没有骨骼的支撑,只能爬但又爬不快,所以需要这个壳的保护!"小蜗牛又问:"毛毛虫姐姐没有骨头,也爬不快,为什么她却不用背这个又硬又重的壳呢?"妈妈说:"因为毛毛虫姐姐能变成蝴蝶,天空会保护她啊。"小蜗牛继续问道:"可是蚯蚓弟弟也没骨头,照样爬不快,也不会变成蝴蝶,他为什么不背这个又硬又重的壳呢?"妈妈说:"因为蚯蚓弟弟会钻土,大地会保护他啊。"小蜗牛哭了起来:"我们好可怜,天空不保护我们,大地也不保护我们。"蜗牛妈妈安慰他:"所以我们有壳啊!我们不靠天,也不靠地,我们靠自己。"

小 结

- 所谓自我意识就是指一个人对自己的认识,即个体对自己的身心状况与特征,自己与他人、与周围世界的关系的意识。
- 从知、情、意三个层面分析,可以把自我意识分为自我认识、自我体验和自我调节。三者以自我认识为基础,产生自我体验,进而达到自我调节;同时,又在自我体验的推动下加强自我调节,加深自我认识。它们相互联系、有机组合,构成人个性中的核心内容——自我意识。
- 自我意识是一个人对自己的自觉的观念系统,它是稳定的但又在不断发展之中。从内容来看,自我意识可以分为生理(物质)自我、社会自我和心理(精神)自我;从自我观念来看,自我意识又可分为现实自我、投射自我和理想自我。
- 个体的自我意识不是与生俱来的,而是在后天的社会交往过程中随着语言和思维的发展而发展起来的。一个人的自我意识从发生、发展到相对稳定要经过20多年的时间。一般来讲,如果说婴儿期是自我意识的发生阶段,童年期至少年期则是自我意识进一步发展的阶段,那么青年期则是自我意识迅速发展并趋向成熟的阶段。
- 大学生自我意识的特点表现为:自我认知的深刻性、社会性和概括性;自我体验的丰富性、波动性和敏感性;自我控制的自觉性和独立性。
- 大学生自我意识的误区主要分为自我否定型、自我扩张型、自我萎缩型和自我迷失型。
- 大学生要建立正确的自我意识就要正确地认识自我、愉快地接纳自我、有效地控制自我、不断地超越自我。
- 自我意识的评估方法主要有访谈法、调查法和自我测试法等。

* 心理测试 *

性格特征自我测试

这份由美国心理学家斯泰文·威斯特研制的试卷,用以帮助你评价自己的优点和缺点。下面是一些个性特征,每个特征后面列了3个数字代表性格特征的价值。

例如,对于"有抱负"这一性格特征,如果你抱负不高,就打3分;如果你较有抱负,就打4分;如果很有抱负则打5分。然后累计你的得分,得分越高性格特征也就越明显。

性格特征自我测试表（一）

	不够	还可以	肯定
1.你诚实吗？	3	4	5
2.你有抱负吗？	3	4	5
3.你慷慨大方吗？	3	4	5
4.你肯替别人着想吗？	3	4	5
5.你讲真话吗？	3	4	5
6.你态度积极吗？	3	4	5
7.你办事效率高吗？	3	4	5
8.你果断吗？	3	4	5
9.你精力充沛吗？	3	4	5
10.你勇敢吗？	3	4	5
11.你有建设性或创造性魄力吗？	3	4	5
12.你是现实主义者吗？	3	4	5
13.你有良好的幽默感吗？	3	4	5
14.你待人诚恳吗？	3	4	5
15.你有耐心吗？	3	4	5
16.你善于忍耐吗？	3	4	5
17.你能集中精力做事情吗？	3	4	5
18.你守时吗？	3	4	5
19.你有健康的体魄吗？	3	4	5
20.你外貌一般、较好，还是英俊？	3	4	5
21.你体形一般、良好，还是极好？	3	4	5
22.你视力好吗？	3	4	5
23.你协调性和技巧性好吗？	3	4	5
24.你聪明吗？	3	4	5
25.你有追求的目标吗？	3	4	5
26.你有才华吗？	3	4	5
27.你从事的职业好吗？	3	4	5
28.你经济状况好吗？	3	4	5
29.你有良好的人际关系吗？	3	4	5
30.你的朋友尊重你吗？	3	4	5
31.你很招人喜欢吗？	3	4	5

第四章 大学生自我意识与培养

续表

	不够	还可以	肯定
32.你爱锻炼身体吗？	3	4	5

你的总分：_____

接着，完成第二份性格特征自我测试表，时间最好是完成第一份测试表的第二天。

请为自己打分。例如，对于"自卑"这一性格特征，如果你从不感到自卑，请打3分；如果有时感到自卑，请打4分；如果总是感到自卑，请打5分。然后累计你的得分。

性格特征自我测试表(二)

	不够	还可以	肯定
1.你不诚实吗？	3	4	5
2.你能力低吗？	3	4	5
3.你残忍吗？	3	4	5
4.你以自我为中心吗？	3	4	5
5.你感到压抑吗？	3	4	5
6.你有消极的处事态度吗？	3	4	5
7.你感到焦虑吗？	3	4	5
8.你有犯罪感吗？	3	4	5
9.你有自卑感吗？	3	4	5
10.你逃避责任吗？	3	4	5
11.你在公共场合迟疑不决吗？	3	4	5
12.你懒惰吗？	3	4	5
13.你自私吗？	3	4	5
14.你易怒吗？	3	4	5
15.你对人冷漠吗？	3	4	5
16.你爱批评别人吗？	3	4	5
17.你认为你比他人更重要吗？	3	4	5
18.你感到集中注意力有困难吗？	3	4	5
19.你是一个追求完美的人吗？	3	4	5
20.你非常被动地做事吗？	3	4	5
21.你的身体状况不佳吗？	3	4	5

续表

	不够	还可以	肯定
22.你的容貌不吸引人吗?	3	4	5
23.你的体魄不健美吗?	3	4	5
24.你笨拙吗?	3	4	5
25.你的文化水平不高吗?	3	4	5
26.你有失败的恋爱吗?	3	4	5
27.你不招人喜欢吗?	3	4	5
28.你的记忆力不好吗?	3	4	5
29.你对自己的职业不满吗?	3	4	5

你的总分：_____

现在来计算一下你的平衡试卷得分(第一份的总分减去第二份的总分)：_____

参考值

你的一般心理平衡状况为：

－25 或更少	极差
－24～－15	不佳
－14～－5	中下
－4～＋5	中等
＋6～＋15	中上
＋16～＋25	很好
超过25分	极佳

* 心理训练 *

认识自己的20问法

此法在实践时共分两步。

第一步,向自己提问10次或20次"我是谁"。请你把头脑中浮现的答案一一写出来。例如,我是××(姓名),我是××学校的学生等。由于这是自我分析材料,可以不给别人看,所以想到什么就回答什么,不必有所顾虑。回答每次提问的时间为20秒,如果写不出来可以省略,接着往下写。

第二步,对自己的答案进行分析。分析的内容包括以下几方面：

1.答案的数量和质量。即一共写出几个答案,哪些内容多。如果能写出10个答案,则大体上可以认为没有特别的障碍。如果只能写出7个或更少的答案,则可以认为是过分压抑自己。回答时会以感到无聊、害羞、时间不够等为借口,拒绝回答更多的问题。

2.回答内容的表现方式。有 3 种情况:A.符合客观情况的,如"我是二女儿""我是大学生"等;B.主观解释的情况,如"我是老实人""我胆小"等;C.中性情况,即谁都不能做出判断的情况。如果主观评价和客观评价都有,可以认为取得平衡;如果倾向于主观或客观,则未取得平衡。在主观评价中,最好既涵盖自己好的一面(令人满意的特征),也涵盖自己不好的一面(不令人满意的特征)。如果只做好的评论,会使人觉得自满;只做不好的评价,会打击人的自信。

3.回答是否涉及自己的未来。哪怕只有一个答案涉及未来(如"我是未来的外科医生"),也说明自己有理想和抱负,在现实生活中充满生机。如果没有一个答案涉及未来,则可能说明自己对未来考虑不多。

* 自我感悟 *

思考与收获

通过对本章的学习,我的思考是 _____

_____

_____

我的收获是 _____

_____

_____

第五章 大学生的人格发展

塑造和培养良好的人格是个体成长与发展的关键。人格是由环境和遗传交互作用、共同决定的,人格的塑造也是先天、后天因素共同作用的结果。在个体的人生发展历程中有许多因素会影响到人格的发展,本章主要对人格进行了概述,并结合大学生的人格发展特点,介绍大学生常见的人格异常的表现与评估,提供大学生人格完善的途径和调适方法。

第一节 人格概述

> *名言警句*
> 影响人格发展的首先是人的个性化程度,其次是环境。
> ——荣格

一、人格的构成

关于人格(personality)究竟是什么,心理学家曾经做过大量的探究,提出过众多的定义。从该词的词根来看,它来自拉丁文"persona",包含两层含义:外在表现以及内在特征。因此,对于人格的理解,可以从心理与行为完整统一的角度来认识。可以说,人格就是一个人的心理与行为的完整体现,即一个活生生的人。人格是个体心理特性的整合体,在不同的时空背景下影响人的外显和内隐的行为模式。由此可知,人格包含了心理与行为的各种因素,主要表现在气质和性格两方面。

> *名言警句*
> 气质是每一个人最一般的特征,是他的神经系统最基本的特征。而这种特征在每一个人的一切活动上都打上了一定的烙印。
> ——巴甫洛夫

1. 气质

气质是人格的基础之一,是人格结构中比较稳定的并与遗传素质密切相关的成分。在日常生活中,我们常说某人稳重、文静、慢条斯理、爽快、泼辣,就是指人的气质表现。气质这种心理活动的特征,主要表现在心理活动的强度、速度、稳定性、灵活性及心理倾向性和指向性上,如感知觉的敏锐度、思维的灵活性、情绪的反应性等,使得个体的心理活动染上一种独特的色彩。

现代心理学沿用了古希腊医生希波克拉底和古罗马医生盖伦的说法,将气质分为四种类型即胆汁质、多血质、黏液质和抑郁质,它们各自的特点如下:

胆汁质——这种气质最突出的特点是具有很高的兴奋性,因而在行为上表现出不平衡性。这种人暴躁、易发怒、态度直、活动精力旺盛。他们能够以极大的热忱投身于事业,埋头于工作,能够克服在通往既定目标道路上的重重困难。但是,一旦精疲力竭,这种人就往往对自己的能力失去信心,情绪便会从此低落下来。

多血质——这种人突出的特点是具有显著的热忱和工作效能。他们对自己的事业有着浓厚的兴趣,并能保持相当长的一段时间。这种人有很高的灵活性,容易适应变化了的生活条件,善于交际,在新的环境里也不感到拘束。他们精神愉快,朝气蓬勃,但是一旦事业不顺利或需要付出艰苦努力时,热情就会大减,情绪很容易波动。这种人大都机智敏锐,能较快地把握新事物,在从事多变和多样化的工作上成绩显著。

黏液质——这种人安静、平衡,始终是平稳的、坚定的和顽强的。他们能够较好地克制自己的冲动,能严格地遵守既定的生活规律和工作制度。他们态度持重,交际适度。他们的不足之处是稳重有余而灵活不足。但这种不足也有积极的一面,它可以使人保持从容不迫和严肃认真的品格。对这种人,安排其从事有条理、冷静和持久性的工作为好。

抑郁质——这种人的突出特点是具有高度的敏感性,因而最容易受到挫折的打击。他们比较孤僻,在困难面前优柔寡断,在面临危险情势时会感到极度的恐惧。这种人常常为微不足道的缘由而动感情。他们能胜任别人的委托,能克服困难,具有坚定性。

一般说来,单一气质类型的人很少见,多数人是两种气质类型至多种气质类型的混合体。

气质与人格之间还存在着某种对应关系。德国心理学家艾森克在分析人格结构时,做了十分细致的研究。他认为可以从情绪的稳定与否,以及内倾还是外倾两方面来划分人格特质,而不同的人格特质都与气质有关系。比如,一个人具有健谈的气质,这就与他的情绪稳定和人格外倾有关,其根源在于他是多血质的人;如果一个人是冲动的,这就与他的情绪不良有关,其根源在于他属于胆汁质。艾森克因此创建了著名的二维人格结构模型,如图 5-1 所示。

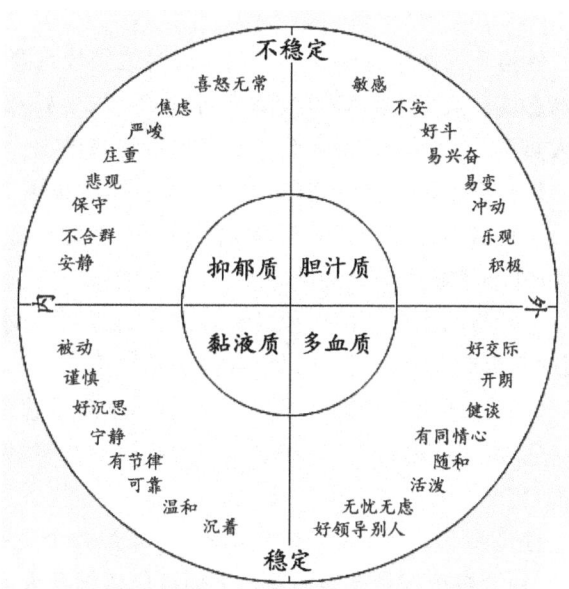

图 5-1 艾森克的二维人格结构模型

四人看戏

心理学家曾巧妙设计了"看戏迟到"的特定问题情境,通过观察四种基本气质类型的观众表现以说明气质对心理活动的作用。

胆汁质的人会面红耳赤地与检票员争吵,甚至企图推开检票员冲过检票口,径直跑到自己的座位上去,并且还会埋怨说,戏院钟表走得太快了。

多血质的人明白检票员是不会放他进去的,所以他不会与检票员发生争吵,而是悄悄跑到楼上另寻一个适当的地方来看戏剧表演。

黏液质的人看到检票员不让进去,便想反正只是第一场戏,还是暂且到小卖部待一会儿,看看报纸,吃点零食,待幕间休息时再进去。

抑郁质的人对此情境会抱怨自己老是不走运,偶尔来一次戏院还迟到了,接着就垂头丧气地回家了,发誓再也不来看戏。

试想一下,如果你遇到这种情境,你会怎么做呢?

2. 性格

> * 名言警句 *
> 人的性格不仅表现在他做什么,而且表现在他怎样做。
> ——恩格斯

性格是人格结构中表现最明显同时也是最重要的心理特征。性格是个体对现实比较稳定的态度以及与之相应的习惯化的行为方式。性格的个别差异是很大的,有人深沉、内敛,有人热情、开朗和活泼,它们体现了人格的差异。

性格有多种多样的特征,这些特征主要由以下四方面组成:

①性格的态度特征。如同情或冷漠,正直或虚伪,勤奋或懒惰,认真或马虎,自信或自卑,开拓创新或墨守成规等。

②性格的意志特征。如目的性或盲目性,纪律性或散漫性,独立性或易受暗示性,自制或任性,果断或犹豫,持之以恒或虎头蛇尾等。

③性格的情绪特征。如热情或低沉,乐观或悲观等。

④性格的理智特征。如主动观察或被动观察,偏好分析或偏好综合,富有想象或想象被阻抑,富于创造性或好钻牛角尖等。

性格并不是上述特征的简单堆积,而是各个特征之间的有机结合,既相互联系,又彼此制约,使性格结构具有能动性。人们可以依据某人的某些性格特征来推测其他方面的特征。如急躁多与冲动、粗心等特征有关。一个人的性格会随个人的角色转变、环境和情境的变化以及自我要求的不同而呈现出不同的特征,从而使人的性格表现具有丰富性和复杂性。例如,一个懒散的学生在父母面前懒散的一面表现较多,而在整洁有序的教室内这一面可能表现较少。

二、人格的特征

1. 人格的整体化

人格是人的整个精神面貌的体现,是一个人的各种人格倾向性和人格特征的有机结合。这些成分或特征并非各自孤立,也非机械式地叠加,而是错综复杂地相互联系、交互作用着组成了一个完整的人格。人格的整体性有多方面的表现:

①人格的内在统一性。正常人总是能够正确地认识和评价自己,能及时地调整内部心理世界中出现的矛盾与冲突。否则,人的行为就会经常由几种相互抵触的动机所支配,出现人格分裂现象,即俗称的"二重人格"或"多重人格"。

②只有从整体出发,在和其他人格特征的联系中,才能认识个别特征,使其具有确定的意义。如沉默寡言使人显得孤独这一特征,在不同人身上可能有不同的意义。对甲来说可能由于害羞而不愿抛头露面,这是怯懦的表现;对乙来说,可能不想暴露自己的真实面貌,这是虚伪的表现;对丙来说,可能想靠别人的努力获取自己的满足,这是懒惰的表现。

③人格是由各个紧密联系的成分构成的多层次、多侧面、多水平的统一整体。其中有低级成分与高级成分、主要成分与次要成分以及主导成分与从属成分之分,是一个复杂的系统。

2. 人格的差异性和共同性

人格是由某些与别人共同的或相似的以及完全不同的特征错综复杂地交织在一起而构成的。人格是共同性和差异性的统一。人格含有人们共有的成分,某一个群体、某一个阶级或某一个民族都有其共同的、典型的心理特点。他们对问题的看法,对事、对人、对己所持的态度,价值判断,愿望的实现都有某些共性。这种共性是在一定的群体环境、社会环境以及自然环境中逐渐形成的。

人格中包含个人与他人不同的心理特征。比如人们的兴趣、爱好是极其多样的;人们的能力也各有不同:有人长于组织,有人观察问题细致,有人表达能力强,有人富于想象,有人善于操作。人们在气质和性格上的表现更是各有特色:有人急脾气,有人慢性子;有人重利,有人重义,各不相同。

3. 人格的稳定性和可变性

在一个人身上总会表现出许许多多的心理特征,有些是经常出现的,是比较稳定的,构成人格特征的是指那些较为稳定的心理特征。正因为人格具有稳定的特征,才能表明一个人是具有人格的个体,否则就很难说一个人的人格是什么样子了。也正因为人格具有稳定性的特点,才能把一个人和另外一个人在精神面貌上区别开来,才能预料到一个人在某种情况下将会做些什么,这也是证明对一个人了解时所使用的依据。

人格具有稳定性并不意味着它是永不改变的,人格也具有可塑性,随着现实环境的多样性和多变性而或多或少地发生变化。正在成长中的儿童的人格还不稳定,易受环境影响而发生变化;而成年人的人格相比较之下就稳定得多,所以在人格改变中自我调控起重要作用。

4. 人格的生物制约性和社会制约性

人的自然生物特性虽不能预定人格的发展方向,却是构成人格的基础,影响着人格发展的方向和方式。要充分看到人格的生物学意义,绝不能把人格归结为先天固定下来的;也不能把人格的发展看成是由遗传所决定的特征的成熟过程。人格是在先天提供的生物实体的基础上,通过社会活动和社会交往而逐渐社会化的。在人格形成上,既不能排除社会因素,也不能排除生物因素,二者相互作用着。如果想在社会因素和生物因素中寻求任何一种作为人格形成的基础,都会导致各种形式的还原论,那就变成了用生物学的东西或者社会学的东西去偷换心理学的东西。

三、大学生的人格特征

> * 名言警句 *
>
> 教育者,善成人格之事业也。使仅仅为灌注知识,练习技能之作用,而不贯之以理想,则是机械之教育,非所以施于人类也。
>
> ——蔡元培

阅读材料 ▶▶▶

国内学者用修订过的"加利福尼亚心理调查表"对北京大学、清华大学、北京师范大学等几所高校的 1100 名大学生进行了调查,调查结果如下:

①我国大学生在谦让、克己、忍耐、谨慎、负责等人格特征方面表现突出,说明他们与现实社会有良好的适应,能较好地处理社会、他人和自我的关系。

②我国大学生在处理人际关系时,通常会首先考虑社会和他人,但也绝不是一味地追求社会的赞许。他们并不过分掩饰自己,表现出敢于面对现实、尊重事实的特点。

③我国大学生在支配与冲动特点方面表现不突出,在社交方面倾向于积极进取,他们具有稳健、从众的人格特点,具有良好的社会化程度。虽然他们在聪慧、敏感等与智力有关的人格特征方面成绩表现较好,但独立成就和灵活性的得分均较低。

④不同学科大学生的人格特征以及性别差异均有各自的相对独特性。

- 文科大学生中男、女生的人格特征为综合型,无论在支配、冲动、自信、外向等方面,还是在谦让、克己、忍耐、谨慎等方面均兼而有之。相对而言,男生表现前者较多,女生在独立性、敏锐性等方面表现较弱。
- 大学生中,理科男生与文科男生相似,但女生在谦让、克己、忍耐、谨慎,内向等方面表现较突出。男、女生在独立性、聪慧、敏锐等人格方面无显著差异。
- 工科大学中男生在支配、冲动、自信、外向等方面表现占优势,但在聪慧、敏锐等方面与女生无明显性别差异。
- 农科大学中男生的人格特征在中庸、从众等方面表现较突出,在支配、冲动、自信、外向等方面比女生强。女生则在谦让、克己等方面表现较突出,而在聪慧、敏锐方面表现弱于男生。

- 医科大学中男、女生的人格特征基本一致,他们在支配、冲动、自信、外向等方面相对较弱。

大学生处于人生的青年期,青年期人格发展的特点是希望了解自己、把握自己和发展自己,产生普遍的程度不一的"自我角色认同",能够进行较稳定的独立思考,对自己未来的社会角色进行设想。处于这个阶段的大学生经济上没有完全独立,再加上年龄的限制以及社会阅历的贫乏,心理发展还存在一定的不足。因而,大学生人格的发展表现出不同于其他阶段群体的特征。

1. 基本能认识自我,但自我意识不够成熟

个体的人格是在遗传、环境、教育等先天、后天因素交互作用下形成的。不同的遗传、生存及教育环境,形成了各自独特的心理特点。大学生基本上能接受自身的一些特点,对自己有着较多积极的、正面的看法,能够自我接纳,能够容忍自我与他人在学习、经济实力等方面的差异;能够有效地自我调控,善于控制自己的情绪。但另一方面,大学生对现实自我和理想自我之间的差距估计不足,要么对自己有太高的期望,要么自我效能感不高,常常认为自己不能胜任某种角色。这些都是自我意识发展不成熟的重要表现。

2. 智力结构健全,但存在认知偏差

大学生大多具有良好的观察力、记忆力、注意力、想象力和思维能力,具有一定的独立解决问题的能力。他们的各种认知能力不断发展、成熟,并在学习、生活中发挥着作用。但大学生在学习、生活中也会出现认识事物片面和错误的情形,如认为只有考取第一才算是"成功",一次考试失败就全面否定自己,失恋后陷入痛苦中不能自拔等都是大学生常有的认知偏差。

3. 情绪健康发展,但不稳定

人格的稳定性是指那些经常表现出来的特点,是一贯的行为方式的总和。大学生情绪丰富,且多是积极、健康的,对情绪体验深刻,能适当地表达、调节自己的情绪,稳定性与波动性并存。如遇到快乐的事情,情绪表现激烈,易兴奋与冲动;遇到不开心的事情,情绪明显低落,有时甚至以不适当的方式发泄。因此应加强对大学生健康情绪的引导,使其以适当方式表达。

4. 社会适应能力提高,但尚缺乏社会经验

社会适应,是指个人或群体与社会环境之间的积极互动关系处于一种良好的状态,具体是指个体或群体在与社会环境相互作用的过程中通过不断调整自己的身心状态,使自己适应环境。大学生对外部世界有着浓厚的兴趣,能够积极地探索世界,但可能夸大或低估社会的复杂性,相对单纯地、片面地看待社会问题。

5. 人格基本稳定,但仍处于整合期

人是极其复杂的,人的行为表现出多元性、多层次的特点。每个个体的人格世界都并非各种特征的简单堆积。著名心理学家埃里克森提出自我同一性理论。自我同一性,也称为自我认同,是指个体在过去经验中所形成的内在的一致性和连续性。大学生由于身心两方

面发生重大变化,他们开始关注自我。自我同一性是大学生寻求自我了解与自我追寻的必然历程。如果自我同一性整合良好,对大学生人生价值的选择、理想信念的树立、自我认识的明晰都有着积极的意义;如果自我同一性不能够良好确立,或自我同一性整合混乱,大学生就会对社会的主导价值表示怀疑,极易造成生活没有目标、个人发展方向不清晰等问题。

四、人格的形成

随着心理学的发展,人们已经普遍意识到,无论是人格结构,还是人格某方面的特质,都是在遗传与环境两个因素交互作用下逐步形成和发展起来的。遗传提供了人格发展的基础,环境是人格发展的外部条件,其中教育起主导作用。

1. 遗传是先天的基础

从双生子的研究到基因、生物学的例证都说明遗传是人格不可缺少的影响因素。遗传因素对人格的作用程度因人格特征的不同而不同。通常在智力、气质这些与生物因素关系较大的特征上,遗传因素较为严重;而在价值观、信念、性格等与社会因素关系紧密的特征上,后天环境更为重要。

2. 环境是后天的养成

人既是生物个体,又是社会个体。人一出生,各种环境因素的影响就开始了,并会作用于人的一生,大到社会文化因素,小到家庭因素和学校教育,后天环境的因素是多种多样的。

(1)社会文化

每个人都处于特定的社会文化之中,文化对人格的影响是极为重要的。社会文化塑造了社会成员的人格特征,使其成员的人格结构朝着相似性的方向发展,而这种相似性又具有维系一个社会稳定的功能。这种共同的人格特征又使得个人正好稳稳地嵌入整个文化形态里。因此,可以说社会文化对人格,特别是后天形成的一些人格特征具有重要作用。社会文化因素决定了人格的共同特征,使得同一个社会的人在人格上具有一定程度的相似性。

(2)家庭教育

家庭是社会的细胞,不仅具有自然的遗传因素,也具有社会的遗传因素。其中,社会遗传因素主要表现为家庭对子女的教育作用。父母按照自己的意愿和方式教育孩子,使他们逐渐形成了某些人格特征。父母和家庭是孩子人格的加工厂,塑造了人们不同的人格。家庭是社会文化的媒介,对人格具有强大的塑造力;父母的教养方式恰当与否将直接决定孩子人格特征的形成;父母养育孩子的过程中,表现出自己的人格,并且会有意无意地影响并塑造孩子的人格,形成家庭中的"社会遗传性"。

(3)学校教育

学校和老师对学生人格的发展具有指导和定向的作用。教师的言传身教对学生有着巨大的影响。每个教师都有自己的风格,这种风格为学生设定了不同的"气氛区",在不同的区中,学生们的行为表现也不同。

学校也是同伴群体共同活动的重要场所,同伴群体对人格的形成有重要的影响作用。同伴群体的特点、要求、舆论和评价对于学生的人格发展具有"弃恶扬善"的作用。

综上所述,人格是先天与后天合成的,是遗传与环境交互作用的结果。遗传决定了人格发展的可能性,环境决定了人格发展的现实性。

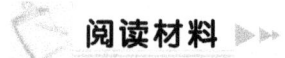

社会文化的人格塑造功能

早期的心理学研究中,精神分析理论强调早期经验对人格形成的重大作用,认为婴幼儿时期的经验,对以后人格的发展具有决定性的影响。而成年人人格的形成,深受其所处的文化的影响,尤其受不同文化氛围中的儿童抚养方式的影响。例如,在抚养过程中,父母对男孩和女孩的不同期望,造就了他们的抚养方式不同;又如在多生子女家庭中,孩子的出生次序也决定了父母对他们的不同的期望。

文化渗透到社会的各个角落,影响着人们的思维方式与行为方式,每个人总是要融入社会的。因此,文化和民族的多样性提示我们,要以一种包容的态度去了解和认识个体、认识文化和认识人格。

第二节 大学生人格发展异常的表现与评估

一、健康人格的特征

我国学者马建青认为,健康人格表现出以下基本特征:
①人格结构中的各个方面得到协调、充分的发展。
②能有效地适应变化着的社会生活环境和个体身心发展。
③对身心健康、潜能发挥以及社会生活的诸多方面产生积极、有效的影响。
④体现人性与社会的协调,并代表着人类社会发展的积极方向。

也有学者认为:具有健康人格的人,其最显著的特点是他们能够有意识地控制自己的生活,掌握自己的命运;他们正视自己,正视过去,面对现实,注重未来,渴望迎接生活的挑战,在实践中充分发挥自己的潜能,并实现自己的价值。健康人格的标准又可分为概括的标准和具体的标准。从总体上看,人格健康的人应该是在推动社会进步的实践中充分发挥自己的才干,为人类、为社会做出自己的贡献,同时使自己的人格在各个方面得到充分的、协调发展的人。从具体特征上讲,健康人格应具有以下标准:
①和谐的人际关系。
②良好的社会适应能力。
③正确的自我意识。
④乐观向上的生活态度。
⑤良好的情绪调控能力。

二、人格障碍的类型和表现

作为同龄人中受教育最多的群体,大学生人格的健全与否直接关系到他们能否承担科教兴国的重任。因此,塑造大学生健全的人格,是心理咨询与心理教育的一项重要任务。

1. 人格障碍的定义

人格障碍,也称病态人格,是一种人格发展的内在的不协调,是在没有认知过程障碍或没有智力障碍的情况下出现的情绪反应、动机和行为活动的异常。

具有人格障碍的人与周围社会环境之间也是不协调的。他们常常与周围的人,甚至是自己的亲人发生冲突;在生活和工作中不能和同事友好相处;对工作缺乏责任感和义务感,经常玩忽职守;甚至超越社会的伦理、道德规范,做出扰乱他人或危害社会的行为,以致无法适应正常的社会生活。

2. 人格障碍的特征

①与人难以相处,有紊乱不定的心理特点,如偏执怀疑、自我爱恋、被动、攻击等。

②把自己遇到的一切困难都归咎于命运和别人的错误,把社会和外界对自己不利的条件都看作是不应该的,对自己的缺点却无所觉察。

③以自我为中心,认为自己对别人不必负任何责任,对自己不道德的行为没有罪恶感,对伤害别人的行为不后悔,对自己的一切行为都执意地偏袒与辩护,以自己的利益为中心,而不能设身处地地体谅他人。

④在任何环境中都持有猜疑、仇视和偏颇的看法,病态观念难以改变。

⑤缺乏自知,当行为后果伤害到他人时,自己却泰然自若,毫无感觉。

⑥一般意识清醒,无智力障碍。

⑦幼年开始,一旦形成便难以改变。

3. 大学生人格障碍的类型

根据人格障碍的不同表现,可将其分为不同类型。各种人格障碍的具体表现如下:

(1) 反社会型人格障碍

反社会型人格障碍表现为情绪不稳定,常为一时的冲动所左右,以自我为中心,不顾别人的痛苦和社会的损失,易发生违纪行为和不正当的意向活动。这种人在18岁之前,就常有撒谎、逃学、小偷小摸、打架、虐待动物或欺负小同伴等不良行为。18岁以后可能会出现破坏公共财物、经常旷工、长久待业或多次变换工作等行为;易激惹、斗殴和攻击别人;心肠冷酷、忘恩负义,甚至对自己的亲人也不例外;危害别人时毫无内疚感。

(2) 分裂型人格障碍

分裂型人格障碍的主要特点是孤独、淡漠。这种人几乎没有体验过愉快的活动,情绪表现冷漠、疏离,对他人表达温情、体贴或愤怒的能力有限;无论对批评或表扬都无动于衷,几乎总是单独活动,过于沉溺于幻想和内省;极少有亲密的朋友或知己,亦无法享受与他人亲密的关系;与人不能建立相互信任的关系,对恋爱也缺乏热情,男性则往往单身,女性则往往被动出嫁。因为这些特质,分裂型人格障碍者往往选择不需与人接触的工作。

(3) 爆发型人格障碍

爆发型人格也称冲动型人格,主要特征是行为冲动,不计后果,伴有情绪不稳定、喜怒无常的现象,事先计划的能力差。当这种人强烈的愤怒爆发时常导致暴力事件,做出破坏和伤人等攻击行为,结交朋友常常凭一时的感情冲动。

(4)偏执型人格障碍

偏执型人格又叫妄想型人格,其行为特点常常表现为极度敏感,对侮辱和伤害耿耿于怀;思想行为固执死板,心胸狭隘;爱嫉妒,当别人获得成就或荣誉时感到妒火中烧,紧张不安,不是寻衅争吵,就是在背后说风凉话或公开抱怨和指责别人;总自以为是,过分自负,对自己的能力估计过高,惯于把失败和责任归咎于他人,在工作和学习上往往言过其实;自卑,总是过多、过高地要求别人,但从来不信任别人的动机和愿望,认为别人存心不良;不能正确、客观地分析形势,有问题容易从个人感情出发,主观片面性大;忽视或不相信与本人想法不相符的客观证据。因而,很难以讲道理或摆事实来改变这类人的想法。具有这类人格的人在家不能与家人和睦相处,在外不能与朋友、同事和平共事。

(5)强迫型人格障碍

这类人平时常有不安全感和不完善感,过分认真、过分注意细节、过分自我克制和自我关注,责任感过强,常常追求完美,同时又过分墨守成规,缺乏随机应变的能力。在处事方面,由于过于谨小慎微,他们常常顾虑小事而忽略大事,并常要求别人按自己的方式办事,以致妨碍他人的自由。另外,他们过分注重工作,怕犯错误,遇事优柔寡断,难以做出决定。

(6)癔症型人格障碍

癔症型人格障碍的主要特点:

①活泼好动,性格外向,不甘寂寞,在人多的场合愿意成为大家注意的中心。

②与他人交往时感情用事,感情胜过理智。

③这些人常常穿着奇装异服,在服装上追时髦、赶新潮,目的是为了吸引别人对自己身体的注意。

④具有表演才能,他们平时与人接触交往,就像一位戏剧演员在舞台上演戏一样,表情丰富、谈话内容夸张。

⑤以自我为中心,在人际交往中只考虑自己的需求,丝毫不考虑别人当时的实际情况,为此常常造成人际关系的紧张。

⑥对人际关系的亲密性看得超过实际情况,总觉得自己有很多知心朋友,但实际情况并非如此,只是个人的一厢情愿。

⑦在人际关系受挫折或应激情况下,较易产生自伤或自杀行为,其自伤行为一般程度较轻,常常只是表皮划伤等,带有表演性。

⑧暗示性强,很容易接受他人或周围情境的影响,这与他们在日常生活中缺乏冷静分析的头脑有一定关系。

(7)退缩型人格障碍

退缩型人格又称逃避型人格,其最大特点是行为退缩、心理自卑,面对挑战多采取回避态度或无法应付。具体表现如下:

①很容易因他人的批评或不赞同而受到伤害。

②除了至亲之外,没有好朋友或知心人。

③除非确信受欢迎,一般总是不愿卷入他人事务之中。

④行为退缩,对需要人际交往的社会活动或工作总是尽量逃避。

⑤心理自卑,在社交场合总是缄默无语,害怕遭人笑话,怕回答不出问题;被批评指责后,常常感到自尊心受到了伤害而陷于痛苦,且很难从中解脱出来。

⑥敏感羞涩,害怕在别人面前露出窘态,常常害怕参加社交活动,担心自己的言行不当而被人讥笑讽刺,因而,即使参加集体活动,也多是躲在一旁。

⑦在做那些普通但又不在自己常规之中的事时,总是夸大潜在的困难、危险或风险。在处理某个一般性问题时,往往也表现得瞻前顾后、左思右想,等到下定决心时,却又错过了解决问题的时机。在日常生活中,他们多安分守己,从不做那些冒险的事情,除了按部就班地工作、生活和学习外,很少参加社交活动,因为他们觉得自己的精力不足。

退缩型人格形成的主要原因是自卑心理。心理学家认为,自卑感起源于人的幼年时期,由于无能而产生的不胜任和痛苦的感觉;也包括一个人由于生理或某些心理缺陷而产生的自我轻视,认为自己在某些方面不如他人的心理。这种自卑感如果得不到妥善消除,久而久之就成了人格的一部分,造成行为的退缩和遇事回避的态度,形成回避型人格障碍。

三、大学生人格问题的表现

与其他群体一样,大学生群体中也会出现各种各样的人格障碍者,只不过人数大大少于心理不适者与心理困惑者。由于人格障碍者缺乏自知力,甚至本人认识不到自己的人格缺陷,因此不像其他心理疾病的患者那样迫切求医,导致心理咨询机构的统计数字少于实际人数。不过,他们的行为极其古怪或危害社会,因而常被家长、邻居、老师、同学、社会治安机构所发现。高校中所出现的一些恶性事件,如因失恋或单相思而将对方毁容、因挫折而自杀,就是由于病态人格所致。虽然大学生中人格障碍者所占比例极小,但是作为一个群体,大学生在人格上仍有一些共同的弱点或不足之处。

1. 大学生的人格独立性较差

国内大学生,不管男女,从小学直到大学毕业,经济上几乎全部依赖家长。国外由于经济发展程度和民族传统与中国有异,不仅学杂费,甚至日常生活费有的都是大学生自己打工所赚,其人格独立性远高于国内大学生。近年来,伴随改革开放与观念的转变,越来越多的大学生通过勤工俭学等活动在经济上逐渐独立,开始自力更生,使人格独立性越来越高。

2. 与其他青年群体相比,大学生的社会发展明显滞后

十几年的学习生活,使大学生无法较深地融入社会,因而对社会的认识与感受比较肤浅。相比较起来,农村青年、工人青年、中学毕业生年纪小小就融入社会,感受了人生的酸甜苦辣,因而其社会发展较早也较好。

3. 大学生有较多的困惑

与其他青年相似,中国的大学生由于改革开放所带来的各种变化,如文化的多元化、价值观念的多元化、较多的选择机会(如自主择业而不是组织安排)而产生了较多的困惑。

四、大学生人格问题的调适

人格障碍一般形成于童年或少年时期,并且具有人格障碍的人,其内心体验背离生活实际,所以矫治比较困难。目前我国的主要对策是实行"综合治理",即通过家庭、社会、学校的

共同努力,使本人有所认识,积极配合,并坚持不懈地努力改造。同时,配合心理治疗如认知疗法、行为疗法、集体疗法等,均有一定的作用。对于人格障碍的预防,首先要提倡正确的父母养育方式,创造和睦温馨的家庭环境,同时应重点培养子女的独立性,矫正不良的行为习惯,促进人格健康发展。鉴于父母关系不和睦、单亲家庭对青少年人格的形成有消极影响,父母、教师和有关社会工作者应多关心不和睦家庭和离异家庭的青少年,为其提供足够的心理支持和社会关爱。大学生心理发展正处在由不成熟向成熟的过渡阶段,心理机能容易失衡。对有人格障碍的学生应给予心理咨询和心理治疗,提高其社会适应性以及对困难、挫折的认知水平和心理应对能力,使其能以积极的态度面对人生,适应大学生活。

第三节 大学生人格完善的途径

人格的形成是以一定的遗传素质为自然前提的,但环境因素和自我努力在人格的形成和完善中起决定性作用。大学生的自我意识已趋于成熟,因此,自我塑造是培养健全人格的主要途径。

一、了解自己人格类型的特点

人格的培养和塑造,其最终目的是改正缺点,吸收优点,不断完善自我。因此,应清楚地了解自己的人格,并采用扬长避短的原则,发扬自身之长,努力克服自己人格中的缺点或不足,逐步形成健全的人格。

就气质类型的特点来看,气质类型本身没有好坏之分,每一种气质都有积极的方面和消极的方面。比如,胆汁质的人容易发动迅速有力的动作,形成勇敢、爽朗等积极品质,但也容易形成粗心、暴躁等消极品质;黏液质的人容易形成稳重、坚毅、有耐心的积极品质,但也容易形成冷淡、固执、拖拉等消极品质;多血质的人容易形成活泼、机敏、爱交际、富于同情心等积极品质,但也容易形成轻浮、精力分散、注意力不稳定、忽冷忽热等消极品质;抑郁质的人容易形成细心、观察力敏锐、做事小心、情感细腻等积极品质,但也容易表现出耐受力差、胆小怕事、不爱交际、孤僻、怯懦、多疑等消极品质。因此,大学生应在了解自己的气质类型和特点的基础上努力使自己向积极方面发展。

二、学会自我教育

大学生健全人格自我塑造的一个很重要的途径就是学会自我教育。因为自我教育是其他教育和环境影响的内化和深化,是人格形成中由被动变为主动的过程。其主要内容和方法包括以下几方面:

1. 学会反省

在自我教育的过程中,大学生要学会自我反省,即经常反省自己的思想和言行。孔子曾讲过:"见贤思齐焉,见不贤而内自省也。"意思是说,看到一些好的行为或好的榜样,就要马上学习,塑造同样好的性格;看到不好的行为或事情,要反省自己是否有同样的缺点和不足。在自我反省的过程中,首先要学会客观地、全面地认识和评价自己,既不要自我膨胀,也不要自我贬低;既要善于发现自己的长处,也要敢于承认自己的短处。

2. 培养自我调节能力

大学生的主体意识表现为强烈的内在的心理需求与外部行为方面的主动性。自我调节是指通过主动按照自己的实际情况与社会的要求,为自己的思想、道德、学习及行为制定具体的奋斗目标,并对自己的活动进行有意识、有目的的调控。自我调节体现了大学生的自觉性、自信心和主体意识,能激发大学生的潜能,充分调动其主观能动性,使其自身的成长与社会要求相适应。在自我调节的具体过程中,大学生应从自己的实际情况出发,在学习、活动、性格发展等实践方面,学会不断地自我教育,自己管理自己,从而增强自我调控能力。

学习自我控制,还要保持自己的相对独立性,不论对人、对事都应该有自己的主见,按照自己的信念去行动,而不是随大流——别人怎么看,我也怎么看;别人怎么做,我也跟着去做。特别应该提出的是,在当前社会变迁、价值多元化、各种思潮涌现以及各种生活方式竞相呈现在人们面前的时代,大学生应接受环境中积极的影响,经受住各种不良的诱惑,提高自己对诱惑的抵抗力,只有如此,才能使自己的价值观等不受干扰,使自己的个性健康发展。

3. 保持良好的心境

在自我教育中,要学会保持自己良好的心境。在日常的学习生活中,应主动培养健康的生活情趣,合理调节自己的情绪,保持积极、乐观的心境。一般而言,一个人偶尔心情不好,不至于影响其性格。但若经常生气、发脾气,为一点小事而大动肝火,那就容易形成暴躁易怒、神经过敏、冲动、沮丧的性格特征。因此,大学生要乐观地对待生活,愉快地体验生活,培养幽默感,即使遇到困难和挫折,也要从积极的一面去思考问题;即使身处逆境,也不要埋怨生不逢时,怪罪别人没有照顾自己,而应学会正视现实,敢于直面挑战,采取积极、进取的态度去适应环境。

三、增强对挫折的承受力

挫折是指人们在某种动机的推动下想要达到目标而受到阻碍,因无法克服而产生的紧张状态和情绪反应,如沮丧、焦虑等。挫折承受力则是指个体遭到挫折时,能摆脱困扰而免于心理与行为失常的能力,也就是个体经得起打击或经得起挫折的能力。

大学生常常富于理想,把未来看得过于美好,而对可能遇到的困难和挫折缺乏充分的心理准备。另外,由于自身的优越感,人生经历单一,缺乏艰苦生活的锻炼,再加上社会、家庭等多种原因,使得不少大学生对挫折的承受力较差,稍有小事即可引起挫折感,难以面对现实生活的挑战。由于挫折往往会导致心理上的曲折感、缺陷感和失落感等,随之而来的便是抑郁与失望。因此,加强挫折教育、增强挫折承受力,对健全人格的培养有着重要的意义。

四、积极参与社会实践,培养良好习惯

人的任何目标都要通过实践才能达到。大学生正处在自我意识的高度发展阶段,内心都希望独立自主,希望参与学校活动和社会实践。只有亲身参与各种社会实践活动,大学生才能加深对社会的认同和理解,真正增强自己的社会责任感。此外,社会是个大舞台,每个人最终都要在这一舞台上扮演自己的角色,只有到社会生活中去锻炼,才能把握好自己的角

色,形成自己独特的人格。因此,大学生在完成学业的首要前提下,应积极参与学校组织的社会实践和科研活动,以尽快适应未来的社会角色。

另外,健全的人格体现在良好的行为方式中。心理学研究也证明,良好习惯的形成有助于改变人格的内在品质和结构。因此,健全人格塑造的另一重要途径就是培养良好的习惯。榜样的力量是无穷的。在实际操作中,可模仿现实生活中具有良好个性的人作为自己的目标或榜样,从点滴小事做起,锲而不舍,经过长期艰辛的锻炼,终能实现自己确定的健全人格目标。

五、扩大社会交往,建立良好的人际关系

众所周知,不良的个性品质对个体社交的影响很大。一个开朗热情、为人诚恳、尊重他人、富有同情心的学生,大多能很好地适应各种社会交往,能比较容易地得到群体和他人的接纳。相反,对于为人虚伪、自私自利、不尊重他人、猜疑、报复、固执等不良性格倾向的人,他人在与之交往中会产生危险、紧张、怀疑等不良反应。因此,和谐的人际关系既是大学生心理健康不可缺少的条件,也是大学生人格塑造的重要途径。大学生在交往过程中应注意以下几个方面:

1. 真诚热情

在人际交往中,热情能给人以温暖,能促进人的相互理解,因此,待人热情是沟通人的情感、促进人际交往的重要心理品质。若对方感到了他人的真诚与热情,显然也会对其给予肯定的评价。所以在交往中,以饱满的热情坦诚言明自身的利益,可以使人显得真诚而又合情合理。这样自然会得到对方的接纳。

2. 彼此信任

美国哲学家和诗人爱默生说过:"你信任他人,他人才对你重视。"在人际交往中,信任就是要相信他人的真诚,从积极的角度去理解他人的动机和言行,而不是胡乱猜疑、相互设防。信任他人必须真心实意,而不是口是心非或虚情假意。

3. 肯定对方

人类普遍存在自尊的需要,只有在自尊心高度满足的情况下,才会产生较大程度的愉悦,才会在人际交往中乐于接受对方的态度和观点。大学生都有较强的自尊心,因而在交往中首先必须肯定对方、尊重对方,这是成功交往的重要因素之一。

六、在业余活动中培养健全的人格

历史上,那些有重大建树的科学家们也并非整天埋在书堆里——爱因斯坦喜欢拉小提琴;居里夫人爱好旅行、游泳、骑自行车;苏步青爱好写诗,喜欢音乐、戏曲和舞蹈……可见,丰富多彩的兴趣、爱好不仅不会妨碍人们的事业,相反,还可以培养人们的高尚情操,潜移默化地作用于人们的学习、生活和工作中。对大学生而言,在保证自己的学习和社会工作完成的前提下,应该去发展健康、高尚、有益于知识增进和性格培养的兴趣。例如,可以选择音乐、舞蹈等业余爱好,培养自己开朗活泼的性格;也可以选择游泳、足球、武术等运动项目,培养自己勇敢的性格;还可以通过参加棋类、绘画、书法等活动,培养自己耐心细致的性格。

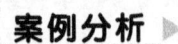

案例分析

偏执型人格障碍的心理辅导案例
——以某大二学生为例

案例：

某高校大二学生，无重大躯体疾病史，无家族精神病史。她成长于农民家庭，家中有父母及一个弟弟，小时候因成绩好，备受父母的宠爱和弟弟的敬佩。其父虽性格暴躁，但很爱她；其母性格温和，从来没有责骂过她。从小学到初中毕业，她成绩一直在班上名列前茅，优越感较强。但进入高中后，她感觉学习较吃力，成绩一度下降，令其心情十分烦闷，情绪波动太大，无法自控，不想继续上学。在家里不同意的情况下，该生自作主张休学一年，后来考入大学。自其进入大学以来，与宿舍其他同学难以共处，到就诊时已换了七八间宿舍。每一次住宿时间不到两周，就开始与他人对立，矛盾重重，最终爆发冲突。但矛盾都发生在一些小事上，如东西存放的位置、开关门的声音、作息时间的不一致等等。每次冲突的方式都是她与全宿舍的同学对立，以致后来同学都不愿与其同居一室，认为与她在一起特别难受，紧张又压抑。最后校方只好安排她同新生住在一起。求助者自诉："我觉得其余七位舍友总是联合起来欺负我，我一个人孤军作战，但我一定不能示弱，不能服输，她们有什么资格欺负我？我要与她们斗到底！我每天都要绞尽脑汁思考如何对付舍友，脑细胞都不知死了多少。我晚上睡不好，第二天没有精力听课，作业不会做，学习成绩下降，且体重减轻也不少。我很烦恼，她们搞得我心力交瘁，我觉得自己好无能，怎么办？"

分析：

诊断该生为偏执型人格障碍。来访者总是毫无根据地认为同学在欺负她，持久地心怀怨恨，对侮辱、伤害或轻视绝不饶恕，容易感到名声被别人毁谤并马上发怒或回击，表现出心胸狭隘、敏感多疑的心态，具有狭隘、多疑、嫉妒、报复心理的人格特征。对来访者主要采取认知领悟法。来访者自我中心意识的形成，有其家庭影响的原因。在她的家庭中，家人都以她为中心，她对别人却不够信任和尊重。

基于此判断，先给她无条件的积极关注，让她体验到爱的感觉，再调整她的认知，让她知道与人相处要以尊重、信任与关爱为前提。人不能只是索取，必须要奉献。爱的真谛就是奉献。渐渐地，她开始有了反省的思维，开始认识到自己的不足，并虚心向别人请教。最近，还主动到图书馆借了《青年交际指南丛书》。此外，还采用了行为训练法，即培养来访者为同学服务的习惯。例如，让来访者主动为同学提开水、打扫宿舍卫生等，当宿舍同学反过来帮助她时，又强化了来访者的服务意识。

经过一段时间的治疗，来访者自我评估：心情轻松，情绪稳定；如果把第一次求诊时的痛苦程度看作100%，现在则降低到30%；基本能与宿舍同学融洽相处。求助者精神状态明显好转，谈话时语速正常、语调轻快，对自我有比较客观的评价。通过了解，老师反映求助者已能比较客观地看待生活中的小矛盾，舍友也反映她们的相处明显改善了。

小　结

- 人格是个体心理特性的整合体,在不同的时空背景下影响人的外显和内隐的行为模式,包含心理与行为的各种因素,主要表现为气质和性格两方面。
- 人格具有整体性、差异性和共同性、稳定性和可变性、生物制约性和社会制约性的特征。
- 人格结构和特质是在遗传与环境两种因素交互作用下逐步形成和发展的。遗传提供人格发展的基础,环境提供人格发展的外部条件,其中教育起主导作用。
- 自我塑造是培养健全人格的主要途径,大学生可以通过了解自己人格类型的特点,学会自我教育,增强对挫折的承受力,积极参与社会实践,培养良好习惯,扩大社会交往,建立良好的人际关系,在业余爱好活动中培养健全人格并优化自己的人格。
- 从具体特征上讲,健康人格应具有以下标准:和谐的人际关系;良好的社会适应能力;正确的自我意识;乐观向上的生活态度;良好的情绪调控能力。
- 人格障碍,也称病态人格,是一种人格发展的内在的不协调,是在没有认知过程障碍或没有智力障碍的情况下出现的情绪反应、动机和行为活动的异常。
- 根据人格障碍的不同表现,可将人格障碍分为反社会型人格障碍、分裂型人格障碍、爆发型人格障碍、偏执型人格障碍、强迫型人格障碍、癔症型人格障碍、退缩型人格障碍。
- 大学生群体中也会出现少数人格障碍者,大多数属于心理不适者或心理困惑者,但同样需要积极地调适。

＊心理测试＊

测定自己的气质

现代气质心理学研究表明,人的气质有四种典型类型:《水浒》中的李逵是典型的胆汁质;《红楼梦》中的"林妹妹"是典型的抑郁质,而"宝哥哥"则是典型的多血质;《三国演义》中的诸葛亮是典型的黏液质。你清楚你自己的气质吗?

人们了解自己的气质,对选择专业、陶冶情操、提高学习与工作效率、处理好人际关系等方面都有着重要的意义。那么,下面的题目可以帮助你大致确定自己的气质类型。

一、选项

A.很符合　B.符合　C.有点符合　D.不符合　E.完全不符合

1. 做事力求稳妥,不做无把握的事。　　　　　　　　　　　　　　　(　　)
2. 遇到可气的事就怒不可遏,把心里话全部说出来才感到痛快。　　(　　)
3. 宁可一个人做事,也不愿与很多人在一起。　　　　　　　　　　　(　　)
4. 很快就能适应新环境。　　　　　　　　　　　　　　　　　　　　(　　)
5. 厌恶那些强烈的刺激,如尖叫、噪声、危险镜头等。　　　　　　　(　　)
6. 和人争吵时,总是先发制人,喜欢挑衅。　　　　　　　　　　　　(　　)
7. 喜欢安静的环境。　　　　　　　　　　　　　　　　　　　　　　(　　)
8. 善于和人交往。　　　　　　　　　　　　　　　　　　　　　　　(　　)
9. 羡慕那种善于克制自己感情的人。　　　　　　　　　　　　　　　(　　)
10. 生活有规律,很少违反作息制度。　　　　　　　　　　　　　　　(　　)

11. 在多数情况下是乐观的。（　　）
12. 遇到陌生人觉得很拘束。（　　）
13. 遇到令人气愤的事能很好地自我克制。（　　）
14. 做事总是有旺盛的精力。（　　）
15. 遇到问题常常举棋不定、优柔寡断。（　　）
16. 在人群中从来不觉得过分拘束。（　　）
17. 情绪高昂时，觉得做什么都有兴趣；情绪低落时，又觉得做什么都没有意思。（　　）
18. 当注意力集中于某一事物时，不容易受其他事情的干扰。（　　）
19. 理解问题总是比别人快。（　　）
20. 碰到危险情景，常有一种极度恐怖感和紧张感。（　　）
21. 对学习、工作、事业抱有很高的热情。（　　）
22. 能够长时间做枯燥、单调的工作。（　　）
23. 对感兴趣的事情，做起来劲头十足，否则就不想做。（　　）
24. 一点小事就能引起情绪波动。（　　）
25. 讨厌做那种需要耐心、细致的工作。（　　）
26. 与人交往不卑不亢。（　　）
27. 喜欢参加激烈的活动。（　　）
28. 爱看感情细腻、描写人物内心活动的文学作品。（　　）
29. 工作或学习时间长了常感到厌倦。（　　）
30. 不喜欢长时间谈论一个问题，愿意实际动手做。（　　）
31. 宁愿侃侃而谈，不愿窃窃私语。（　　）
32. 被别人认为总是闷闷不乐。（　　）
33. 理解问题常比别人慢些。（　　）
34. 疲倦时只要休息一下，就能精神抖擞，重新投入工作。（　　）
35. 心里的话不愿说出来。（　　）
36. 认准一个目标就希望尽快实现，不达目的誓不罢休。（　　）
37. 学习、工作一段时间后，常比别人更易感到疲倦。（　　）
38. 做事有些莽撞，常常不考虑后果。（　　）
39. 老师或师傅讲授新知识、新技术时，总希望他（她）讲慢些，多重复几遍。（　　）
40. 能够很快地忘却那些不愉快的事情。（　　）
41. 完成一件工作总比别人花的时间多。（　　）
42. 喜欢运动量大的体育活动或参加各种文艺活动。（　　）
43. 不能很快地把注意力从一件事转移到另一件事上。（　　）
44. 接受一个任务后，就希望迅速完成。（　　）
45. 认为墨守成规比冒风险好些。（　　）
46. 能够同时注意几件事物。（　　）
47. 烦闷的时候，别人很难使自己高兴起来。（　　）

48. 爱看情节起伏跌宕、激动人心的小说。 （   ）
49. 对工作保持认真严谨、贯彻始终的态度。 （   ）
50. 和周围的人们关系总是相处不好。 （   ）
51. 喜欢复习学过的知识,喜欢重复做已经熟练的工作。 （   ）
52. 希望做变化大、花样多的工作。 （   ）
53. 童年时会背的诗歌比别人记得清楚。 （   ）
54. 往往出语伤人,自己却觉察不到。 （   ）
55. 在体育活动中,常因反应慢而落后。 （   ）
56. 反应敏捷,头脑机智。 （   ）
57. 喜欢有条理而不麻烦的工作。 （   ）
58. 遇到兴奋的事常常失眠。 （   ）
59. 对新知识接受慢,但一旦理解了就很难忘记。 （   ）
60. 假如工作枯燥无味,马上就会情绪低落。 （   ）

二、计分标准

A＝2分　B＝1分　C＝0分　D＝－1分　E＝－2分

将分数分类,并汇总各类得分。

胆汁质题号:2、6、9、14、17、21、27、31、36、38、42、48、50、54、58,总得分_____。

多血质题号:4、8、11、16、19、23、25、29、34、40、44、46、52、56、60,总得分_____。

黏液质题号:1、7、10、13、18、22、26、30、33、39、43、45、49、55、57,总得分_____。

抑郁质题号:3、5、12、15、20、24、28、32、35、37、41、47、51、53、59,总得分_____。

* 自我感悟 *

思考与收获

通过对本章的学习,我的思考是_____

_____

_____

我的收获是_____

_____

_____

第六章 大学生生涯规划与能力发展

在进入大学之后,父母、老师和朋友都期盼着我们拥有自己的学业,将来拥有自己的事业。人生成功与否以及身份认定往往由人的职业生涯来衡量。上学、选择专业都是在为工作做准备。事实证明,"正确"的生涯将带来快乐、成功和充实的生活。本章主要介绍了职业规划概念及相关理论,如大学生能力概述、发展目标、生涯规划制定以及如何进行时间管理等。

第一节 生涯规划的概述

职业生涯在人的生命历程中占有极为重要的地位,职业生涯是否成功直接影响人生价值能否得到充分的体现,间接决定了生命内容的精彩抑或平淡。因此,做好职业生涯的规划,对每个人来说都是十分重要的,它关乎个人的前途与命运。

> *名言警句*
> 生涯是终其一生不同时期不同角色的组合。
> ——舒伯

一、什么是生涯规划

职业生涯规划是极其重要的规划,指人对一生中所承担职务的相继历程的预期与计划,这个计划包括职业和组织的生产性贡献、成就期望及个人的学习与成长目标。

简单来说,职业生涯规划就是你打算从事哪个行业,找一份什么样的工作,想取得怎样的成就,想过什么样的生活,以及如何通过学习与工作达到这个目标。具体地说,职业生涯规划是以心理开发、智力开发、技能开发、伦理开发、生理开发等人的潜能开发为基础,以工作内容的确定和变化、工作业绩的评价、工资待遇、职称或职务的变动为标志,以满足需求为目标的工作经历和内心经历。

职业生涯又可以分为内职业生涯和外职业生涯。内职业生涯是指从事一项职业时所具备的知识、观念、能力、心理素质、内心感受等因素的组合及其变化过程。外职业生涯是指从事职业时的工作单位、地点、内容、职务、环境、待遇等因素的组合及其变化过程。

生涯规划的金三角

美国伊利诺伊大学教授斯温提出职业生涯规划的"金三角"(见图6-1)。第一,对自我的探索;第二,对教育与职业资料的探索;第三,对环境资源的评估与掌握。

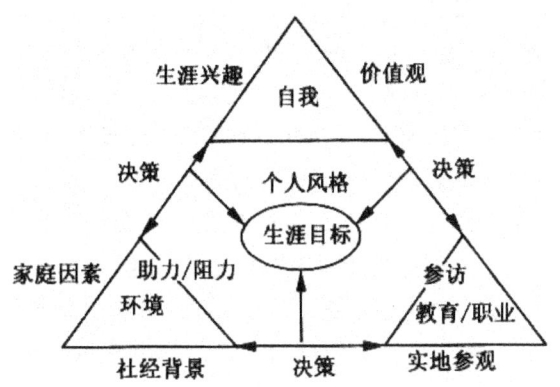

图6-1 职业生涯规划的"金三角"

林清文先生和斯温教授都提到了职业生涯规划的三个要素:对自我的认识,对教育与职业资料的认识,对环境的认识。其中对自我的认识包含了解个人所追求的生活形态,了解自己的兴趣、能力、价值观、性格等;对教育与职业资料的探索包括对教育和职业信息的了解、对工作世界的认识等;对环境资源的掌握,包括父母、家人、师长、朋友的期许和协助,社会资源的助力及阻力等。

不难看出,上面提到的概念不只是一个静态的概念,其实也是职业规划和选择的影响因素。在整个职业生涯的不同阶段,所有影响因素都是不断发展变化的,职业生涯规划正是从一个平衡点走向另一个平衡点的过程。而在这个过程中,经过各方面因素的平衡,来选择适合个人特点的专业、职业及具体的工作岗位,确定特定的职业期望,并形成相应的职业行为;在以后的生涯道路中,如果个人并没有得到预期的结果,则会调整原来的设想,改变行为方式或期望值。因此,职业生涯规划是一个开放的动态的系统工程。

二、关于生涯发展的几个概念

生涯发展作为社会科学研究的一个领域,具有一套特定的术语。为了有效解决生涯问题、进行决策制定,非常有必要了解一些生涯规划的术语。一些熟悉的词汇,如生涯(career)、行业(vocation)、就业(employment)、工作(job)、职业(occupation)和产业(industry)等需要特别注意,因为在生涯发展领域,它们的意义不同于新闻媒体或日常交谈中的传统意义。以下是生涯研究领域中几个最重要的定义,来源于《职业指导季刊》(*Vocational Guidance Quarterly*)中苏珊·希尔斯(Susan Sears,1982)的一篇文章。

生涯发展(career development)是指那些共同塑造人们生涯的经济、社会、心理、社会阶层、心理健康以及机遇等因素的总和。

生涯发展是一个很大的概念,受到资金、团队关系、社会阶层、心理健康、个性、教育水平、经历、身体能量和特质以及机遇的影响。所有这些个人内部和外部的因素结合起来,影响人们职业生涯道路的展开方式。这些因素中的任何一个都无法单独决定一个人的生涯,但以复杂的方式结合起来后即可塑造人的生涯。

生涯(career)是指个人通过从事工作所创造出的一种有目的的、延续不断的生活模式。该定义由美国国家生涯发展协会(National Career Development Association)提出,是生涯发展领域中使用最为广泛的一个定义。该定义将焦点从"寻找适合于我的生涯"转向"发展属于我自己的生涯"。对于某些人来说,生涯规划的重点转向人们自身是件好事情,而对于另一些人来说,承担职业生涯发展的责任却令他们感到恐惧。

职业(occupation)是指不同行业和组织中存在的一组类似的职位。不论是一门手艺还是某种专业,职业都独立于个人而存在于某个行业或机构中。

职位(position)是指组织中个人所从事的一组任务;它是由重复发生或持续进行的任务构成的一个工作单元。职位形成于组织划分出某个知识领域或一套技术任务之时,这些任务的完成将使整个组织运转得更好。一个人可能一生中会在许多不同的工作岗位上工作,即使是在同一个机构或同一个职业里。

工作(job)是指由具备某些相似特征的人从事的带薪职位。一份工作可能包含一个或一组相似的带薪职位。人们一生中可能从事许多不同的工作。工作由人来完成,以任务、结果和组织为中心。"工作"与"职位"的不同在于:人们失去或得到工作;组织失去或得到职位。

三、关于生涯规划的理论

心理学家、社会学家、经济学家和教育学家尝试着进一步了解人们进行生涯选择和生涯问题解决的过程和方式。他们所累积的知识可视为一门学科或一套知识体系。本节详细介绍了帕森斯理论、霍兰德理论和唐纳德·舒伯理论。

弗兰克·帕森斯被视为结构取向的理论家。他专注于每种职业选择或生涯选择,试图考察与个人以及职业选择有关的所有因素。帕森斯强调在生涯决策制定中需要掌握有关个人以及各种选项的高质量信息。他认为一个人如果缺乏对自身或职业和工作的了解,或是推理能力不足,那将有做出糟糕选择的危险。帕森斯将高质量的自我评估、职业或就业信息,再加上专业的咨询者作为帮助人们解决生涯问题的关键。

约翰·霍兰德发展了一种被称为"类型学"的理论,该理论是关于人格类型和与之相匹配的环境类型的理论。自从20世纪50年代以来,该理论使得职业生涯领域发展出最为广泛使用的工具和材料。霍兰德的理论不断产生关于人们如何选择职业的大量研究。他编制的"霍兰德职业兴趣量表"自1970年问世以来,至今已被翻译成25种语言,销量达2700余万册。霍兰德的方法也能用于研究各种社会环境、工作环境,包括职业、职位、组织、学校和人际关系等。

唐纳德·舒伯是最为重要的"过程取向"理论家之一。他于20世纪50年代初开始提出关于生涯发展的新思路,指出职业选择部分基于个人的自我概念,即个人通过职业选择来寻求自我概念的实现。舒伯提出了生涯/彩虹理论,他认为"9 种生活角色"是人们理解生涯概念的良好途径。每个人在其一生中的不同时期扮演着一个或多个角色。此外,对于每个人来说,每个生活角色的强度随时间而变化,各种生活角色的结合及强度构成了每个人的生涯基础。有些角色是从生物和遗传的角度来定义的,有些则是个人的选择。这 9 种角色分别是以下几种:a. 孩子(儿子或女儿)。b. 学生。c. 休闲者。d. 公民。e. 工作者。f. 退休者。g. 配偶或伴侣。h. 持家者。i. 父母或祖父母。显然,生涯规划不仅仅是选择一个大学专业、一种职业或一个工作地点,还包含着对个体自身及其在生活中所扮演的所有角色的彻底剖析。

四、为什么要进行职业生涯规划

职业生涯规划的目的在于详细估量内、外环境的优势与限制,帮助个人真正了解自己在"衡外情,量己力"的情形下规划出合理且可行的职业生涯发展方向,以实现个人目标。

对于新入学的大学生而言,个人职业生涯规划具有重要意义。人生刚开启一段新的征程,如何打造自己的未来就成为大学生常常挂在嘴边的话题。随着计划经济体制向市场经济体制的转轨,"国家统包统配"的毕业分配制度已经改变,取而代之的是企业与求职者之间的供需见面、双向选择、参与人才市场竞争、落实就业单位的毕业生就业制度。同时,越来越多的大学生选择攻读硕士、博士研究生,很大地提高了大学生择业的自主权,也从侧面导致大学生面临的就业压力相应增加。无论是考研还是就业,都需要大学生从大学一年级就开始认清自己,明确自己的发展方向及目标,并在大学四年内不断挑战自我、超越自我,挖掘自身潜力,切实提高综合素质,为走上社会打下坚实的基础,而不是到快毕业了才开始思考自己究竟想要干什么。

第二节　大学生能力概述及发展目标

人的素质是多方面的,主要包括政治素质、思想道德素质、科学文化素质、身体心理素质、能力素质等。能力素质是指人在认识世界和改造世界的过程中所表现出来的一种能动性,是人们运用知识和智力认识事物和处理问题的一种能力。能力素质是核心,是培养、提高其他素质的关键。

一、什么是能力

能力,通常指完成一定活动的技能和技术,包括完成一定活动的具体方式以及顺利完成一定活动所需的心理特征。

大学生的能力,是指在大学学习阶段,在一定科学理论和文化知识指导下,大学生完成学业、奠定成长成才基础活动所具备的一种个性心理特征和实际技能。

能力不同于知识和技能,三者各有区别。能力是一种个性心理特征,是个体身上固定的概括化的东西。知识、技能虽然也有一定的概括性,但两种概括化的性质不同。一般说来,知识是对客观现实的反映,是对相应经验的概括,只能迁移到与之相似的场合中去。技能是由于反复练习而得以巩固的行为方式,是对相应行为和活动的心理过程的概括。而在反映客观现实过程中所获得的观察能力、记忆能力以及合作、综合能力,一旦成为个人的特点时,即可迁移到不同场合中去,作用范围非常之广。由于两者概括化的性质不同,因此迁移的程度也不同,前者迁移的范围较窄,后者迁移的范围较广。

能力、知识与技能之间虽然有所区别,但又是相互联系、可相互转化的。能力是掌握知识和技能的必要前提,没有起码的感受能力、记忆能力,就无法接受感性知识;没有一定的比较、抽象和概括能力,就难以领会理性知识。因此,一个人能力的高低,在很大程度上取决于知识水平的高低。但是,知识并不等于能力,只有不断积累知识,把知识应用于实践,才能将知识转化为能力。知识素质,是人的知识系统中量与质的综合表现,而能力素质才是正确认识世界和改造世界的本领。同时,能力的高低也会影响一个人学习和掌握知识、技能的快慢、深浅、难易和巩固提高的程度。

正确地认识能力与知识、技能的关系,才能更好地胜任将知识转化为能力的工作。如何促进知识向能力转化,很重要的一点就是树立自觉转化的观念,坚持学与用的统一、知识与能力的统一,自觉把所学到的书本知识转化为自己的认识能力和实际工作能力。

二、能力的分类

根据能力在大学生学习等活动中的具体表现形式,可将其分为以下不同的类型,如表6-1所示。

表6-1 能力的不同分类标准及类型

分类标准	能力类型
按能力的表现方式	一般能力
	特殊能力
按能力的特性	心理能力
	应用能力
按能力的聚合方式	个体能力
	群体能力
按能力的功能倾向	再现性能力
	创造性能力
按能力的显现方式	现实能力
	潜在能力

①按能力的表现方式,可把能力划分为一般能力和特殊能力。一般能力是指每一个大学生在学习等各种活动中所必须具备的一些素质能力或基础能力,如体力、意识能力、认识能力、听课能力、阅读能力等。特殊能力是指大学生在某些专业学习中表现出来的能力,适用范围较窄,只在某一专业中发挥作用,如物理专业学生的实验能力、生物专业学生的解剖

能力、社会学专业学生的社会调查能力等。

②按能力的特性,可把能力划分为心理能力和应用能力。心理能力一般包括大学生个人具备的心理素质及其特征,如记忆能力、思维判断能力等。应用能力是指大学生的实际能力,是心理能力外化的综合体现,如表达能力、写作能力、创造能力等。

③按能力的聚合方式,可把能力划分为个体能力和群体能力。个体能力是指能力在单个学生身上的表现方式及学生的个体行为能力特征。群体能力是指能力在学生群体中的表现形式及学生群体的综合行为能力特征。

④按能力的功能倾向,可把能力划分为再现性能力和创造性能力。再现性能力是指学生在学习等活动中,能够迅速掌握知识、善于借鉴前人的经验并能根据现有知识和经验提供的理论、原理和科学方法,正确地分析和解决活动中的问题的能力。创造性能力是指学生在学习等活动中,能够尽快迁移和转换知识,"想人之未所想,见人之未所见",提出新思想、新方案、新措施的能力。

⑤按能力的显现方式,可把能力划分为现实能力和潜在能力。现实能力是指在学生学习等活动中直接表现出来的一种实践能力。潜在能力是指在学生学习等活动中,学生间接表现出来的一种能力发展趋势。

三、提高能力的方法

1. 发掘自己的优势能力

美国管理大师德鲁克曾说,大部分美国人都不知道他们的优势能力何在。如果你问他们,他们就会呆呆地看着你,或答非所问地大谈自己的具体知识。这个现象不仅在美国,在中国也很普遍,很多人都不曾考虑自己的优势能力是什么。美国盖洛普公司认为,在外部条件给定的情况下,是否成功的关键在于能否准确识别并全力发挥个体的优势。

发现了自己的优势能力,还要善于运用这种能力。人最大的成长空间在于其最强的优势领域。要多花点时间把自己的优势发挥到极致,而不要花很多时间去弥补劣势。很多同学在找工作时,总是放大自己的劣势,看不到自己的优势。

其实从统计学的角度来看,十全十美或一无是处的同学都很少,大部分人只是在某一方面比较突出。在找工作时要尽量突出自己的优势,假如学习成绩不好,则可以突出参加多项社会活动。无论是简历制作,还是面试,都要尽量从社会活动中挖掘自己的优势。如果一个人缺乏空间想象能力却从事建筑设计,对数字不敏感却在当会计,那么他不但很难取得好成绩,甚至工作也会很吃力。

许多心理学家都发现,长久的兴趣是一个人事业取得成功的关键。这里的重点就在于"长久"二字,每个人都有些一时的兴趣,但长久的兴趣往往来源于自己的优势能力。当一个人做某件事能够体会到成就感并能较轻松地做好时,那么他就会更有兴趣做这件事,形成良性循环。

2. 了解自己的独特能力

大学生要认识自己的优势能力,同时发掘自己的独特能力。只有当一个人清楚了解自己的独特价值是什么的时候,才更愿意在这方面投入更多精力,并逐渐发挥最大的潜力,进而将这种成就感扩大到其他能力的培养上。了解自己的独特价值是建立自信并做好其他事情的重要因素,有时,认清并挖掘自己的独特能力比弥补自己的能力不足更重要。

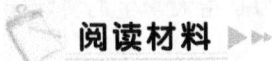 **阅读材料**

清楚自己的价值

在一项心理学研究中,研究人员询问人们价值和承诺与工作之间有何关联。当团队的价值观不明确,而且个人也不清楚自己的价值时,平均承诺得分只有4.9分(评分标准从1分到7分);当个人清楚自己的价值,但团队的价值观不明确时,平均承诺得分为6.12分;当个人和团队价值观都明确时,平均得分最高,为6.26分。这个研究结果显示,清楚自己的价值比清楚组织的价值更加重要。

3. 开发自己潜在的能力

人还有许多潜在的能力。心理学家认为,大部分人只发挥了自己所拥有的5%～10%的能力。尝试有一定困难的工作与活动,把潜能激发出来,那么成就会大大超过预期。一位英语教师在长期接触中国和美国中学生的过程中发现,美国孩子有的是梦想,而中国孩子有的是实际的目标。人既需要成为梦想者,也需要成为实践者。梦想与实践相结合,有助于发现自己没有意识到的能力。就像一个学生说的,如果不是课堂上需要每个同学都用五分钟来展示自己,我从不知道自己的想法会引起那么多同学的共鸣,原来自己也具有感染别人的能力。

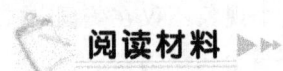 **阅读材料**

李开复的潜力

李开复在苹果公司工作的时候,有一天老板突然问他:"你什么时候可以接替我的工作?"李开复非常吃惊,表示自己缺乏管理经验和能力。但老板却说,经验和能力是可以培养和积累的,而且希望他在两年之后能够做到。有了这样的提示和鼓励,李开复开始有意识地加强这些方面的学习和实践。果然,两年之后他真的接替了老板的工作,成了苹果公司的成功管理者之一。

4. 理论联系实际

观念,观决定念。观是看,念是想,看到的内容决定了想到的内容。换句话说,信息的输出源于信息的输入。因此,大学生需要做的,就是尽力抓住机会,去开阔眼界,即扩大信息输入的"量",进而讲究输入的"质"。有了这样的基础,才有可能改善能力"输出"的问题。

在大学期间,如果想让自己具有以后工作中所需要的各种能力,但又不能确定哪些是需要具备的能力,那么,可以去做一件具体而有效的事——"职业生涯人物访谈"。去访谈几位未来希望从事的工作领域内的不同层次的人,去了解这一工作领域需要具备的能力。如果想以后从事心理方面的工作,而且比较希望在高校工作,就可以去访谈高校从事心理教学的教师、任职心理咨询中心的工作人员,了解他们在工作中需要具备的能力和素质,对比自身情况,进而了解如何培养相关的能力。

能力的获得来源于两方面:学习与实践,高能力的获得应该反复在这两者之间转换。比如大学毕业工作一两年后,再根据工作所需,有目标地参加学习或培训,然后再工作,这样能力将会飞速提升。"唯学历论"和"唯实践论"都是静止而孤立地看待问题。知识"脱节"则意味着两边的努力都化为乌有,知识还是知识,知识无用武之地就显得很可悲了。

案例分析

第一次来咨询室时,莹莹身体蜷缩着,眼睛看着地面,把书包紧紧地抱在胸前。通过咨询,工作人员了解到她是个很好强的女孩,学习成绩也很好。但由于妈妈的个性很强势,所以莹莹有心事从不告诉妈妈,逐渐形成了自我压抑的行为模式。妈妈把她的生活照顾得很周到,抑制了她独立能力的发展。莹莹特别不满意自己不具备当众说话、组织、管理的能力。因为从上学以来,只担任过学习委员,从未涉及过能训练管理或组织方面能力的工作。所以,在大一刚入学时,她就自荐当上了班长,这对她来说是非常不容易的。事情发展得并不顺利,在担任班长的那段时间里,莹莹屡屡受挫,要不断面对内心对自己的谴责。由于没有过类似的经验,大学的班级又比较松散,莹莹所做的工作通常都没有多少同学响应,她每一次站在讲台上时,都会体验到"失败"的感觉。慢慢地,莹莹开始怀疑自己,甚至连原本很有信心的学习也开始担心。当她找到我时,已出现较为严重的考试焦虑了。其实,这种情况的出现是因为她受到了很多挫折,发现自己组织、管理的能力不足,而她的自我意识、自我评价又不够稳定,就会质疑自身的价值,从而觉得自己除了学习以外其他能力都不具备。但当她将学习视为唯一精神支柱时,就会对学习产生过分担心,最终引发考试焦虑及抑郁的情绪。

在咨询中,首先对于她自荐的行动给予了肯定。我充分体会到了她做这个决定的不易,肯定了她的勇气、魄力和内心的力量,同时也看到了她急于改变自我、弥补自身能力不足的决心。随后,我引导她挖掘自己独特的优势。她一条都想不出来。在我的反复引导下,她说老师都认为她做事很细心、踏实,同学也觉得她很值得信赖,并且她从小喜欢画画,作品还获过奖。但她认为这些能力都是微不足道的,作为班长应该是很会管人,也很有号召力的。我反馈她说,其实班长需要威信,也就是不仅需要"威"、更需要"信",这个"信"包含着诚信、信任,其实她所具备的细心、让人信赖的能力正是作为班长所需要具备的素质。听后,她若有所思地点点头。"不过,"我说,"目前你最重要的不是去弥补你有所不足的组织、管理、当众讲话的能力,而是充分发现你的独特价值。当一个人对自己独特的能力充分了解并相信时,她才敢于面对自己的不足。"咨询结束后,莹莹主动向老师辞去班长的职务,并告诉我自己想先从自己擅长的事情做起,重新培养自己的自信,然后逐渐培养自己所欠缺的能力。现在的莹莹已是学校书画社团的部长了,更重要的是她了解了自己独特的能力,并将其发挥到了极致。在自信的基础上,她也正在慢慢培养着自己其他方面的能力。

第三节　大学生生涯规划的制定

> *名言警句*
> 自我实现可以说是一种了解、接受、发展和表现个人潜能的历程。
> ——马斯洛

面对严峻的就业形势,大学生应加强对自身的认识与了解,有必要按照职业生涯规划理论,确定自己能胜任的工作,也即优势所在,找出自己感兴趣的领域,明确进入社会的起点及提供辅助支持、后续支援的方式。

大学生需要明确自我人生目标,即给自我人生定位。自我定位,规划人生,就是明确"我能做什么""社会可以提供给我什么机会""我选择做什么"等问题,使理想可操作化。

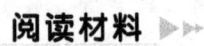
阅读材料

未选择的路
〔美〕罗伯特·弗罗斯特
黄色的树林里分出两条路,
可惜我不能同时去涉足,
我在那路口久久伫立,
我向着一条路极目望去,
直到它消失在丛林深处。
但我却选了另外一条路,
它荒草萋萋,十分幽寂,
显得更诱人、更美丽,
虽然在这两条小路上,
很少留下旅人的足迹,
那天清晨落叶满地,
两条路都未经脚印污染。
呵,留下一条路等改日再见!
但我知道路径延绵无尽头,
恐怕我难以再回返。
也许多少年后在某个地方,
我将轻声叹息把往事回顾,
一片树林里分出两条路——
而我选了人迹更少的一条,
从此决定了我一生的道路。

第六章　大学生生涯规划与能力发展

在人生的旅途中,我们时常须在两条道路、两种思想或两种行动中做出选择,不同的选择将决定不同的人生方向。我们知道只能选择一条路,却舍不下另一条路,我们虽然做出了选择但心中仍旧踌躇:这条路是正确的吗? 弗罗斯特没有告诉我们答案。没人能拍着胸脯保证这是一个你绝对不会后悔的选择,因为这是你自己的路,你必须用自己的双脚去走、去验证。重要的是,我们应该怎样去思考以及怎样去走好这条路。

一、我能做什么

大学生要明确自己的才能大小,看清自己的优势和劣势,就需要进行自我剖析。自我分析的目的在于深入了解自身。根据过去的经验,选择、推断以后可能的工作方向与机遇,从而解决"我能做什么"的问题。

1. 你的优势:你所拥有的能力与潜力所在

你学到了什么? 这主要是考虑自己的知识结构是什么。上学期间,你从学习的专业中收获了些什么,学得扎不扎实;参加过什么社会实践活动,提高和升华了哪方面能力;自己的知识面是否广阔。在一定程度上,专业决定你的职业方向,因而大学生应尽自己的努力学好每门专业课程,这是生涯规划的条件之一。

你有哪些经历? 即你已有的人生经历和经验,如在上学期间担任学生干部,曾经为某知名组织工作过,取得的成功及经验的积累,获得过的奖励等。经历是个人最宝贵的财富,往往可以从侧面反映出一个人的才能、潜力状况,因而备受招聘组织的重视。同时,这也是简历的亮点所在,绝对忽视不得。对应聘者来说,经历往往要比知识更为重要。判断一个人的才能,只有在实践的时候才会真正发现其优势与不足。

最成功的是什么? 你可能做过很多事情,但最成功的是什么? 为何成功的,是偶然还是必然? 是否自己能力所为? 通过对最成功事例的分析,可以发现自我优越的一面,譬如沉稳、果断、智慧超群,以此作为深层次挖掘自我能力的动力之源和魅力所在,形成职业规划的有力支撑。寻找职业方向,往往从自己的优势出发,以己之长立足社会。

2. 你的弱势:目前的不足或能力的欠缺

人无法避免与生俱来的性格弱点,对其必须正视,并尽量减少其对自己的影响。比如,一个独立性强的人可能很难与他人良好合作,而一个优柔寡断的人则难担当领导者的重任。人性的弱点并不可怕,关键要正确认识,认真对待,尽量寻找弥补、克服的办法,使自我趋于完善。

大学生对自身所欠缺的方面应持正确态度:认真对待,善于发现并努力克服和提高。"金无足赤,人无完人。"由于自我经历的不足、环境的局限,大学生无法避免一些经验上的欠缺。欠缺并不可怕,可怕的是自己还没有认识到或认识到却一味地不知改正。

此外,经常听取父母、老师、朋友、同学对自己的建议,了解他们对自己的优势和不足的评价,征求他们对自己在选择职业方面的意见是十分有益的。有的人只爱听好话,对批评意见、逆耳之言过于敏感,这都不利于正确认识自己。他人的评价往往比自我评价更具有客观性和真实性,可以从别人的评价中认识和发现自己的优势和劣势。

大学生还应该从其他方面来评估自己。具体内容主要是：兴趣爱好、性格特征、气质特征、能力水平、社会交往。在自我评价的时候，还要善于在与同伴的比较中认识和发现自己的优势和劣势。"不识庐山真面目，只缘身在此山中。"自我认识难免有局限性，大学生可以把同伴作为自己的"参照物"，这样就可以从中认识和发现自己的优势、劣势各在何处了。

二、社会能提供什么

1. 组织分析

这应是个人着重分析的部分，因为组织将是你实现个人抱负的舞台。西方关于职业发展有句名言："你选择了一个组织，就是选择了一种生活。"特别是现代组织越来越强调组织文化的建设，对员工的环境生存能力要求越来越高。因而，大学生应对自己将寄身其中的组织的各个方面进行详细了解，在知己知彼的基础上，融入组织才是最佳的选择。

2. 人际关系分析

个人处于社会环境中，不可避免地要与各种人打交道，因而分析人际关系状况显得尤为重要。人际关系分析应着眼于个人职业发展过程中将交往的人以及这些人对自身发展所起的重要作用。如工作中会遇到什么样的上下级、同事及竞争者，他们对自己会有什么样的影响，如何相处、对待等。

3. 社会分析

社会在进步、在变革，作为即将步入社会的大学生，应该善于把握社会发展的脉搏。这就需要大学生进行社会大环境的分析：当前社会、政治、经济发展趋势；社会热点职业门类分布及需求状况；所学专业在社会上的需求形势；自己所选择的职业在目前与未来社会中的地位情况；社会发展对自身发展的影响，即自己所选择的单位在未来行业发展中的变化情况，在本行业中的地位、市场占有情况及发展趋势等。对这些社会发展大趋势问题的认识，有助于把握职业社会需求，使自己的职业选择紧跟时代脚步。

三、我选择做什么

通过以上自我分析，大学生应明确自己该选择的职业方向，即解决"我选择做什么"的问题，这是个人职业生涯规划的核心与前提。职业生涯目标的确定，是个人理想的具体化和可操作化。职业方向直接决定着一个人的职业发展，选错了行业，可能会毁掉自己本该有所作为的人生。选择职业，就是根据前面所介绍的职业选择理论，将自己的特点与社会能够提供的机会和岗位进行匹配，选择适合自己的职业，并确定自己的职业目标。

职业目标的选择并无定式可言，关键是要依据自身实际，适合于自身发展。值得注意的是，伴随现代科技与社会的进步，个人要随时注意修订职业目标，尽量使自己职业的选择与社会的需求相适应。在选择了自己的职业以后，还要考虑将来如何开展自己的职业生活，不断地完善自我，使匹配度达到最佳。

 **阅读材料**

一个大学生的生涯规划

我的前期目标：

2008年9月～2009年7月

(1)取得英语六级证书，并争取口语达到可以日常交流的程度；广泛涉猎关于学年论文的书籍，做好学年论文和学士论文；不断参加社会实践，增加自己的社会阅历。

(2)广泛涉猎各种书籍，全面提高个人素质；争取在一些重要刊物上发表文章。

(3)努力拓展自己的交际面，提高自我修养，发展自己的情商；适时锻炼自己的口才、培养良好的习惯乃至提升整体人际交往技能。

(4)初步涉猎销售有关的基础知识，阅读图书20本；取得营销师资格证，并努力考取高级资格证。

(5)保持良好的生活、工作习惯，善于规划，勤于执行，锻炼体魄，坚持每周打球、每周跑步。

2009年8月～2010年6月

(1)努力参与实习，寻找一份兼职工作，以增加就业资本。

(2)不断扩大自己的交际面，拓展自己的人脉。

(3)继续巩固销售知识，理论联系实际，多参加社会实践活动。

(4)尝试适应社会发展的需要，调整自己的心态，准备面对社会的机遇和挑战。

(5)持续拓展销售知识，未完待续！

我的中前期目标：2010～2015年

在此，我运用目标项目管理方式，把自己的中前期目标定为在大学期间刻苦学习销售知识和专业知识，将来能够在惠普、戴尔之类的大企业工作，逐渐发展自己成为优秀的职业经理人（毕业后5年之内）。

目标分解，毕业5年后

能力：能够管理一支13人的销售团队。

资力：拥有基本工资5万以上的年薪。

物力：有属于自己的车子、房子。

学历：取得高级营销师资格证、高级社会工作师资格证。

资历：社交人脉中有很多优秀的职业经理人和成功人士。

分享力：家人能过上好日子，并认可我的成绩，我能为社会公益事业做出一些贡献。

我的中期目标：2015～2030年

这将会是一段辉煌的时期，不断地创造财富，不断地实现自己的价值，让自己以及家人的生活蒸蒸日上。当然，这期间一定会有小小的挫折，但我想那不过是人生乐章中的一支小插曲罢了，我将为能有这样一些机会更深刻地感受生命的美好而感恩！

我会一直"挖井"，从一名行销人员到销售代理，再到区域主管，再到公司的中、高层骨干管理人员，我享受这样一个过程！15年的时间十分漫长，我将树立终身学习的理念，不断读书、不断给自己充电——项目管理师、人力资源管理师、电子商务师是十分必要的。我想学习这方面的知识。

当然,我会一如既往地坚持锻炼自己的身体,并适时放松身心,在国内到处看看——黄山、天柱山、呼伦贝尔大草原、桂林山水……

第四节 时间管理

时间是生活的组成元素之一,对有些人来说,时间是朋友,它带来机遇、快乐和满足;对另一些人来说,时间则是敌人,它带来焦虑、厌倦和困惑。时间管理是指通过事先规划和运用一定的技巧、方法与工具实现对时间的灵活以及有效运用,从而实现个人或组织的既定目标。无论我们以何种方式生活,都应该学会时间管理。

一、时间管理概述

时间管理,是为了提高时间的利用率和有效性,而对时间进行合理的计划和控制、有效安排与运用的管理过程。由于时间所具有的独特性,时间管理的研究对象并不是时间,而是与时间密切相关的"自我管理"。

关于时间管理倾向的心理结构,国外有人认为是由短期计划、时间态度和长期计划这三个因素构成的(Britton & Tesser,1991)。2001年,我国学者黄希庭和张志杰提出了一个适合我国青少年的时间管理倾向的三维理论模型,包括时间价值感、时间监控观和时间效能感三个维度。时间价值感是指个体对时间的功能和价值所持的稳定的态度和观念,这种观念通常充满情感,从而驱使人朝着一定的目标行动,对个体在一定程度上驾驭时间具有动力或导向作用。时间价值感是时间管理的基础。时间监控观是个体利用和运筹时间的能力和观念,体现在一系列外显的活动中,如计划安排、目标设置、时间分配等。时间效能感是指个体对自己在一定程度上驾驭时间的信念和预期,反映了个体关于时间管理的信息以及对时间管理行为能力的估计。因此,时间价值感、时间监控观和时间效能感分别是价值观、自我监控和自我效能在个体运用上的心理和行为特征,即时间维度上的人格特征。

大学生在校期间的时间主要由日常生活琐事、上课、学习以及娱乐四部分组成,如不对其进行合理规划与安排,大学生可能就无法按照自己制定的目标发展。大学生应尽早地进行职业生涯规划,以时间为单位,确定不同时期的奋斗目标,有目标地进行时间管理,一步步地按计划采取有效行动,就有可能取得成功。

二、大学生时间管理中存在的问题

在时间管理上,人们常常会犯一些错误,从而浪费了时间这一最为宝贵的资源。为此里斯(Rice,1992)提出了时间管理的七条"禁忌"。

1. 迷惑

当人们抱怨浪费的时间太多但又不知时间都浪费在哪里时,就可以肯定他们不知道自己该做什么。如果不知道自己要做什么,时间管理就失去了意义。没有为后期的事情做计划,是时间管理中的一大错误。

2. 犹豫不决

犹豫不决意味着一个人对某一任务不是一次完成,而是要花许多时间。犹豫不决的后果不只局限在影响个人效率的范围内,还影响了团队的效率。

3. 精力分散

精力分散是企图做超出需要的甚至超出可能的过多的事情,往往造成人无法集中精力,对最简单的工作也缺乏动机,且引起个体精神和体力的疲劳。

4. 拖沓

拖沓是"偷窃时间的贼",是时间管理中最主要的罪恶。常见的拖沓包括拖沓不愉快的事情,拖沓困难的事情,以及拖沓难以决定的事情。对大学生来说,拖沓是较差的学习习惯和较弱的时间管理。

5. 逃避

个体可以找到许多逃避工作的方法,比如延长休息时间、找人闲聊、发呆或沉溺于网络世界等。

6. 中断

在计划中不断被打断是让人烦恼的消耗时间的事情之一。研究发现,一般的管理者平均每八分钟被打断一次。在宿舍学习的同学也常遭遇类似的问题。中断对复杂的工作伤害最大。复杂的工作往往需要一段时间来找到节奏,而不断的中断则要求附加的时间来重新定位和再启动。

7. 完美主义

完美主义在生活中或许让个体受益,但是为了完美而完美的完美主义所起的作用就与强迫性地过分工作差不多。

大学生在四年的大学生活中,学习专业知识、参加社团活动、考取各种资格证书等是大学生必经的学习过程。在时间管理方面,大学生也常常出现以下几个方面的问题。

(1)时间分配不合理

多数学生上课时间与日常生活时间安排不够紧凑,课余时间充裕但安排不科学,上网、聊天、影视、聚会等娱乐时间过长。

(2)时间安排不均衡

在学期和年级的不同阶段,时间安排不均衡,学期初期用于学习的时间比例少,期末考试前用于学习的时间比例才增多。

(3)忽视职业生涯规划

在校大学生普遍缺乏职业生涯规划意识,没有真正理解职业生涯规划,有的将其等同于选择,有的理解为不停地考证,缺乏行之有效的人生目标和学习计划,学习处于盲目和被动状态。

(4)缺乏时间管理方法

许多学生没有掌握有效的时间管理方法,缺乏良好的学习和生活习惯。如果大学生在校期间没有好好地珍惜和管理自己的可支配时间,掌握大学生应有的关键能力,那么在选择职业时,就可能错失合适的就业机会。

三、时间管理方法

按照 Seaward(1999)的提示,可以将时间管理的方针和技术划分为三类,即确定优先权、制定日程表和贯彻执行。大学生在校期间只有掌握了高效的时间管理方法,管理好自己的学习和生活时间(特别是由个人支配的课外时间),才能使学习效率大为提升,使学习变得更为轻松,生活变得更为充实。利用有限的在校时间尽可能多地培养综合职业能力、提升就业核心能力是大学生迈向成功人生的第一步。大学生在校期间的时间管理应从以下几个方面进行:

1. 确定优先权

"你必须知道应该先做什么后做什么。"解决困惑的最好方法是设置目标并定期对这些目标进行重新评估。第一,目标应该是明确的和可达成的。梦想也许是进步所必需的,但不现实的梦想常常只能产生失落和挫败。第二,确定各个目标的优先权。第三,可以考虑将目标设置为三种:长期、中期和短期。长期目标应该回答这样的问题:"在五年中我想达到什么目标,我需要做什么可以达到这个目标?"中期目标应该回答的问题是:"明年这个时间我要达到什么目标?"短期目标应该有更为明确的日期,甚至每天都应列出一个"要做的事情"的清单。最后,定期对目标进行检查和评估。

2. 做好学业规划

大学生从大一开始就应该树立正确的人生价值观,主动设计人生规划,积极规划大学期间的学业,并将规划分解到每个学年。可以将自己的专业、志向、兴趣作为人生规划的方向和动力,再根据自己的性格特点和能力进行自我评估和生涯机会评估,找出自身的不足之处,明确职业方向,做出改进和完善计划。

3. 制定学习目标

大学生应先根据自己的职业生涯规划确定具体的学习目标,再将目标分解到每个学年,再在学年的学习目标中找出一个核心目标,依照目标排列重要程度,设定详细的计划,并按照计划执行。目标制定要量化,要有挑战性,由大到小,由高到低;时间分配要合理,长短结合,由远到近,要有实现目标的时限。

4. 掌握几种有效的时间管理的方法

①记事本和日程表。记录自己的时间,找到时间消耗的地方,减少无效工作时间。把事情按轻重缓急进行分类,确定优先顺序,先做在校期间的临考准备、按期完成作业这样"重要且紧急"的事,再做大学里应掌握的综合职业能力这样"重要但不紧迫"的事,放弃接待不速之客、朋友的临时邀请等"不重要但紧迫"的事,不做阅读无聊小说、收看无价值的电视节目等"不重要且不紧迫"的事。

②"二八定律"法。意大利经济学家和社会学家帕瑞托指出,20%的目标具有80%的价值,而剩余80%的目标只有20%的价值。为了有效管理时间,应该根据价值来投入时间,换句话说,就是要将时间投入到有较大意义的目标中。如列出本月要完成的事情清单,把多数

时间分配给其中最重要的两三项,对其他任务则可以给予较少注意。

5. 培养良好的学习和生活习惯

管理、利用时间的良好习惯是走向成功的钥匙。大学生在校期间应养成一些良好的生活方式和学习习惯。a. 第一次就做好。开始就把它做到完美,要有时间成本的概念。b. 专心致志。每天设定一个不被干扰的时间,关掉手机、拔掉网线,消除所有可能分心的事,专心地学习。c. 马上行动。"当日事,当日毕",在书桌前面贴上"马上行动"四个大字,运用视觉的力量刺激潜意识,迫使自己马上行动、杜绝拖延。d. 整理和条理。尽可能将复杂的事情简单化,将简单的事情条理化。养成东西从哪里拿往哪里放的好习惯,把同类、同时使用的东西放在一起,把文件夹和整理箱贴上标签。e. 快速节奏感。快速地行动、思考和处理学习和生活中的琐事,尽量不浪费时间。f. 善用零碎的时间。合理利用等车、排队等时间做一些背单词等有意义的事。培养良好的时间管理习惯不是一朝一夕的事,关键在于认真制定一份好的计划,积极行动并及时总结、修正,才能不断地进步和提高。

另外,大学生在进行时间管理的过程中还需要注意劳逸结合,保持充沛的体力和精力,维持积极的心态和良好的人际关系、用最短的时间学习和吸收成功者的经验等,都会取得事半功倍的效果。

小 结

- 职业生涯规划是极其重要的规划,指人对一生中所承担职务的相继历程的预期与计划,这个计划包括职业和组织的生产性贡献、成就期望,及个人的学习与成长目标。

- 职业生涯又可以分为内职业生涯和外职业生涯。内职业生涯是指从事一项职业所需具备的知识、观念、能力、心理素质、内心感受等因素的组合及其变化过程。外职业生涯是指所从事职业的工作单位、地点、内容、职务、环境、待遇等因素的组合及其变化过程。

- 职业生涯规划的目的就是详细估量内、外环境的优势与限制,帮助个人真正了解自己,在"衡外情,量己力"的情形下规划出合理且可行的职业生涯发展方向,以实现个人目标。

- 职业生涯规划主要有以下几个步骤:a. 明确工作的志向与生活的目的。b. 自我评估。c. 职业生涯机会的评估。d. 职业的选择以及确定职业生涯路线和目标。e. 制定行动计划与措施。f. 评估与修订。

- 通常职业生涯路线的选择须考虑以下三个问题:我想往哪一路线发展?我能往哪一路线发展?我可以往哪一路线发展?

- 职业生涯目标的确定,以自己的最佳才能、最大兴趣、最有利的环境等信息为依据。通常目标可分为短期目标(一般为1~2年,短期目标又可分为日目标、周目标、月目标、年目标)、中期目标(一般为3~5年)、长期目标(一般为5~10年)和人生目标。

- 为了更好地适应社会,大学生应做好以下心理准备:准确认识职业意义;充分了解并积极适应社会;树立正确的自我意识;实现社会角色的转换;发展职业技能和品质;树立主动积极的竞争意识;应对国际化趋势。

- 在对大学生职业选择进行辅导时,主要帮助学生认清3个问题:即我能做什么、社会能提供什么、我选择什么。

• 时间管理,是为了提高时间的利用率和有效性,而对时间进行合理计划与控制、有效安排与运用的管理过程。由于时间所具有的独特性,时间管理的研究对象并不是时间,而是与时间密切相关的"自我管理"。

• 里斯提出的时间管理的七条"禁忌"是:迷惑、犹豫不决、精力分散、拖沓、逃避、中断和完美主义。

• 大学生常见的时间管理问题有时间分配不合理、时间分配不均衡、忽视职业生涯规划和缺少时间管理方法。

• 常用的时间管理方法有确定优先权、做好学业规划、制定学习目标、掌握几种有效的时间管理的方法、培养良好的生活和学习习惯等。

＊心理测试＊

探寻自己的重要需求

下面是一份简单的测试题,测试结果没有正误之分,测试者只需根据自己的愿望,在每题中选择其中一个最接近自己愿望的答案,在相应的题号前打"√"即可。

1. 如果你有公务出差去某地,完成任务后还有一天时间就要离开,你最想做的事是:

A. 抓紧时间与同行或同学交流工作学习情况,因为出差时间很紧,来不及交流

B. 探亲访友,因为已经多年未见

C. 购物,因为想买一些比家庭所在地价廉物美的东西

D. 游玩娱乐,因为来一次不容易

2. 如果你只有 100 元钱,你最想买的东西是:

A. 参考书或文具

B. 食品探望父母或其他相关的人

C. 经济实惠的日用品

D. 去娱乐一番,因为这样很开心

3. 十年之内你想要为之奋斗的事情是:

A. 取得某种文凭或职称、地位

B. 找一个理想的伴侣,生一个可爱的孩子

C. 赚钱,越多越好

D. 买房子、汽车,过舒服日子

4. 你选择朋友最重要的条件是:

A. 在事业上能够助你一臂之力

B. 懂得友谊,珍惜友谊,也有温情

C. 有钱有势

D. 能说得来、玩得来

5. 你最喜欢在床头贴或在玻璃板底下压的东西是:

A. 格言、名句、备忘录

B. 亲朋好友的照片,以示思念之情

C. 商业信息、广告,以提醒自己购物

D. 偶像图片或其他图片,看上去赏心悦目

6. 你买衣服和鞋子,最注重的是:

A. 有名牌商标,显示身份

B. 多数人能够接纳并喜欢

C. 价廉物美

D. 穿上舒服自在

7. 你希望自己能够成为这样一个人:

A. 有学识、有成就的人

B. 有很多朋友的人

C. 有很多钱的人

D. 一个快乐的人

8. 在假日里,如果有可能,你最喜欢做的事情是:

A. 到书店、博物馆、图书馆、科技馆等地方去

B. 和亲朋好友在一起度过

C. 买商品去

D. 游山玩水

9. 如果两个人发生了矛盾冲突甚至违反了纪律,你认为最好的处理方法是:

A. 因为有是有非,所以先要分清是非,再给予批评教育

B. 和为贵,"和和稀泥"了事

C. 按照是非轻重给予处罚

D. 回避,少找麻烦

10. 如果你的经济状况不错,你现在想花掉一万元钱,你将选择:

A. 买一台电脑

B. 为亲爱的人买一枚钻戒,或者孝敬父母

C. 存银行,炒股票,想法让它保值、增值

D. 去旅游

11. 有以下工作岗位,你第一个考虑的条件是:

A. 能挣大钱的单位

B. 竞争激烈、提升快的单位

C. 人事关系不复杂、氛围好的单位

D. 较轻松、悠闲的单位

12. 你做事的习惯是:

A. 有目标、有计划地进行

B. 拉上朋友一起完成

C. 先考虑经济得失

D. 跟着感觉走

13. 你最羡慕的人是:

A. 有成就、有地位的人

B. 有一个美满家庭的人

C. 亿万富翁

D. 吃喝玩乐、十分悠闲的人

14. 你最感兴趣的事是：

A. 观看新奇产品或新奇事物

B. 聆听抒情音乐

C. 废物利用

D. 怎么高兴就怎么玩

15. 你最喜欢看的电视片是：

A. 传记片

B. 爱情片

C. 商业片

D. 娱乐片

16. 你最希望从别人那里得到：

A. 认可（认为你很重要）

B. 悦纳（喜欢你,爱戴你）

C. 援助（在经济和其他方面援助你）

D. 共乐（能和你玩在一起）

17. 你和朋友或家人经常切磋的事情是：

A. 学问和技术

B. 如何处理好人际关系

C. 如何能挣钱

D. 哪里最好玩

18. 如果遇到火灾,你首先从家中抢救出来的东西是：

A. 你的设计图纸、论文、书稿等

B. 父母及爱人常用的东西与照片等

C. 存折和钱

D. 你最开心、最爱玩的东西

计分标准：每题1分,18道题共计18分。所有的(1)表明成就感；所有的(2)表明友谊、爱情；所有的(3)表明金钱观；所有的(4)表明娱乐观。分类统计4种选择的得分,你可以从中看到自己的重点需求是什么。

* 心理训练 *

生涯规划明细表

目的：探讨自己的生涯规划是否清晰明确,是否具有可行性。

操作：下面提供一张生涯规划表,如表6-2所示。表格中,先示范性地给出一些关于生涯规划的目标项,你可以根据自己的具体情况在空格中进行补充,越具体、越明确、越量化越好。记住你是很独特的,因此你的生涯规划一定是你自己真心想要达成并且迫切希望达成的。

值得注意的是,表格必须从左至右填写,还要留意表格中每个目标之间的逻辑关系。而且,环境在变化你也在成长,因此这张表格也需要不断地进行积极修正。

表 6-2　生涯规划表

序 号	时限 目标 目标项	当年	一年	三年	五年	十年	梦想
1	学业						
2	学历						
3	职位						
4	薪水						
5	奖项						
6	社交圈						
7	业务范围						
8	活动区域						
9	社会名声						
10	住房						
11	交通						
12							
13							
14							
15							
16							
17							
18							
19							
20							

制表人:
制表日期:
首次修订日期:
再次修订日期:

* 自我感悟 *

思考与收获

通过对本章的学习,我的思考是_____
_____
_____

我的收获是_____
_____
_____

第七章 大学生学习心理

学习是大学生的主要任务和主导活动,并决定大学生将来的发展。因此,了解学习心理的相关知识,将有助于提高大学生的心理素质,对大学生的未来发展具有十分重要的意义。本章从大学生学习特点及学习心理机制、大学生学习能力的培养、大学生常见学习心理障碍及调适等几个方面探讨大学生学习心理。

第一节 大学生学习特点与心理机制

对学生来讲,学习是再熟悉不过的事情。不过,本章要讨论的学习与平常所说的学习有所不同,它是指学习者因经验而引起的行为、能力及心理倾向等比较持久的变化。当代心理学的发展使人们对学习机制有了更加深入的了解,也给学生带来许多启示。

学习(learning)是基于经验而导致行为或行为潜能发生相对持久的变化的过程。我们每个人都只是传承了学习的能力而已,这种能力是否会实现,在很大程度上依赖于个人经验和个人努力。

一、大学生学习特点

在进入大学之后,无论学习内容还是学习方式,都发生了很大的变化。高中的学习方式显然与大学时不一致,大学生的学习特点主要有以下几点:

1. 大学学习的自主性

自主性是指在学习过程中,大学生主观能动性的增强,改变了中学时代学生对教师的依从观念,大学生学习完成从被动学习向主动学习的逐步转化,当然只有在教师正确指导下,这一过程才能顺利地完成。

无论在学习内容、学习时间还是学习方式上,都应强调个体在学习活动中承担的角色。中小学时期的学习,以教师组织教学为主,但大学学习是以教师为主导、学生为主体进行的。因此大学生的学习应带有一定的创造性,即学生不仅要懂得举一反三,还要能提出自己的独到见解、灵活应用所学的知识。

2. 大学学习的多元性

大学生学习的途径很多,课堂教学虽然仍是主要的学习途径,但已不像中学那样几乎是唯一的途径。除课堂教学以外,大学生可以通过多种渠道开展多方面的学习。例如,参加专题性讨论、社会调查、参观考察、查阅文献资料等,丰富多彩的教学和教辅活动为拓宽大学生知识面提供了良好的条件。

3. 大学学习的专业性

大学是专业教育阶段。学生首先按所选专业进行划分，所以大学生的学习是在确定基本的专业方向以后进行的，因此其学习的职业定向性比较明确，即大学生的学习是为将来走上工作岗位、适应社会需要所进行的学习活动。专业性是大学生学习与中学生学习的明显不同之处。

入校前、后的一段时间内，大学生根据自己的兴趣、爱好以及特长选择一定的专业。各专业之间在教学安排、课程设置、教学内容以及培养目标上存在较大差异。大学生一旦选定了专业，确定了主攻方向，必须对该专业知识进行深入的了解和掌握，以满足学校培养专门人才目标的需要。当然，专业性不等于单一性，不等于大学生的学习必须拘泥于某一学科或专业，那样也无法达到很好的效果。因为学科之间是有联系的，是相互渗透的。因此，大学生必须在侧重学习本专业知识的同时，广泛涉猎各学科领域，才能扩大自己的知识面，才能实现"一专多能"，更好地满足社会对人才的需求。

4. 大学学习的探索性

大学的学习具有研究和探索的性质。大学的课堂教学已从阐述既定结论逐步转变为介绍各学派理论的争论、最新学术动态等。学生的学习和思维慢慢从死记硬背、正确再现教学内容逐渐向汇集众家之长、确立个人见解的方向转变，其中高年级学生学习活动的探索性特点更为突出。

知识的学习与能力、素质的培养同等重要。目前正在进行的高等教育改革一再强调知识技能的学习与智慧能力的培养。无知必然无能，因长期受应试教育的影响而忽视学生创造能力的培养、只重视书本知识学习的教学方式必须摒弃。

二、学习心理机制

不同学派的心理学家，对于学习问题都提出过自己的理论观点。学习机制问题一般分为行为主义的观点和认知主义的学习理论。

1. 行为主义的观点

(1) 巴普洛夫经典条件反射中的学习观

俄国生理学家巴普洛夫发现了条件反射现象。巴普洛夫利用条件反射的原理，对人和动物的高级神经活动进行了许多推测，发现了人和动物学习的最基本的机制。

巴普洛夫认为，大脑皮质的基本神经过程是兴奋和抑制以及它们之间的转化。兴奋过程表现为条件反射的建立和出现，即由条件刺激引起机体的积极反应，如分泌反应、运动反应等。抑制过程则表现为条件反射的抑制，即反应不出现或强度减弱。巴普洛夫经典条件作用的核心是反射性反应。反射是一种无须学习的反应，如唾液反应、瞳孔反应、膝跳反应等，这些反应是由有机体生物学相关的特定刺激自然诱发的。任何能够自然诱发反射性行为的刺激，都叫无条件刺激(Unconditioned Stimulus, UCS)，因此学习对刺激控制行为而言是一个必要条件。由无条件刺激诱发的行为，叫无条件反应(Unconditioned Response, UCR)。与无条件刺激相匹配的是中性刺激，如巴普洛夫实验中的铃声，被称为条件刺激(Conditioned Stimulus, CS)。经过几次反复，条件刺激引发出的反应，称为条件反应(Conditioned Response,CR)。

巴普洛夫实验中一定频率的铃声(条件刺激,CS)与食物(无条件刺激,UCS)多次结合。原先只能由食物(UCS)引起狗的唾液分泌(无条件反应,UCR.),在铃声单独出现时也可以引起类似的唾液分泌(CR),也就是说当 CS—CR 之间形成了巩固的联系时,学习就出现了。巴普洛夫的实验表明,学习是暂时神经联系的形成。巴普洛夫的经典条件反射学习理论在儿童良好习惯的培养中具有重要的实践意义。

(2)在操作条件反射中的学习观

斯金纳在 20 世纪 30 年代发明了一种所谓的"斯金纳箱"的学习装置,箱内装上一个操纵杆,操纵杆与另一提供食物的装置连接。把饥饿的白鼠置于箱内,白鼠若无意间踏上操纵杆,供应食物的装置就会自动落下一粒食物。经过几次尝试,白鼠会不断按压操纵杆,直到吃饱为止。这可以说明,白鼠具备了按压操纵杆以取得食物的反应能力,按压操纵杆变成了取得食物的手段或者工具。所以,操作条件反射,在操作条件反射中的学习,也就是操纵杆(S)与压杆反应(R)之间形成固定的联系。

斯金纳从操作条件反射的实验中得出结论:学习过程就是外界环境的刺激与有机体的反应之间建立连接或联系的过程,这个联系(学习)的形成与巩固,是不断强化(如奖励和惩罚)的结果。斯金纳认为,教育就是用强化塑造人的行为。教育成功的关键是建立特定的强化措施。

(3)社会学习理论的观察学习

按照条件反射的说法,个体行为的学习,都是通过奖励或惩罚的方式实现的。这对动物来说,或许可以成立,这是由动物的学习能力以及行为的限制性决定的。但对于人类来说,未必尽然,因为人的认知、技能、态度、观念等很多来自间接经验。

美国心理学家班杜拉(Bandura)提出的社会学习理论强调观察学习的作用。观察学习是由学习者在社会情境中,通过观察别人的行为表现及其后果(得到奖励或惩罚)的方式间接学到的。间接学习的过程就是模仿,模仿对象即榜样。对榜样的行为进行模仿时,学习者对自己的行为制定一个标准,而该标准是以榜样的行为为依据的。学习者有了标准之后,就会根据标准来评判自己、改正自己,这就叫自我规范。自我规范的结果,如果学习者觉得自己的行为符合了标准,就会感到满足;满足之后自然再加强所模仿的行为,这种心理效应,称为自我增强。

通过对观察学习的分析,一方面证实了强化原则影响行为,另一方面也证实了人类有能力运用认知过程,借助替代奖赏和替代惩罚来改变行为。

2.认知主义的学习理论

(1)格式塔的学习观

其以苛勒(W. Kohler)的著名黑猩猩实验为例。苛勒把黑猩猩关在笼内,为其设置了一个问题情境:在笼外放一把香蕉,笼内放一根棍子,黑猩猩用四肢去抓,怎么都够不着。后来,黑猩猩发现笼内的棍子,它"领悟"到棍子与香蕉的关系,最后用棍子成功地取到了香蕉,解决了问题。以后在类似的情境中这只黑猩猩仍然能运用已经获得的经验去取得香蕉。

在格式塔心理学家看来,知觉经验变化的过程不是渐进的尝试错误的过程,而是忽然领悟的,所以格式塔的学习理论又称"顿悟说"。

(2)托尔曼的认知论

托尔曼(E. C. Tolman)对"刺激—反应"的联结说不认同。他首先提出了中间变量的概念。他认为,学习的结果不是"刺激—反应"直接联结的,主张把S—R公式变成S—O—R公式。在后一公式中,O代表有机体的内部变化。为了探索动物在学习过程中的认知变化,托尔曼设计了老鼠走迷宫的实验,证明了通过学习,老鼠具备了认知地图(即认知结构)的能力,这就是学习的实质。

托尔曼认为外在强化并不是学习产生的必要因素,不强化也会出现学习。他认为动物的行为是有目的的行动,也就是在走迷宫时,根据情境的感知,在头脑里有一种预期(或者假设)效果,动物的行动受到该预期的指导。托尔曼同时承认,在学习过程中存在着尝试与错误的过程,在多次尝试中,有的预期被证实,有的未被证实,这可以解释为内在的强化,即由学习活动本身所带来的强化。托尔曼提出的认知学习理论和内部强化理论,对现代学习理论的发展具有一定的贡献。

(3)现代认知心理学的学习观

美国当代著名的认知心理学家布鲁纳(J. S. Bruner)和奥苏泊尔(D. P. Ausubel)认为,学习是认知结构的组织与重新组织。这与格式塔的观点基本一致。但现在认知心理学家更加强调已有的知识经验的作用(即原有的认知结构的作用),也强调学习材料本身的内在逻辑结构。在内在逻辑结构的教材与学生原有认知结构产生相互关系,新、旧知识发生相互作用,新知识在学习者头脑中被赋予新的意义,这些就是学习变化的实质。

第二节 大学生学习能力的培养及潜能开发

一、建立科学的学习理念

理念是指人们对某种事物、现象的理性认识和固有信念。学习理念是关于学习的理性认识、理性态度和执着信念。在学习化社会中,学习必然是占主导地位的,是社会生活的重要组成部分,仅有学习的热情和兴趣很难满足学习需要或取得预期的效果。全面提高学习素养,当代大学生必须学会理性认识,摒弃陈旧学习观念,确立和内化现代学习理念,这是建立科学学习理念的当务之急和关键所在。

内化(internalization),是将自己所认同的新思想和自己原有的观点、信念结合在一起,构成一个统一的态度体系。这种态度是持久的,并且可以成为自己人格的一部分。从某种意义上说,内化是接受外部思想来改造自我。

大学生内化学习理念倡导以下几点。

首先,要树立正确的学习价值观,站在与身份相适的高度,从宏观上、根本上认清学习的重大意义。

其次,转变继承性学习观念,确立创造性学习理念;转变接受性学习观念,确立自主性学习理念;转变传统陈旧的学习观念,确立现代学习理念(即转变一次性学校学习观念,确立社会终身学习理念);转变经验性学习观念,确立科学化学习理念;转变纯知识性学习观念,确定知识与实践相结合的学习理念。

最后,要建立科学学习方式观,如实践学习观、最优化学习观、理解学习观、高效高质学习观等。

二、培养和激发学习动机

1. 创造外部条件,激发学习动机

(1)竞赛活动

竞赛是利用人们的荣誉感及对成功的渴望而激发学生学习动机的有效手段。研究表明:学校开展适当的竞赛活动对学生的学习具有良好的促进作用。竞赛可以激励学生努力学习、积极进取,消除懈怠情绪。竞赛的外部刺激与强调学习质量及引导思考相比,能有效地刺激学生努力的强度。因此,教师应该开展适当的竞赛活动,设计有效的竞赛内容及竞赛方式,通过竞赛来激励学生努力学习。

(2)加强学习目标教育

美国心理学家耐特(Knight)和瑞莫斯(Re-men)通过实验发现,如果实验对象认清学习目标,那么就会产生强烈的学习动机。因此,在课堂教学中,教师要加强学习目标教育,让学生正确认识学习知识对社会的意义和对个人的价值,了解社会的要求,把当前的学习和个人的前途及祖国的未来联系起来,把学习与自己的现实及理想联系起来,把社会的客观要求转变为学习的主观需要,增强学习的责任感、义务感。教师要指导学生由"被动学"转变为"主动学",由"要我学"转变为"我要学",调动学生学习的积极性和主动性,激励其学习动机和欲望。

(3)进行适当奖励

学生取得进步时教师要及时发现,适当奖励,处理好绩效与奖励的关系,真正实现运用奖励激发学生学习动力的目的,从而实现奖励与进步的良性循环。

(4)利用动机迁移

动机迁移是指学生在缺乏学习动力的情况下,引导学生把从事其他活动的动机转移到学习上来。心理学研究表明:在学生缺乏学习动机及目标的情况下,可利用学生参加某些活动的动机,因势利导,将其转移到学习上来,使其产生学习兴趣。班里的每个学生并非都有学习自觉性和积极性,由于个别学生认识不到学习的重要性,没有养成良好的学习习惯,体验不到满足学习需要的愉快心情,因此很容易产生厌学情绪。但通过仔细观察可以发现,这些学生往往各有所好:有的喜欢创作活动,有的喜欢文艺活动,有的喜欢体育活动等。在这些活动中,他们往往表现出较高的热情和兴趣。教师如果能巧妙地引导学生的这些兴趣,使学习成为他们完成所喜欢的活动的重要条件,使其产生学习需要,进而努力学习。

(5)提供成功机会

体验成功是激发学习动机的重要因素之一。美国心理学家奥苏贝尔(Ausubel)指出:"动机是从成功的教育成就中发展起来的,它将加强进一步地学习。"因此,在教学过程中,教师要不断地创造条件,提供成功机会,确定适当的目标,控制教学的进度和难度,让学生不断

努力地达到目标,满足其成功的需要,激发其学习的动机。

2. 创设良好的心理环境,培养学生的学习动机

良好的学习心理环境是激发和调动学生学习积极性的重要因素,是促进和维持学生学习的重要条件。它可以使学生保持旺盛的学习热情,积极参与学习活动,保证学习取得成功。因此,教师要想方设法创设良好的学习心理环境,培养学生的学习动机。

(1)热爱学生

教育教学的全部奥秘就在于怎样爱学生,"亲其师"才能够"信其道"。学生喜欢"态度和蔼可亲、充满爱心"的教师。教师爱学生就会使学生产生一种"不学好功课就对不起教师辛勤栽培"的内心体验,从而激发学生的学习动机,提高学生的学习热情和自觉性。

(2)满足学生合理需要

当学生的某些学习需要(如自尊的需要、认知的需要、成功的需要)得到满足时,就能激发他们的学习热情和动机,因此教师要尽量满足学生合理的学习需要。

(3)调节学生情绪

学生的认知过程和情感过程是一个有机的整体。其情绪状态对学习效果也有直接的影响。良好的情绪对认知活动具有启发和激励作用,能提高智力活动的效果。因此,教师要及时了解和把握学生的情绪状态,善于引导和调节学生的情绪,使他们能以积极饱满的热情投入学习,以取得优异的学习成绩。

3. 利用内部因素,激励学习动机

(1)提高教学水平

激发学生学习动机的又一重要因素就是学习诱因。对大学生来说,最好的学习诱因是"好的教师"。"好的教师"不仅是指教师的人品师德,更是指教师的教学水平。教学内容通过教师传授给学生,而内容的载体、形式的艺术性则成为激发学习动机的有效手段。同样的教学内容会因不同的教学方式产生完全不同的教学效果。优秀的教师"能使教学大纲变活,并补正最差的教科书";再好的教学内容,也会在缺乏教学艺术的教师手里变得枯燥无味。在大学里可以看到这样的情景:由于某位教师的教法好,原本不太受学生欢迎的内容也会引起学生的热情关注;而本来理应深受学生喜欢的内容,可能因为教师水平的缘故而使学生的兴趣荡然无存。这就说明,教师的教学水平对学生学习动机的激发有很大的影响。因此教师要不断地提高教学艺术水平,使教学活动尽可能生动而富有吸引力。

(2)深化内容改革

内容是学生学习的对象,其新颖、难易、实用的程度,对学生学习动机有很大的影响。因此,大学教师应该努力改变课程内容繁、难、偏、旧和过于注重书本知识的现状,加强课程内容改革,把学生急需的知识内容和最新的科学成就引进课堂,加强课程内容与现实生活的联系,增强课程内容的新颖性和实用性,提高学生学习的兴趣和热情。

(3)提供交流机会

教师是教学活动的"组织者""引导者"。如果教师在教学过程中广泛地、积极地听取学生的意见和建议,让学生真正感受到自己的主体地位,了解自己确实是"课堂主人"的时候,就能激发学生强烈的学习欲望和高涨的学习热情。

(4) 增加自主权利

在实行学分制的前提下,积极引入选教制,增加学生自主选择课程的权利和相应任课教师的权利。这样不但能提高学生学习的兴趣,而且能积极推动教师教学水平的提高。充分利用多媒体交互方式进行教学,发挥学生的主体作用,使学生按照自己的学习基础、兴趣来选择学习和练习内容;为学生提供参与的机会,使学生获得有效的认知。

(5) 反馈学习效果

学生都有一种想要及时了解学习结果好坏的心理。对学生的学习结果及时予以反馈,可以增强他们的学习动机。学生知道学习结果后,可以看到自己的进步,提高学习的热情,增强努力的程度;同时又能看到自己的不足,激起上进心,克服缺点,争取好的成绩。

(6) 适当运用评价

评价(即表扬与批评)是对学生学习态度和成绩的肯定或否定的一种强化方式,它可以激发学生的上进心、责任感等。美国心理学家佩奇(E. R. Page)的实验表明:教师对学生的学习态度及结果是肯定评价还是否定评价,对激发学生的学习动机起着不同的作用。适当的肯定性评价具有积极的强化作用,能激励学生再接再厉。适当的否定性评价能使学生看到自己的缺点和不足,树立克服缺点的决心。因此,教师要适当地评价学生的回答和作业,以激励学生奋发向上、克服不足。教师的评价要客观、公正、全面,恰到好处,既要赏罚分明,又要以理服人,这样才能收到预期的激励效果。

三、建立有效的学习方法

掌握科学的学习方法,"学会学习"不仅是大学学习成功的保证,也是大学学习的重要任务。大学的学习方法因大学学习的专业性、阶段性、自主性、探索性等特点而有别于中学的学习方法。大学生必须结合自己的实际情况,寻求适合大学学习特点的学习方法,避免因学习方法不当而产生学习疲劳。

1. 集中与分散学习法

集中学习法是指用较长时间进行学习活动,学习的次数相对较少。一次学习时间的长短取决于学习材料的性质及其他因素。一般来讲,对于复杂难懂的材料,采用集中法比较合适,这样可以保证学习者在一定时间内集中注意力,有利于理解并掌握那些抽象难懂的材料。但集中学习的时间不宜过长,否则容易引起疲劳,使学习效率下降。至于多长时间为宜,要视个人的体力与脑力情况而定。分散学习法与集中法不同,它是指将学习时间分成几个阶段,每学习一段时间就休息一会儿。实验证明,假如分散学习的时间不是太短,这种方法是比较有效的。至于每次分散学习的时间多久为好,也要视学习材料的性质以及个人的具体情况而定。

2. 整体与部分学习法

整体学习法是指将学习材料作为一个整体来学习。学习过程中,将材料从头至尾反复学习,以获得对材料的总体印象和了解,进而掌握一些较为具体的内容。部分学习法是指将学习材料分成几个部分或几个具体的概念,每次集中学习其中一部分或一个具体概念。对每个具体的部分或概念根据其难易程度的不同,具体安排学习的时间或次数。

整体学习法与部分学习法各有利弊。整体学习法使人比较容易把握学习材料的全貌，但不利于掌握具体的材料内容；而部分学习法则能使学习者较好地掌握每一具体部分，但却难以对材料形成一个总体印象，从而使具体学习的各部分内容不能很好地融会贯通起来。要使这两种方法更好地发挥作用，可以将两者结合起来使用。具体做法是：首先，采用整体学习法对所学材料进行大概了解，形成一个较为清晰的轮廓；其次，采用部分学习法对学习材料进行"各个击破"，并重点学习那些较难或较重要的部分；最后，再采用整体学习法将已仔细学习过的材料作为一个整体重新复习一遍，让各部分的具体内容前后联系起来，从而在头脑中形成一个更为清晰、全面的印象。实践证明，两者相互结合的方法比单独采用其中一种更有效。

3. 要科学用脑

（1）注意劳逸结合

根据大脑神经活动兴奋—抑制交替进行的规律，张弛有度、劳逸结合是预防心理疲劳的有效方法。保证充足的睡眠，在学习一段时间后，休息片刻，放松一下；或者在学习之余，参加一些文体活动，可以使身心都得到放松和调节。通常，脑力劳动者最好采用活动的方式缓解疲劳，即在一定的脑力耗费之后，做一些不太剧烈的活动，如散步、慢跑等。

（2）善于科学用脑

现代科学已揭示了大脑两半球的不同功能：大脑的左半球与逻辑思维有关，右半球则与形象思维有关（见图7-1）。此外，大脑活动还有一种"优势现象"，即当大脑某一功能区的活动占优势时，可使其他功能区的活动相对处于休息状态，所以不同学科尤其是文、理科穿插进行学习，可有效地预防心理疲劳。此外，进行某种脑力劳动之后，可以采用"换脑筋"的方式，翻阅一些与刚看过的内容截然不同的东西或者看一些消遣性的书籍、听听音乐等，这些都有助于消除大脑的疲劳。

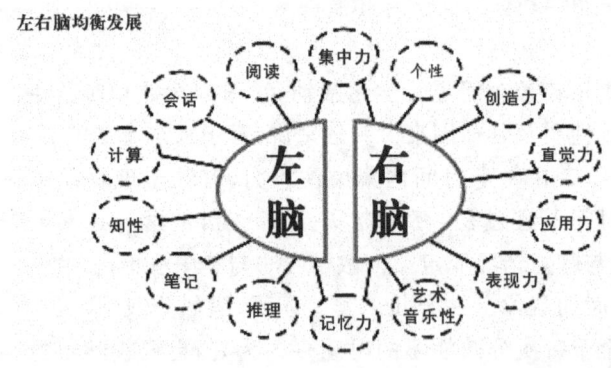

图 7-1　左右脑分工

PQ4R 学习方法

由托马斯和罗宾逊提出的 PQ4R 方法是一项能有效帮助学生理解和记忆的学习技巧。

P代表预览(Preview),Q代表设问(Question),4R代表阅读(Read)、反思(Reflect)、背诵(Recite)和回顾(Review)。PQ4R程序可使学生集中注意力,有意义地组织信息,使用其他有效的策略,诸如设疑、精细加工、间歇性复习等。PQ4R技术具体使用方式如下。

1. 预览:快速浏览材料,对材料的基本组织主题和副主题有一个初步的了解。注意标题和小标题,从中找出你要读的和学习的信息。

2. 设问:阅读时自己问自己一些问题。根据标题,用"谁""什么""为什么""哪儿""怎样"等疑问词提问。

3. 阅读:阅读材料,不要泛泛地做笔记,试图回答自己提出的问题。

4. 反思:通过以下途径,尽量理解信息并使信息有意义:a. 把信息和你已知的事物联系起来。b. 把材料的副标题和主要概念及原理联系起来。c. 尽量消除对呈现的信息的分心。d. 尽量用这些材料去解释联想到的类似的问题。

5. 背诵:通过大声陈述和一问一答,反复练习并记住这些信息。你可以使用标题、画了线的词和对要点所做的笔记来提问。

6. 回顾:最后一步,积极地复习材料,主要通过自问自答的形式,只有当你无法回答时,再重新阅读材料。

四、开发大学生学习潜能

所谓学习潜能,就是学习者内在的并在一定条件下(如激励、模仿等)可以外化、转变成现实的心理、生理能力。大学生的学习潜能只要得到合理开发,就会表现出自觉主动的学习状态,学习能力就会相对增强,能够由厌学转变为乐学,由苦学转变为会学,能够相信并真正实现"比原来学得更好"。

如何开发大学生的学习潜能?

①要创设优良的学习环境、活泼热烈的学习气氛。高等学校要注重提高大学生对教学活动的参与度,建立心理上互相支持的学习集体,切实加强校风、班风尤其是学风建设。

②要培养、激发、强化大学生个体学习的"自我效能感"。在学习活动中,首先要为大学生提供获得成功体验的机会,引导大学生增强学习自信心。

③要加强心理素质教育与心理健康教育。高等学校要通过开设大学生学习指导课、举办系列学习讲座、组织学习经验交流报告会以及各学科教学的有机渗透,指导大学生自觉预防和矫正学习心理障碍,自觉完善学习心理品质,培养自己良好的观察力、记忆力、思维力、创造力和想象力。

④要坚持全方位、立体的学习潜能开发策略。全方位的学习潜能开发策略要求高等学校实现由学科课程开发扩展到各类活动开发,由教师开发拓展到大学生的自我开发,从校内开发发展为校内、校外相结合,学校、家庭与社会共同开发。

第三节 大学生常见学习心理障碍及调适

学习是现代人赖以生存的必要条件,通过学习能够促进人们的全面发展,所以学习对心理健康是有益的。然而如何对待学习、怎样学习、学习什么、学多少等与学习有关的因素会对心理健康带来不同性质、不同程度的影响。

一、学习动力不足

学习动力不足,是指学习没有内在驱动力量,没有明确的学习方向和兴趣,不想学习,甚至厌倦、逃避学习。学习动力是影响大学生学业成败的一个重要因素。

1. 学习动力不足的表现

(1)缺乏方法

动力不足的学生把学习看成是奉命的、被迫的苦差事,不愿积极寻求一些适合自己的学习方法,总是死记硬背,应付考试。由于缺乏正确的、灵活的学习策略和方法,动力不足的学生往往不能适应新的学习情境。

(2)独立性差

动机缺乏的学生在学习上缺乏明确的目标,学习行为往往表现出从众性与依附性,随波逐流,极少有独立性和创造性。

(3)厌倦情绪

动机不足的学生对学习冷漠、畏缩,常感厌倦,对学校及班级生活感到无聊。学习时无精打采,很难享受到学习成功带来的快乐。

(4)懒惰行为

懒惰行为主要表现为不愿上课,不愿动脑筋,不愿完成作业,贪玩。学习上拖拉、散漫,怕苦怕累,而且经常为自己的懒惰行为找借口。

(5)容易分心

动机不足的学生注意力不集中,不能专心听课,不能集中思考,兴趣容易转移。他们对学习的认识肤浅,满足于一知半解。其行动忽冷忽热,情绪忽高忽低。

2. 学习动力不足的原因

学习动力缺乏的原因是多方面的,归纳起来可分为外部原因和内部原因两方面。

(1)外部原因

从学校来看,课程设置不合理、专业培养与社会需求脱钩、教学内容陈旧、方法刻板、教学效果不佳、教学管理不严、教学条件跟不上等都是造成大学生学习动力缺乏的直接原因。从整个社会来看,知识分子的待遇有待提高、尚未完全建立合理的用人制度、就业不合理与不公平的现象依然存在,这些都是影响大学生学习的重要原因。从家庭教育来看,家长不恰当的愿望、过高或过低的要求也是导致大学生学习动力缺乏的间接原因。

(2)内部原因

大学生对所学专业缺乏兴趣。当学生所学专业与其兴趣爱好相差甚远时,学生容易在学习时感到疲乏和厌倦,从而减弱学习动机。其原因主要为以下三方面:其一,部分学生由于高考分数的限制,没有选择专业的条件;其二,部分学生屈从于家长的意志,从当前社会热点出发,填报了所谓好找工作又挣钱多或相比之下比较轻松的专业,但事实上,本人对家长所选的专业并不感兴趣;其三,在高考填报志愿时,学生对所选专业缺乏了解,具有一定的盲目性,进入大学开始学习后,才发现对本专业并不感兴趣,从而情绪低落,消极悲观,随意缺课。除此之外,学习动机不正确、社会责任感不强、价值观念不健全、自我意识不成熟、学习态度不端正等都是造成学习动力不足的重要原因。

二、学习动机过强

心理学研究认为,学习动机过强会使学生专注于自己的抱负和外部的诱因(如奖惩),从而阻碍正常学习。

1. 学习动机过程过强的表现

(1)学习强度过强

如学习时间过长,使学生往往处于疲惫状态。

(2)奖惩动机过强

一心只想获得奖励,避免受到惩罚。奖惩动机过强的大学生大多被动地学习,因而不注重能力的培养,往往成绩不错,但思路狭窄、能力不高。

(3)成就动机过强

急于取得成就;所树立的抱负或期望远远超过自己的能力;只能成功,害怕失败,给心理造成很大的压力。

2. 学习动机过强的原因

学习动机过强的原因主要是以下几个方面:自尊心太强,过分看重荣誉;补偿心理,用学习来弥补自己其他方面不如人的劣势;性格原因;自我认识不足,如对自己的能力认识不足,估计过高。

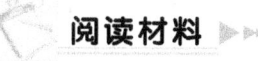

阅读材料

动机强度定律

人们常常认为,学习动机越强,对学习活动越有推动作用,但是,事实却并非如此。有时,超过一定强度的学习动机,反而会导致学习效率下降。心理学家耶尔克斯与多德逊研究表明,任何任务或活动都有其"最佳的动机水平",活动效率在此水平上达到最高。如图7-2所示,在最佳水平范围之内,效率随机的增强而提高;超过最佳水平,效率反而随动机的增强而下降。研究还表明,对于不同难度的活动,其动机的最佳水平是不一样的。容易或简单的活动及任务,譬如背诵英语单词、抄写课文、训练打字,所需要的动机要强一点;而困难或复杂的活动及任务,譬如解答数学难题,需要的动机就要弱一点,过强的动机会导致焦虑,从而降低学习效率。

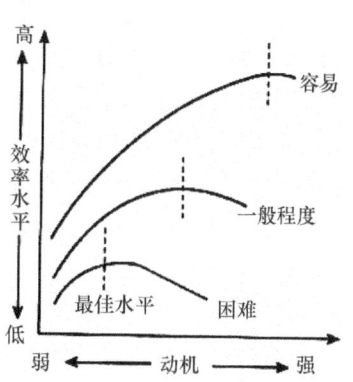

图7-2 动机强度与工作效率的关系

三、学习适应不良

学习适应不良,是指学生不能适应大学的学习方式,包括不会听课、不会复习、不能制定合理的学习计划、不能掌握大学的学习方法等方面。这一问题在大学各年级中都存在,只不过表现的方式和程度不同,在一年级新生身上表现得最为明显。

1. 新生学习适应不良的表现

(1)学习活动中缺乏独立性

大学新生对教师有依赖心理,习惯于由教师来安排自己的学习内容,不知道如何制定学习计划、如何利用时间。

(2)学习方法不适应

大学新生不能充分利用其他的学习途径,如去图书馆查资料、参加讨论会等。

(3)对本专业的要求不明确和认识不够

大学新生对本专业的要求不明确和认识不够主要表现在不知道怎样围绕专业要求展开自己的学习。

(4)对大学学习缺乏应有的紧迫感和自觉性

大学新生对大学学习的重要性、复杂性、艰巨性在心理上和思想上准备不足,精力投入不够。

2. 学习适应不良的原因

(1)客观原因

大学学习有着自身的特点:课程信息量大,课堂交流很少,教师的教学特点、方式和内容相对于中学都有很大变化。另外,由于进入大学一切都从头开始,部分学生失去了往日在学校的优越感,从而带来情绪的波动和不安,也影响了正常的学习。

(2)主观原因

由于年龄、阅历等因素的制约,大学生的心理还未完全成熟,心理适应能力较差。一般来说,随着大学生自我意识的进一步觉醒,独立的成人意识越来越强烈。然而大学生毕竟还处在青年中期,自我意识不成熟,社会阅历浅、经验少,缺乏深入而广泛的社会实践。再加上由于高中时期为应付升学考试,无论是学校还是家庭,在重视学生学习的同时忽视了其他方面的培养教育,使得大学生在环境发生变化时,明显暴露出适应力差的弱点,如仍有依赖心理、不懂得如何调整等。

四、学习过度焦虑

焦虑是一种伴随着某种不祥预感而产生的令人不愉快的情绪,是一种复杂的情绪状态。有些学生由于平时学习不够努力或学习方法不得当等原因导致学习目标无法达成,又担心自尊心、自信心受挫,而对考试产生过度的惧怕和焦虑心理。

1. 学习过度焦虑的原因

学习过度焦虑的主要原因有以下几方面:以不正确的自我意识为基础导致自信心的自我挫败;自信心不足,自我了解不够;过强的自尊心或虚荣心,不切实际地去为自己争面子;

对以前考试失败和挫折体验太深刻;成就动机过强,总想超过别人;性格弱点,如不善交往、胆怯等;兴趣爱好单一,精力过分集中于学习。

2. 学习过度焦虑的表现

学习过度焦虑主要表现在情绪躁动、寝食不安、郁郁寡欢、面无表情、精神恍惚、学习压力大、精神长期高度紧张、思维迟钝、记忆力下降、注意力涣散等方面。有严重学习焦虑症状的大学生在考试前表现得更加明显——考试日期越近,精神就越紧张,即便已经投入很多精力和时间,准备得非常充分,仍然不放心,惧怕考试通不过或不如别人。

五、学习过度疲劳

学习疲劳是指学习者由于学习过度或学习方法不当而产生的学习效率逐渐降低,并伴有渴望停止学习的生理和心理现象。

1. 学习过度疲劳的原因

从脑生理机制上讲,学习心理疲劳是指脑细胞活动持续时间过久,转入了抑制状态。因此,从大学生的学习活动来看,缺乏调节是学习过度疲劳的直接原因,如学习内容长时间过于单调,学生缺乏休息;学习的内容难度较大,使大脑持续处于高度紧张状态;受其他因素干扰导致情绪低落,从而使大脑神经活动处于抑制状态。

心理学家研究表明,心理疲劳是由于长期的精神紧张、反复的心理刺激及恶劣情绪影响而逐渐形成的。对北京市海淀区 6 所大学的调查显示,每天学习时间在 9~11 小时的学生占 20.5%,11~13 小时的占 34.1%,13 个小时以上的占 30%。长时间高强度的学习不仅直接影响睡眠质量,还会造成上课时注意力无法集中、思维迟钝,学习效率低下。同时,大脑长期处于高度紧张状态而得不到及时改善还会对身体造成伤害,导致神经衰弱、严重失眠、忧郁等心理疾病的形成,影响大学学业的完成。

2. 学习过度疲劳的表现

学习过度疲劳主要表现为注意力不集中、思维迟钝、情绪躁动、精神萎靡、学习效率下降、学习失误增多、失眠等。

六、学习问题的调适

要面对学习中出现的各种问题,应注意从以下几方面进行调适。

1. 养成良好的学习习惯

学习是持之以恒的工作。"冰冻三尺,非一日之寒。"要达到学习好的目的,除了靠"歼灭战",更要有打"持久战"的准备。平时养成良好习惯,在学习过程中才能持之以恒地保持较高的学习效率。

2. 客观评价自我

绝大多数学习困难者都与自信心不足有关,过去的学习经历中有过惨痛的失败体验、与同学仍有差距或自己的学习目标一时无法实现,都有可能导致学生对自己能力的怀疑和前途的担忧。对自己过于苛求,只会导致更高的学习焦虑。反之,如果能够自我接纳、自我尊重,不断从自身的努力中摄取力量,从点滴的进步中看到希望,那么,学习焦虑程度就会得到较好的控制。

3. 正确对待考试

应该认识到考试只是衡量学习好坏的手段之一,是学校教育中的一个重要环节。但是,成绩不能完全准确地反映一个人的知识水准,特别是能力水平。所以,大学生应该重视考试,但不必过分要求高分,应该做到不为分数所累,轻装上阵,沉着冷静地应试。

4. 正视自己学习的失败

担忧和恐惧失败往往是学习焦虑产生的直接原因。解决的办法只有一条,那就是勇敢地面对失败、承认失败,从积极的角度去认识失败的价值,然后从失败中吸取教训,发现不足,明确今后的努力方向。

5. 提高应试技巧

合理安排作息时间,不要使大脑过度疲劳,以免影响学习效率,尤其是临考前几天应保证充足的睡眠,这样才能以清醒的头脑和充沛的精力应对考试。在考前4～6周进行"强化复习",将一学期所学的内容进行系统的整理,边整理、边回忆、边思考,以面到点,以点到面,不断深化,使所学的内容形成一个清晰、完整、有逻辑联系的整体,加深印象。复习时先制定时间表,合理分配各门功课的复习时间,并把相似学科的复习时间错开,以免各科间相互干扰。临考前一天晚上,再用1～2小时的时间进行最后一次强化训练,将会使考前复习达到非常好的效果。

如果通过自身努力调节的方式仍不能摆脱学习问题的困扰,就应寻求专业的心理咨询与治疗。

小 结

- 大学生学习主要有自主性、多元性、专业性、探索性、实践性的特点。
- 关于学习机制问题一般分为行为主义的观点、认知主义的学习理论和观察学习三种。
- 大学生在学习中科学用脑的方法主要有建立科学的学习理念、培养和激发学习动机、建立有效的学习方法、开发大学生学习潜能。
- 为了有效培养和激发学生的学习动机,首先,要通过竞赛活动、加强学习目标教育、进行适当奖励、利用动机迁移、提供成功机会等手段,创造外部条件,激发学生的学习动机;其次,要创设良好的心理环境,培养学生的学习动机,如教师要热爱学生、满足学生合理需要、调节学生情绪;最后,还要利用内部因素,激励学生的学习动机,主要通过提高教学水平、深化内容改革、提供交流机会、增加自主权利、反馈学习效果、适当运用现实来评价。
- 大学生常见学习心理问题主要有学习动力不足、学习动机过强、学习适应不良、学习过度焦虑和学习过度疲劳等。
- 学习动机过强的表现为学习强度过大、奖惩动机过强和成就动机过强。
- 学习心理问题调适,可以从以下几方面进行:a. 养成良好的学习习惯。b. 客观评价自我。c.正确对待考试。d.正视自己学习的失败。e.提高应试技巧。

* 心理测试 *

考试焦虑度的自我测试

考试是社会竞争的产物,也是竞争的一种方式。尤其是当今的学生,经历的考试更是频繁而残酷。心理学家说:许多人之所以在激烈的竞争场合或各式各样的考试中不能充分发挥出自己的潜在能力,是因为他们面对激烈的竞争,心情过分紧张和焦虑。这种紧张和焦虑使他们感觉的敏锐性下降,对知识的回忆途径受阻,注意力无法集中,甚至出现心颤、手抖等情况,慌张得连字也写得歪歪扭扭。这种因考试引起的焦虑称为考试焦虑,如不及时调整,肯定会影响考试成绩,久而久之还会形成难以调适的心理障碍,影响身心健康。

你考试时感到焦虑吗?如果有,是什么程度?请自我测试一下。

下面有33道题,每道题都有4个备选答案:A.很符合自己的情况;B.比较符合自己的情况;C.较不符合自己的情况;D.很不符合自己的情况。请根据自己的实际情况,在4个选项中选出相应字母,每题只能选择一个答案。

一、选项

1. 在重要的考试前几天,我就坐立不安了。□
2. 临近考试时,我就拉肚子了。□
3. 一想到考试即将来临,身体就会发僵。□
4. 在考试前,我总感到苦恼。□
5. 在考试前,我感到烦躁,脾气变坏。□
6. 在紧张的复习期间,我常会想到:"这次考试要是得到个坏分数该怎么办?"□
7. 越临近考试,我的注意力越难集中。□
8. 一想到马上就要考试了,参加任何文娱活动都感到没劲。□
9. 在考试前,我总预感到这次考试将要考坏。□
10. 在考试前,我常做关于考试的梦。□
11. 到了考试那天,我就不安起来。□
12. 当听到开始考试的铃声响了,我的心马上紧张得急跳起来。□
13. 遇到重要的考试,我的脑子就变得比平时迟钝。□
14. 看到考试题目越多、越难,我越感到不安。□
15. 在考试中,我的手会变得冰凉。□
16. 在考试时,我感到十分紧张。□
17. 一遇到很难的考试,我就担心自己会不及格。□
18. 在紧张的考试中,我却会想些与考试无关的事情,注意力集中不起来。□
19. 在考试时,我会紧张得连平时记得滚瓜烂熟的知识也回忆不起来。□
20. 在考试中,我会沉浸在空想之中,一时忘了自己是在考试。□
21. 在考试中,我想上厕所的次数比平时多。□
22. 在考试时,即使不热,我也会浑身出汗。□
23. 在考试时,我紧张得手发僵,写字不流畅。□

24. 在考试时,我经常会看错题目。□
25. 在进行重要的考试时,我的头就会痛起来。□
26. 发现剩下的时间来不及做完全部考题时,我就急得手足无措、浑身冒汗。□
27. 如果我考了个坏分数,家长或教师会严厉地指责我。□
28. 在考试后,发现自己会的题没有答对时,就十分生自己的气。□
29. 有几次在重要的考试之后,我腹泻了。□
30. 我对考试十分厌烦。□
31. 只要考试不记成绩,我就会喜欢进行考试。□
32. 考试不应当再像现在这样在紧张的状态下进行。□
33. 不进行考试,我能学到更多的知识。□

二、计分标准

按照 A、B、C、D 分别记 3、2、1、0 分的方法,得出你的总分。参照评价表,可以知道你的考试焦虑水平。

总分	焦虑水平
0~24	镇定
25~49	轻度焦虑
50~74	中度焦虑
75~99	重度焦虑

三、评析

如果你的分数处于"镇定"水平,说明你是以轻松的态度来对待考试的。若你的分数特别低,说明你对考试采取了不在乎的态度,当作平常小事。

如果你的分数处于"轻度焦虑"水平,说明你面对考试,心情比较激动,已经产生了焦虑的感觉。不过不必担心,这是正常现象。因为低水平的焦虑有助于大脑的兴奋和高效率地工作,也有助于考试成绩的提高。只要把焦虑感控制在低水平和很短时间之内,是不会影响人的心理健康的。

要是你的焦虑水平处于"中度焦虑"层次,说明你面临考试,心情过于激动,焦虑感过高。以这样紧张的心境去参加考试,势必难以发挥出你的实际水平。并且你的神经系统功能开始有点紊乱,复习时注意力分散,到了考试期间便处于惶惶不安之中,对你的身心健康已经有所损害。你应当设法降低自己的考试焦虑水平,防止神经功能进一步恶化,以免形成慢性的神经性焦虑症。

要是你的焦虑水平处于"重度焦虑"层次,必须遗憾地告诉你,你已经患上了"考试焦虑症"。这是一种神经性焦虑症。你对考试的害怕和担心已经形成了恶性的条件反射,每到考试来临时就会不由自主地产生莫名其妙的恐惧感。即使一些十分容易、完全应该有把握考好的考试,你也会因为焦虑感无法控制而遭到失败。这种焦虑感可能已经弥散性地扩散到一些非考试的场合,使你经常感到心情紧张、心神不安,不敢大胆地应付生活中的各种挑战。

你的性格可能也因之而改变,变得自卑、退缩和郁郁寡欢。这说明你的心理健康已经受到了较大的损害,必须尽早采取措施加以治疗。

* 自我感悟 *

思考与收获

通过对本章的学习,我的思考是_____
_____
_____

我的收获是_____
_____
_____

第八章 大学生人际交往

莎士比亚说过：能够独自生活的只有上帝和野兽。人只要在社会中工作、生活和学习，就不可避免与他人进行沟通交流。大学生年轻有朝气，他们渴望去认识新的朋友，去了解这个世界，在与人交往的过程中获得肯定与自信。人际交往是大学生活的重要组成部分，本章介绍了人际交往概述，详细描述了大学生人际交往及影响因素，介绍了大学生人际交往原则及技巧和大学生人际关系障碍及调适。

第一节 人际交往概述

与人交往和沟通，建立良好的人际关系，是每个人的基本社会需要，也是一个人健康成长的必备条件。当今社会是一个人际交往、合作与竞争的社会。可以说，人际交往能力已成为大学生最重要的基本素质之一。因此，掌握人际交往的基本规律和技巧，提高人际交往能力，建立良好的人际关系，是大学生心理健康教育的重要内容。

一、什么是人际关系

在心理学上，人际关系是指人与人相互交往过程中，彼此间相互影响而形成的一种心理距离。人际关系反映了交往双方寻求满足其社会需要的心理状态。人际关系的亲疏、友善与敌对取决于人们的心理需要获得满足的程度。如果交往双方的社会心理需要都能获得满足，那么人们之间就能保持一种亲近的、信赖的、友好的关系。如果因某种原因一方对另一方表示不友好、不尊重，使另一方产生焦虑和不安，就会增大彼此间的心理距离，使原来的亲密关系变成疏远关系，甚至有可能发展为敌对关系。

二、人际关系的类型

1. 根据人际关系形成基础的不同来划分

（1）血缘人际关系

血缘人际关系主要是指由血缘关系和姻亲联系所构成的人际关系，这种人际关系以家庭为中心，成员间的交往构成一个血缘关系网络和一个由若干家庭相互关联形成的亲缘关系网络，例如，父子、祖孙、夫妻、婆媳、兄弟、姐妹、叔伯、叔侄、甥舅和妯娌关系等。血缘人际关系是人际关系中最直接、最普遍的关系。

（2）地缘人际关系

地缘人际关系主要是指因居住在共同的区域而形成的人际关系。地缘人际关系常常以社会历史和文化为背景,富有文化传统、心理纽带和乡土色彩,例如,邻里关系、老乡关系等。地缘人际关系对社会的作用和影响十分广泛。

(3) 业缘人际关系

业缘人际关系主要是指以共同的事业、志趣为基础所建立的人际关系。例如,同事关系、师生关系、经营关系等。业缘人际关系打破了血缘人际关系和地缘人际关系的界限,以事业和志趣为纽带,在人际关系中所占比例较大。

2. 根据人际关系心理联结的不同性质来划分

(1) 以感情为基础的人际关系

以感情为基础的人际关系主要是指以亲情、友情、爱情等作为人与人之间的心理性联结所建立的人际关系。例如,亲子间与手足间的亲情关系、朋友间的友谊关系、爱人之间的爱情关系等。

(2) 以利害为基础的人际关系

以利害为基础的人际关系主要是指人与人之间以经济的、社会的、权利的、政治的等各方面的利害得失为基础所建立的人际关系。

(3) 缺乏任何基础的陌路关系

缺乏任何基础的陌路关系存在于陌路人之间,主要是指彼此不存在心理性联结的人与人之间的关系。

3. 舒兹人际关系需求分类

美国社会心理学家舒兹根据对他人需求的内容和方式不同,把人际关系需求分为三类。

(1) 包容的需求

具有包容需求的人愿意与人交往,希望与他人建立和维持相互容纳的和谐关系。基于这种愿望所产生的行为特征是容纳、沟通、参与、归属、随同等;反之则表现为退缩、排斥、对立、疏远等。

(2) 控制的需求

具有控制需求的人企图运用权力、权威或其他可以控制别人的因素来与他人建立和维持良好的人际关系,其行为特质是领导、支配、控制;与此相反的人际关系特质是受人支配、追随他人或反抗权力、藐视权威等。这种类型的人际关系不只存在于领导与被领导、管理与被管理者之间,小群体中的核心人物、伙伴中的"头儿"与他人的关系往往也都带有控制和被控制的特征。

(3) 情感的需求

具有情感需求的人希望在情感方面与他人建立并维持友好、喜爱、亲密、同情、友善等良好关系,其行为特质是热情、亲密、喜爱等。与此相反的人际特质是冷淡、疏远、憎恶等。

4. 舒兹六种人际关系倾向

舒兹将人际关系的三种需求行为,按照主动性与被动性进一步分为六种人际关系倾向,如表8-1所示。

表 8-1　六种人际关系倾向

需求类型 \ 行为倾向	主动性	被动性
包容	主动与他人交往	期待他人接纳自己
控制	支配他人	希望他人引导自己
感情	主动表示友爱	等待他人亲近自己

5. 霍尼人际关系分类

霍尼依据个体与他人的关系，将人际关系分为三类。

（1）谦让型

谦让型特征是"唯人是问""朝向他人"，无论遇到什么人，必先想到："他喜欢我吗？"

（2）进取型

进取型特征是"唯我是问""对抗他人"，总是窥视对方力量的大小或对自己的用处。

（3）分离型

分离型特征是"疏离他人"，经常想躲避他人的影响和干扰。

三、人际交往的理论

心理学家特别是社会心理学家，对人际交往中的结构和过程进行分析，提出了各自不同的人际交往的理论。

1. 社会交换理论

社会学家霍曼斯（G. C. Homans，1958）采用经济学的概念来解释人的社会行为，提出了社会交换理论（Social Exchange Theory）。霍曼斯认为人和动物都有寻求奖赏、快乐并吝于付出代价的倾向。在社会互动过程中，人的社会行为实际上就是一种商品交换。人们所付出的行为肯定是为了换取某种收获，或者逃避某种惩罚，希望能够以最小的代价来获得最大的收益。人的行为服从社会交换规律，如果某一特定行为获得的奖赏越多，那么个体表现这种行为的概率也越高；而某一行为付出的代价很大，获得的收益又很小的话，个体就不会继续从事这种行为。上述这些行为就是社会交换。

霍曼斯指出，社会交换不仅是物质的交换，还包括赞许、荣誉、地位、声望等非物质的交换以及心理财富的交换。个体在进行社会交换时，付出的是代价，得到的是报偿，利润就是报偿与代价的差值。个体在社会交往中，如果给予别人的多，就会试图从双方的交往中多得到回报，以达到平衡。如果付出了很多，但得到的却很少，个体就会产生不公平感，就会终止这种社会交往。相反，如果一个人在社会交往中，总是付出的少，却得到的多，就会希望这种社会交往继续保持，但同时也会产生内疚感。只有当个体感到自己的付出与回报达到平衡时，或者自己的报偿与代价之比相对于对方的报偿与代价之比是相等的时候，个体才会产生满意感，才希望双方的社会交往继续保持下去。

人们所知觉到的一段关系的正性或负性程度取决于以下三方面。

①自己在关系中所得到的收益。

②自己在关系中所花费的成本。

③对自己应得到什么样的关系和能够与他人建立更好的关系的可能程度。

当然,个体在进行社会交往时,对报偿和代价的认识并不是固定不变的,也不一定是根据物质的绝对价值来估计的,这完全是一个与心理效价有关的问题。所以,当个体对自己的报偿与代价之比的认识大于他人的报偿与代价之比时,也许会被别人所不理解或不认可。这就是为什么在人们的社会交往过程中,有时会出现在有些人看来根本不值得去做的事情,却被当事人当作很有趣的事情,而有些时候在别人看来是值得做的事情,却被另一些人所不齿。可见,社会交换过程存在深层的心理估价问题。

2. 公平理论

公平理论(Equity Theory)的支持者强调,人们并非简单地以最小代价换取最大利益,还会考虑关系中的公平性,即与人际关系中的同伴相比,两者贡献的成本和得到的收益基本相同。根据公平理论,过度受益和过度受损的关系双方对这种状态都会感到不安,且双方都会有在关系中重建公平的动机。依公平理论看来,人际间双方体验到的贡献成本和得到的收益基本相同时,人际关系最愉快。

3. 自我表露理论

广义地说,社会交换过程也包含情感的交流,而情感交流是与自我表露分不开的。所谓自我表露(self-disclosure)就是人们常说的"敞开心扉",即把有关自我的信息、内心的思想和情感透露给对方。良好的人际关系是在交往双方的自我表露逐渐增加的过程中建立起来的。

适当的自我表露可以增加他人对你的喜欢程度。自我表露本身具有很强的象征性,可以给对方一个强有力的信号:你对他(她)相当信任!愿意有进一步的交往。而且,一个人的自我表露可以引发他人的自我表露,由此可以增进相互间的理解与信任。美国心理学家布里格认为自我表露的益处包括:a. 了解彼此的相似与不同之处及相似与不同的程度。b. 准确地向他人表露自我,是健康人格的体现。c. 增强自我觉察的能力。d. 发现这不是自己唯一存在的问题。e. 可以从他人获得反馈,减少不必要的行为。

当然,自我表露也必须注意分寸,过分的表露会让人不舒服。一般来说,表露的范围和深度是随着关系的发展而逐步增加的,对于不同的关系对象,在不同的发展阶段,自我表露的广度和深度明显不同。在非常亲密的朋友中,自我表露往往十分深入,达到所谓无话不说的程度。但是,需要注意的是,无论关系多么亲密,人们都可以存在不愿意暴露的领域,这就是所谓的"隐私"问题。前几年,隐私曾经是中国社会的一个热门话题,不少人对它还有一些误解与偏见。其实在人际交往中,个人往往将部分隐私袒露给自己信任的亲友。亲密关系本身也要求人们坦诚相待。但是,这并不意味着关系亲密的人之间就不应该有任何隐私。只有隐私需求和沟通需求之间保持适度的平衡,亲密关系才能正常发展。

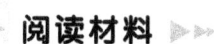 阅读材料

神奇的"六度空间"

1967年,哈佛大学的社会心理学家米尔格兰姆(Stanley Milgram)设计了一个连锁信件

实验。他将一套连锁信件随机发送给居住在内布拉斯加州奥马哈的160个人,信中放了一个波士顿股票经纪人的名字,要求每个收信人将这套信寄给自己认为是比较接近那个股票经纪人的朋友,朋友收信后再照此办理。最终,大部分信在经过五六个步骤后都抵达该股票经纪人手中。六度空间的概念由此而来,米尔格兰姆也将其称为"六度分割"(Six Degrees of Separation)的理论。简单地说,"六度分割"就是在这个社会里,任何两个人之间建立一种联系,中间最多需要六个人(不包括这两个人在内)。无论这两个人是否认识、生活在地球上哪个偏僻的地方,他们之间只有六度分割。这个连锁实验体现了一条似乎很普遍的客观规律:社会化的现代人类社会成员之间,都可能通过"六度空间"而联系起来,绝对没有联系的A与B是不存在的。这是一个典型、深刻而且普遍的自然现象。

社会网络其实并不高深,它的理论基础正是"六度分割"。而社交软件则是建立在真实的社会网络上的增值性软件和服务。有这么一个故事:几年前一家德国报纸接受了一项挑战,要帮法兰克福的一位土耳其烤肉店老板找到他和他最喜欢的影星马龙·白兰度的关联。结果经过几个月,报社的员工发现,这两个人只经过不超过六个人的私交,就建立了人脉关系。原来烤肉店老板是伊拉克移民,有个朋友住在加州,刚好这个朋友的同事,是电影《这个男人有点色》的制作人的女儿在女生联谊会的结拜姐妹的男朋友,而马龙·白兰度主演了这部片子。

第二节 大学生人际交往及影响因素

人际交往是大学生活的基本内容之一。大学生的人际交往主要包括个人与同学、教师、老乡以及学校等之间的关系。这些错综复杂的社会交往,就构成了大学生人际交往的网络系统。

一、大学生人际交往的特点

大学生的人际交往活动有其自身的特点,主要表现在以下几方面:

1. 主动追求开放式交往

在中学阶段,学生的注意力都集中在学习上,没有时间和精力进行更多的人际交往。进入大学后,由于学习模式转换,他们迫切需要走出家门,走进公共场合,结交更多的朋友,交流更多的信息,接受更多的新思想。在这种心理的作用下,大学生的人际交往呈现出前所未有的开放式交往趋势,表现在以下方面:

(1) 交往的范围扩大

过去的交往对象多限于亲戚、邻居、成长伙伴、同宿舍或同班同学之间,现在的交往对象早已超越了家庭、宿舍、班级、学校的范围,不再受地域的限制。例如,大学生交往的对象不仅包括家人,也包括在社交场合认识的其他人;同学之间的交往也不只局限于同班同学,已发展到同级、同系甚至是同校可接触的所有同学。

(2) 交往的频率提高

过去的交往通常是偶尔的相聚、互访。现在的交往,已发展为经常性的聊天、社团活动、聚会联欢、体育活动、娱乐、结伴出游以及其他一些集体活动。

(3) 交往的方式多样

过去的交往通常是同学之间的互访、通信。现在大学生的交往已普遍使用现代化的通信设备、交往工具、交往场所等,交往方式有了很大的发展。这也使得大学生的人际交往变得更方便、更快捷,交往距离更远,交往范围甚至可以扩展到世界范围。

大学生的人际交往虽然比较广泛,但由于现在大学生多是独生子女,自我保护意识比较强,在人际交往中通常小心翼翼,多是"广泛交友,谨慎交心"。这种交往只有广度而没有深度,结交之人多是些"点头之交"。

2. 追求人际交往的独立性和选择性

从特征看,过去的人际交往主要是在师长的指导和高年级同学的协助下进行。随着独立意识的增强,大学生交往的对象、范围都有了选择,交往的自由度加大。此外,大学生交往心理由情绪型向理智型转化。过去的人际交往主要受情绪不稳定的影响,表现为情绪型的特征;随着社会经验的丰富以及心智的成熟,大学生不但学会了调节情绪,而且交往活动不再被情绪左右,在交往中能理智地择友。

从交往对象看,通常以寝室同学的人际交往为中心,社会工作和网络社交的人际关系占主导。大学生虽然主动追求开放式的人际交往,但由于时间、精力、生活环境、经济条件等方面的限制,交往的主要场所仍然在校园内,以寝室为中心。这是因为大学生过着朝夕相处的集体生活,摆脱了对父母、教师的依赖。众多的交往机会、相似的人生经历、共同的学习任务,使得大学生的交往对象更多地选择同寝室、同班、同乡等有相似背景的同学,交往的内容基本上围绕共同的话题,如学习、考试、娱乐、情感而展开。此外,大学生对异性之间的交往愿望强烈。由于处在青年中期,性生理的成熟、性意识的唤醒,使不少大学生对异性产生了兴趣,大学生生活又提供了与异性同学交往的许多机会,因此,与异性交往的愿望常常会转化为具体的交往活动。

尽管微信、QQ等新兴的社交方式已被大学生接受并渗入他们的生活中,但这些方式所发挥的作用并不被学生们看好。不少学生表示:"网上交流再怎么好也没有面对面交流让人感觉亲切和真实。"

3. 情感型交往与功利型交往并重

随着社会的发展变化,大学生在社交目的上也趋于"理性化"。选择什么样的人交朋友,并不纯粹只为了交流情感或只因志同道合,交往的动机已变得很复杂。过去交往多是为了交流情感、寻找友谊、寻觅爱情,交往的目的相对单一;现在,随着社会的多样化,大学生人际交往的目的和内容也更加复杂,交往涉及衣、食、住、行、学习、工作、娱乐等方面。可以说,大学生的人际交往在注重情感交流的同时,越来越注重与自身社会利益相关的务实性,呈现出情感型交往与功利型交往并重的趋势。

4. 从注重纵向交往转向扩大横向交往

进入大学后,大学生的生活空间大大扩展,与家长、教师的联系减少,从交往的方向看,已从注重纵向交往转向扩大横向交往,即转向同龄人,从以往与同班同学之间的交往扩大到与同系、外系、外校的同学交往。

另外,从交往效果看,大学生对自己的社交能力和人际关系评价不高。他们虽然从内心希望积极主动地去与他人交往,并且很注意学习社交知识,但实际效果并不理想,与自己的预期效果还有较大差距。

二、大学生人际交往的意义

> *名言警句*
>
> 你我是朋友,各拿一个苹果彼此交换,交换后仍然是各有一个苹果;倘若你有一种思想,我也有一种思想,而朋友间交流思想,那么我们每个人就有两种思想了。
>
> ——萧伯纳

美国卡内基工业大学对 10 000 人的个案记录进行分析,结果发现:"智慧""专门技术"和"经验"只占成功因素的 15%,其决定因素为良好的人际关系。可见,建立良好的人际关系多么重要。大学生正处于身心全面发展的时期,学会建立良好的人际关系更有其特殊意义。

1. 良好的人际关系有助于大学生智力的开发和学习效率的提高

大学生的主要任务是学习知识和开发潜能。而学习效率的提高、智力的开发不仅取决于个人的努力,还与其他诸多因素有关。其中良好的人际关系不仅有助于大学生的信息交流,还有助于大学生的智力开发和技能的提高,进而帮助大学生提高学习效率。

> *名言警句*
>
> 独学而无友,则孤陋而寡闻。
>
> ——孔子

2. 良好的人际关系有助于大学生自我意识的发展与完善

大学生的自我意识归根到底是由社会存在决定的,而大学生所处的生活环境特别是人际关系起着重要作用。置身于良好的人际关系中,大学生时时感到自己为他人所接受、所承认,从而满足了自尊心,提高了自信心,意识到自己对他人和社会的价值。与此同时,大学生通过别人对自己的态度、评价,可以提高自我评价的能力,使自我评价变得更客观、全面。置身于良好的社会关系中,大学生可以感受到自己哪些认识是错误的,哪些要求是不合理的,哪些想法与社会的需要、他人的要求格格不入以及哪些目标、理想不切实际……从而不断地进行调整、修正,使自己达到自我意识与社会意识的有机统一。

3. 良好的人际关系有利于促进大学生心理健康

人际交往活动不可或缺。人际交往的时间和空间越大,人的精神生活就越丰富,得到支持与帮助的机会就越多,就越能保持心理平衡。特别是青年学生,通过交往,他们可以获得友谊、支持、理解,得到内心的慰藉,提高自信和自尊,增强自我价值感和力量感,降低挫折感,缓解内心的冲突与苦闷,宣泄愤怒、压抑与痛苦,减少孤独感和失落感。如果人际交往的需要得不到满足,就会增加大学生的挫折感,引发一系列的不良情绪反应,如孤寂、惆怅、空虚等。而不良的情绪作用于生理活动,会削弱人的抗病能力,使正常机能减退,出现相应的身心疾病。

4. 良好的人际关系有利于促进大学生的全面发展

当今世界,生物和科学技术迅猛发展,整个世界处于普遍联系之中,国家之间、地区之间的联系较过去大大增强,人与人之间的交往和联系也日益密切。生活于现代社会中的每一个个体,其知识的积累、能力和水平的提高、事业的成功等都离不开一定的社会条件,离不开与他人、集体、社会的交流。在交往中,每个人都可以用别人创造的物质文化和精神文化成果充实自己,使自身得到发展。可以说,离开了交往人就无法生存,更谈不上全面发展。

5. 人际交往促进大学生的社会化进程

社会化是个体获得态度、价值、需要、交往技能及其他能使个人参与社会生活的品质的过程。通过社会化,个体学会以社会所允许的方式行动,从一个单纯的生物个体变成一个社会成员。人的社会化进程是在与他人交往中进行和实现的。人际交往是社会化的起点。随着人的成长,交往范围不断扩大,交往内容逐步深化,交往形式日趋多样。大学生的交往性质和交往水平,直接影响着其社会化的水平。

三、人际关系的影响因素

在大学生群体中,人与人之间交往的程度或深度往往有很大的差别。有的一见如故;有的"鸡犬之声相闻,老死不相往来";有的情同手足,形影不离;有的时冷时热,若即若离……这些差别主要与交往双方的人际吸引力有关。人际吸引指的是人与人之间彼此具有注意、欣赏、倾慕等心理上的好感,并进而彼此接近以建立感情关系的心路历程。人际吸引也是人与人之间建立感情关系的基础。一个人如果毫无吸引别人之处,就不能引起别人的注意;如果两人之间不能彼此吸引,也就无法建立亲密的人际关系。大学生在人际交往中所受的影响因素有以下几种因素:

1. 时空的接近性

俗话说"近水楼台先得月""远亲不如近邻,近邻不如对门"。这说明时空距离是人际关系密切与否的一个重要条件。空间距离越接近的人,越容易发生人际交往,如同班同学、同桌、同室的人,不仅容易交往,而且交往频率高。交往频繁也容易使双方相互了解和相互支持。因接触机会多而相识,因相识而彼此吸引,因彼此吸引而容易形成共同的经验、共同的话题、共同的体会、共同的兴趣以及共同的利益,从而建立友谊,甚至彼此相爱。另外,时间上的接近,如同龄、同期入学、同期毕业等,也易于在感情上相互接近,相互吸引。时空接近性是人际关系密切的重要条件,但也不是绝对的。有的时候,时空过于接近,交往过于频繁,反而容易造成摩擦和冲突,影响人际关系的巩固和发展。

* 心理实验 *

人际关系的时空接近性效应

美国心理学家费斯汀格等人以麻省理工学院宿舍的已婚大学生为实验对象,研究他们之间的友谊与住处远近的关系。在学年开始时,他们让各户搬到新的住宅,互不相识。经过一段时间以后,研究者调查每户新结交的三位要好的朋友。结果发现,从互不相识到入住一段时间后结交为新朋友,几乎离不开四个接近性特征:a. 是邻居。b. 是同楼层的人。c. 是信箱靠近的人。d.是走同一个楼道的人。由此看来,经常见面是友谊形成的一个重要因素。

2. 态度的相似性

有句成语"惺惺相惜",指的是才智相近的人会彼此珍惜。人们倾向于喜欢在某方面或多方面与自己相似的人,如思想、信念、价值观、道德观、兴趣、爱好以及年龄、学历、社会地位、职业、修养等方面的相似性,都会导致彼此间关系融洽。

这种因为两人之间有很多相似点而彼此吸引的现象,说明了相似性是建立良好人际关系的基础。"物以类聚,人以群分。"这句话言简意赅地表明了人际吸引中相似性的作用。相似性有助于交往,原因如下:

①各种相似的因素使人具有较多的共同参与社会活动的机会,因而人们接触机会多,容易彼此熟悉和互相喜欢。

②相似性可使交往双方在交往过程中得到相互肯定、相互激励;反之,如果双方态度差异大,则容易相互否定,增加心理压力,使交往出现不愉快,从而在心理上不愿意与对方继续交往。

③相似性因素可以使交往双方容易沟通,减少误会、曲解和冲突,从而形成良好的人际关系。

如果人与人之间有着共同的理想信念、人生观、价值观以及共同的爱好、兴趣等,在工作和生活中就容易有共同语言,从而容易产生心理共鸣,感情也易于交流,相处也比较融洽。相反,如果人与人之间的态度不相似,彼此之间就很难有共同语言,相处就比较困难。

* 心理实验 *

人际关系的态度相似性效应

社会学家纽科姆于1961年用现场实验法,对态度相似程度与吸引力的关系进行了研究。他以17个不相识的大学生为研究对象,向他们提供16周的免费住宿。在住进宿舍前,研究者先给这些彼此不认识的被试者实施态度、价值观和个性特征等测验,将态度、价值观和个性特征相似或不相似的大学生安排在一间房子里居住。然后,定期测验他们对一些事情的态度、看法以及他们对室友的喜欢程度。结果发现,住宿初期,空间距离是决定彼此交往较多的主要因素;但到了后期,彼此间态度、价值观和个性特征的相似性超过了空间距离的重要性而成为影响人际关系密切的主要因素。在研究的最后阶段,他让这些大学生自由组合选择自己的宿舍,结果表明,相同意见和态度者喜欢入住同一房间。为什么观点、态度、个性相似的人容易相互吸引呢?费斯汀格的社会比较理论解释为人人都具有自我评价的倾向,而他人的认同是支持其自我评价的有力依据,具有很高的报偿和强化力量,因而产生很强的吸引和凝聚力。

3. 需要的互补性

需要和满足需要的期望是推动人们相互交往的根本原因,也是人际关系的动机和目的。良好人际关系的形成取决于交往双方彼此满足需要的方式和程度。成语"刚柔相济",指的是两个性情极端不同的人,却能和谐相处。这种两人之间彼此吸引的原因,就称为互补性。人们重视虽与自己不同但能与自己互补的朋友,因为彼此可以取长补短、各得其所。互补因素在婚姻生活中更为突出,有助于爱情的巩固。例如,一个支配型的男性与一个依赖型的女性、一个喜欢控制人的泼辣女性与一个被动型不愿做决定的沉默男性结为夫妇,婚姻都可能幸福美满,而支配型的男性与支配型的女性则很难做一对平和的夫妻。除了两性之间男刚女柔的自然互补之外,在个人兴趣、专业、特殊才能等方面,多数人都会有希冀自己所欠缺的部分由别人来补足的心理倾向。因为人在追寻成长的过程中,不可能把握所有的机会,因而顾此失彼的遗憾总是难免。因此,当发现自身所欠缺而对方所擅长的某种特征时,就会自然而然地对之产生好感。

* 心理实验 *

人际关系需要互补性效应

有心理学家分别对气质相同的人和气质不同的人的合作效果进行了比较研究。结果发现,两个强气质的学生组成的学习小组常常因为对一些问题各执己见、争执不下而影响合作;两个弱气质的学生在一起,又常常缺乏主见,面面相觑,无可奈何;只有两个气质不同的学生组成的小组合作愉快,学习效果也比较显著。

4.外表与个性特征

爱美之心,人皆有之。人们常常把外貌有吸引力的人视为拥有较多优良人格特征的人,一个人的长相、性格、能力等往往是构成人际吸引力的重要因素。性格本身更是引人注意与令人欣赏的重要条件。

(1)长相因素

> * 名言警句 *
>
> 美丽是比任何介绍信都有效的推荐函。
>
> ——亚里士多德

人们总是倾向于结交长相有魅力并且心灵也美的人,其中更强调的是心灵美。如果一个人空有美的长相而没有美的心灵,那么人们会更加厌恶其漂亮的外表。但是,人们常误认为长相好,品质也一定好。其实,人的长相是天生的,很难改变,而道德品质是后天的,是靠自身修养形成的。外貌堂堂正正的,未必是正人君子;体态纤细瘦弱的,也许性格坚毅刚强。

* 心理实验 *

长相因素效应

戴恩曾在1972年做过这样的实验:让一群女大学生分别观看容貌美丑不同的两个7岁女童的照片,照片下面写有完全相同的一段文字,说明照片上的女童曾有某些过失行为,然后要求大学生评价女童平时行为是否越轨。结果发现:对容貌美的女童的评语偏向于有礼貌、肯合作,认为其行为纵有过失也是偶然的、是可以原谅的;而对容貌丑的女童的评语,大多认为她是一个相当严重的"问题儿童"。

(2)性格因素

人们对乐观开朗、助人为乐、富于幽默感、有进取精神的人非常倾慕,因为与这种人相处，能给人带来欢乐。心理学家安德森在其进行的一项研究中，将555个描绘个性品质的形容词制成表格，让大学生按照喜欢程度由高到低排列。结果显示，大学生最喜爱的个性品质前十位是真诚、诚实、理解、忠诚、真实、可信、聪慧、可依赖、有头脑和体贴；最厌恶的品质前十位是古怪、不友好、敌意、饶舌、自私、狭隘、粗鲁、自负、贪婪和不真诚。尽管安德森进行研究的时间是在1968年，但他的发现与当代人的选择倾向仍有高度的一致性，并且对当代中国的普通大学生也有重要的启发意义。

（3）能力因素

人们都比较喜欢聪明能干的人，觉得与能力强的人结交是一种幸福并感到自豪。为此，不少人常与有某种特殊才能的人结为良师益友。但有研究发现，群体中最有能力的成员，往往不是最受喜爱的人。可以看出，才能与被人喜欢的程度，在一定限度内成正比关系。如果别人的才能超出一定范围，使自己可望而不可即的时候，其才能所造成的压力就成了主要的作用因素，并倾向于逃避或拒绝与这个人交往。因为任何一个人，无论如何都不会去选择一个总是提醒自己无能和低劣的对象做朋友。因此，有研究显示，一个很有才华而又有小缺点或过错的人，反而使一般人更喜欢接近他，比那些有才华又完美无缺的人更具有吸引力。

5. 沟通能力与语言障碍

缺乏沟通能力或技巧、沟通不畅、沟通失效、语言障碍等都是影响建立良好人际关系的因素。例如，有人口齿不清，语言表达不准确，常常词不达意，别人误解或不能确切理解其意；也有人说话的语调不当，很少用商量的语调，而习惯用命令式语调，因而引起对方反感；还有些人存在偏见或歧视，不能正确看待和认识他人，妄自尊大，口出狂言。这些因素都会妨碍良好人际关系的建立。

第三节 大学生人际交往原则及技巧

人际交往，是人类活动的基本形式，也是当代大学生成长的重要过程。然而，置身于纷繁复杂的人际关系中，不少大学生迷茫不解、无所适从，甚至感到苦恼。如果这些问题得不到及时解决，就会对大学生的生活、学习乃至身心健康产生影响。因此，了解大学生人际交往的基本理论，探讨大学生人际交往的原则及技巧，将会对大学生成功地进行人际交往提供有益的帮助。

一、人际交往的原则

大学生都希望有丰富的人际交往，拥有令人感到友善和温暖的人际关系。大学生要想获得良好的人际关系，能够在一个温暖、和谐和友善的集体中生活和健康成长，就需要了解并遵循大学生交往的基本原则。

1. 平等的原则

这是大学生人际交往最基本的原则。社会中人际交往的双方可能年龄悬殊、分工不同、经历各异，交往的原则和方式相对较复杂。但就大学生而言，年龄、经历、文化水平等都大体相似，不论来自城市、农村，也不论家庭出身如何，都无尊卑贵贱之别，所以大学生之间的人际交往应该是平等的。无论何时何地、无论年级高低,任何大学生都要自觉做到平等待人,绝不能自视特殊,居高临下,傲视他人。否则,就会脱离集体,成为"孤家寡人",造成心理上的孤独感。调查表明:那些优越感很强,喜欢显示个人特长或家庭背景的大学生多数人缘关系较差,即使能力很强,也无法发挥,因为不坚持交往平等原则的人,是不会被他人所欢迎和接纳的。

2. 尊重的原则

生活中每个人都有自己的人格尊严,并期望在各种场合得到他人的尊重。生活的实践告诉人们,只有尊重别人的人,才能获得别人的尊重。所以大学生首先必须学会尊重别人,包括尊重别人的人格、权利和劳动成果。古人说:"敬人者,人恒敬之。"俄国大作家屠格涅夫有一天走在街上,一个年迈体弱的乞丐向他伸出发抖的双手,大作家翻遍所有的衣袋,分文没有,感到惶恐不安,只好上前握住老乞丐那双脏手,深情地说道:"对不起,兄弟,我什么也没有,兄弟!"哪知,大作家这声"兄弟",却超过了钱币的作用,立刻使老乞丐为之动容,泪眼汪汪地说:"哪儿的话,我已经很感谢了,这也是恩惠啊!"这个故事说明,无论什么人,无论地位高低,渴求得到尊重的心情是一样的。所以大学生在人际交往中一定要学会尊重别人。

3. 真诚的原则

真诚待人通常被认为是人际交往中最有价值、最重要的原则。大学生在交往中,一定要恪守诚信的原则,坚持做到真诚坦率,表里如一,言行一致,说老实话,办老实事,做老实人。古人说:"以诚感人者,人亦诚而应。"各个道理值得大学生铭记。

4. 宽容的原则

有一副对联是:"大腹能忍,忍尽人间难忍之事;慈颜常笑,笑尽天下可笑之人。"这副对联固然有其消极意义,但在人际交往中却也有借鉴意义。人际交往中难免会遇到一些不愉快的人和事,总不能豁出去拼了或因噎废食干脆从此就与其老死不相往来。从长计议,还是要学会宽容,学会克制和忍耐。苏轼说得好:"匹夫见辱,拔剑而起,挺身而斗,此不足为大勇也。天下有大勇者,卒然临之而不惊,无故加之而不怒,此其所挟持者甚大,而其志甚远也。"大学生在人际交往中,心胸一定要宽,气量要大,遇事要权衡利弊,切不可斤斤计较,苛求他人,固执己见,要尽量团结那些与自己有歧见的人,营造宽松的交际环境。

5. 谦逊原则

谦逊是一种美德。谦虚好学者,人们总是乐于与之交往;反之,狂妄自负、目无他人者,人们往往避而远之。在人际交往中,大学生一定要有豁达的胸怀,谦虚谨慎,戒骄戒躁,虚心学习他人之长,切勿狂妄自大、傲视他人,更不能不懂装懂、知错不改。

6. 理解原则

人们常说:"金玉易得,知己难寻。"所谓知己,即能够理解和关心自己的人。相互理解是人际沟通、促进交往的条件。理解也不等于知道和了解。就人际交往而言,大学生不仅要细心了解他人的处境、心理、特性、好恶、需求等,还要根据彼此的情况,主动调整或约束自己的行为,尽量给他人以关心、帮助和方便,多为他人着想,处处体恤别人,自己不爱听的话别送给别人,自己反感的行为别强加于人。"己欲立而立人,己欲达而达人""己所不欲,勿施于人",说的就是这个道理。大学生在交往中,一定要耳聪目明,善解人意,处处理解和关心他人,这样别人也不会亏待你。

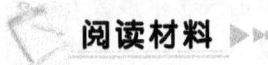

阅读材料

人缘型的大学生最受欢迎

大学同学之间,交往比较频繁的场合有三方面,即班级内的同学交往、社团内的同学交往、宿舍成员间的交往。班级内的同学交往以学习和班级活动为主。根据我国心理学家黄希庭的研究,大学生班级的非正式人际关系类型可区分为人缘型、首领型、嫌弃型、孤独型和孤立型。人缘型和嫌弃型的个性品质如表8-2、表8-3所示。

表8-2 人缘型的个人品质

次 序	个性品质	人数	%
1	尊重他人、关心他人、对人一视同仁、富有同情心	39	100
2	热心班级集体活动、对工作非常负责任	37	94.9
3	持重、耐心、忠厚老实	37	94.9
4	热情、开朗、喜欢交往、待人真诚	36	92.3
5	聪颖、爱独立思考、成绩优良、乐于助人	35	89.7
6	重视自己的独立性和自治,并且有谦逊的品德	35	89.7
7	有多方面的兴趣和爱好	20	51.3
8	有审美的眼光和幽默感	15	38.5
9	温文尔雅、端庄、仪表美	5	12.8

表8-3 嫌弃型的个人品质

次 序	个性品质	人数	%
1	自我中心、只关心自己,不为他人的处境和利益着想,有较强的嫉妒心	55	100
2	对班集体的工作或敷衍了事,缺乏责任,或浮夸不诚实,或完全置身于集体之外	55	100
3	虚伪、固执、爱吹毛求疵	50	90.9
4	不尊重他人,操作欲和支配欲强	45	81.8
5	对人冷漠、孤僻、不合群	45	81.8
6	有敌对、猜疑和报复的性格	43	78.2
7	行为古怪、喜怒无常、粗鲁、暴躁、神经质	39	70.9
8	狂妄自大、自命不凡	38	69.1
9	学习成绩好,但不肯帮助别人甚至轻视他人	35	63.6

续表

次 序	个性品质	人数	%
10	自我期望很高、小气,对人际关系过分敏感	30	54.5
11	势利眼,想方设法巴结领导而不听取群众意见	30	54.5
12	学习不努力,目无组织纪律,不求上进	24	43.6
13	兴趣贫乏	18	32.7
14	生活放荡	8	14.5

二、人际交往的技巧

人人都希望自己能有良好的人际关系,都希望拥有多一些的朋友。人际交往是人与人之间的心理互动过程。只要注意观察和体验,调整自己的认知结构,形成积极的、准确的人际交往观念,掌握一定的人际交往技巧和规律,就能够提高大学生的交往素质。

1. 消除戒备,敞开心扉

有的大学生虽然很想和他人建立良好的人际关系,但是由于对交往存在错误的认知,认为"先同别人打招呼显得自己低人一等"或"如果我先同他人打招呼,他人不理自己怎么办?"还有的学生认为"害人之心不可有,防人之心不可无",认为"人与人之间充满尔虞我诈,害怕在交往中遭到他人的算计,因此处处小心谨慎,缺乏主动和热情"。其实,要赢得别人的友谊,自己首先要向对方主动发出友善的信息,要接纳他们、喜爱他们,所谓"爱人者,人恒爱之;敬人者,人恒敬之"。尽管大学生中有个别人只想占便宜不想吃亏,但是多数大学生的交往动机是纯正的,交往行为是符合道德的。大学生不要因为害怕在交往中遭到个别人的算计而把自己的心封闭起来。

2. 真诚地肯定对方

人类普遍存在着自尊的需要,美国哲学家詹姆士说:"人类本质最殷切的需要是被肯定。"人类对肯定的渴望绝不亚于对食物和睡眠的需要。人们在交往中总是倾向于选择能肯定自己的人。特别是处于青春期的大学生,自尊心极强,因而在交往中首先必须肯定对方,尊重对方,努力去发现对方的优点、成绩,并真诚地、慷慨地赞美他人,这样就能成功地打开交往的大门。

3. 礼尚往来,学会回报

在人际交往中,若对方感受到了你的真诚与热情,那么你也会得到肯定评价的回报。社会心理学家霍曼斯提出,人与人之间的交往,本质上是一个社会交换过程。但是这种交换与市场上买卖关系中发生的交换不完全一样。生活中常常可以发现,互相帮助的人与人之间,交往总是比较密切,关系也总是比较亲密、持久。但是,人际交往中回报的内容是多方面的:有物质的,也有精神的;有直接的,也有间接的。但应注意的是,人际交往中的回报,并不存在一般等价物,在很多时候也不是同步、等量的。大学生要注意给他人提供帮助时不要以他人相应的回报为条件,而对他人的帮助应懂得适时予以回报。

4. 重视建立良好的第一印象

初入校门的大学生,在和一些不熟悉的人交往时,首先要注意给对方留下良好的第一印象。美国学者伦绅德曾宁博士在他所著的《接触:头四分钟》一书中指出,结交新认识的人时,头四分钟至关重要。为了给对方一个好的第一印象,他认为结交新朋友时,起码要高度集中精神于头四分钟,而不应一面与对方交谈,一面东张西望,或另有所思,或匆匆改变话题,这些都会引起对方不悦。可见,要建立良好的人际关系,必须要善于建立良好的第一印象。

 阅读材料

如何建立良好的第一印象

关于如何建立良好的第一印象,戴尔·卡耐基在《怎样赢得朋友和影响他人》一书中提出了6条途径:

(1)真诚地对对方感兴趣。

(2)保持轻松的微笑。

(3)多提对方的名字。

(4)做一个耐心的听者,鼓励对方谈他自己。

(5)聊一些符合对方兴趣的话题。

(6)以真诚的方式让对方感到他很重要。

5. 学会表达,善于聆听

语言交流是人际交往中最直接、最经常的方式。其中,口头交谈对良好的人际关系的建立最为关键。乐于交谈、善于表达、称呼得当、注意聆听,这些都会使人们在良好的心理气氛下顺利交往。因此,要学会正确运用语言的艺术。

(1)准确表达

用清楚、简练、幽默、生动、通俗、流利的语言表达自己的思想和观点。在表达时切忌不理会对方的意见和反馈,只顾喋喋不休地发表自己的意见。同时要避免急于巴结对方,避免语气措辞肉麻让人难以忍受,也要避免总是质问对方,让对方觉得自己像被审问的罪犯、嫌疑人一样。交谈的话题内容和形式应适合对方的知识范围、经验,应合乎对方的心理需要和兴趣。

(2)善于聆听

在交谈中要注意聆听。最好的方式是能站在对方的立场上,投入对方的情感中,集中精力了解对方谈话的内容,同时还应通过适当的提问、点头、对视等方法来表明自己对其谈话内容的兴趣。切忌在聆听中频频打岔或表现出不耐烦的情绪。

阅读材料

谁是最珍贵的小金人

很久以前,国王为了考验他的大臣们,让人打造了三个一模一样的小金人,非常漂亮。

上朝的时候,国王对群臣说,这三个小金人只有些许的不同,大家不能用秤,看看这三个小金人哪个最有价值。大臣们围过来,左看右看,上看下看,每个小金人都金灿灿的,难以分辨。最后,一位马上就要退休的老大臣说他有办法,只见他胸有成竹地拿来三根稻草,先插入第一个小金人的耳朵里,稻草从另一边耳朵出来了。然后轮到第二个小金人,稻草从嘴巴里直接掉出来。而第三个小金人,稻草从耳朵放进去后,就掉进了肚子里,什么响动也没有,也没有从什么地方出来。老臣说:第三个金人最有价值!国王赞许地点点了头。

这个故事告诫大家:倾听是一种很珍贵的品质,在人际交往中倾听是最佳的技巧。同样的三个小金人却存在着不同的价值,第三个小金人之所以被认为是最有价值的,正在于其能倾听。其实,人也同样,最有价值的人,不一定是最能说会道的人。善于倾听,消化在心,这才是一个有价值的人应具有的最基本的素质。

第四节 大学生人际交往障碍及调适

一、人际交往的心理过程

奥尔特曼和泰勒(I. Altman & D. A. Taylor,1973)认为和谐、融洽的人际关系,从交往及情感的由浅入深,需要经过定向、情感探索、感情交流和稳定交往四个阶段。

1. 定向阶段

注意:无意地选择交往对象。

抉择:理性地、有意识地选择交往对象。

初步沟通:试图与所选对象建立某种联系的行动,是展开交往和建立关系的真正开始。

这个阶段的时间跨度是不一样的。对于自我防卫倾向较强的人,这一阶段时间长;而对于自我防卫倾向较弱的人则很快就可以完成。

2. 情感探索阶段

情感融合:建立安全感和信任。

开拓共同情感领域:沟通逐渐广泛,自我表露增加。

情感卷入:程度不高,交往仍较正式。

如果人际交往停留在这个阶段,那彼此的关系仅仅是点头之交。

3. 感情交流阶段

关系性质有了质的变化:更为亲近、信任。

共同情感领域不断扩大:沟通和交往更多涉及私人内容。

情感卷入较深:相互都有情感上的较大投入,交往模式超出正式范围,常可坦诚相待、直言相告。

此阶段若关系破裂,会给双方带来相当大的心理压力。

4. 稳定交往阶段

高度的心理相容:相互接纳程度很高。

自我表露更广、更深：向对方几乎完全开放，毫不掩饰。

关系牢固稳定：可以允许对方进入自己高度私密性的个人领域，甚至分享自己的生活空间和财产。

二、人际交往的心理效应

人际交往不仅培养大学生的社会适应能力，而且也是培养大学生思维的广阔性和创造性的中介方式。要增强人际交往意识，就必须了解交往的心理效应。

1. 首因效应

人们初次见面时产生的印象，称第一印象。首因效应也就是第一印象对人的认知具有强烈的影响。人们初次相遇，总是首先观察对方的衣着、相貌、举止及其他可察觉到的动作反应，然后根据观察到的印象对对方做出一个初步的评价。虽然第一印象是在很短的时间内根据有限的、表面的观察资料得出来的，但由于其新颖性和双方鲜明的情绪色彩，所以能在人的脑海中留下深刻的、不易磨灭的烙印。如果某人初次见面时给人留下了良好的第一印象，这种印象就会左右人们以后对他的认识，使人们总是以肯定的眼光看待他，即使后来他发生了很大的变化，人们也很难改变这种印象，反之亦然。这就是第一印象的定势作用。

* 心理实验 *

人际交往的首因效应

一位心理学家曾做过这样一个实验：他让两个学生都做对30道题中的一半，但是让学生A做对的题目尽量出现在前15题，而让学生B做对的题目尽量出现在后15道题，然后让一些被试者对这两个学生进行评价：两相比较，谁更聪明一些？结果发现，多数被试者都认为学生A更聪明，这就是首因效应。

2. 晕轮效应

晕轮效应又叫成见效应，指的是在人际交往中，对某人的某一种特性特别欣赏或厌恶，从而影响了对他的其他品质的认识和评价。晕轮效应是由于在人际交往中掌握对方信息资料不足的情况下做出总体判断的结果。例如，一个人对某人产生了良好印象后，便以偏概全，认为这个人一切都很好，好像被一个积极的光环笼罩着，从而也把其他好的品质赋予他；反之亦然。人们常说的"爱屋及乌""情人眼里出西施"就是晕轮效应的最好说明。晕轮效应往往会影响人们的相互交往。如在一个集体里，当一个人对某人印象好时，就觉得他处处顺眼，"爱屋及乌"，甚至连他的缺点、错误也觉得可爱；当一个人对某人印象不好时，就觉得他处处不顺眼，"憎人及物"，对其优点、成绩也视而不见。这种心理状态，必然会影响人际关系的融洽与和谐。

* 心理实验 *

人际交往的晕轮效应

心理学家哈罗德·凯利曾做过一个实验。他告诉一个班级的大学生有一位讲师要来为他们上课，要求他们听课结束后对该讲师做出评价。他简要地介绍了这位讲师的情况，然后把班里的学生分为两组，对一组学生说这位教师是"相当温和的人"，对另一组学生说这位教师是"相当冷淡的人"。当这位讲师上课结束后,凯利要求学生们在一组"态度量表"上评价这位讲师。虽然全班学生在同一时间听同一个人的课,但每一位学生的评价却明显地受到原先暗示的影响。听说该讲师"相当温和"的学生更倾向于把他看成一个不拘小节、和蔼可亲、受欢迎的人;而听说该讲师"冷淡"的学生则相反。并且第一组学生有56%在课堂讨论中积极与该讲师接触,第二组分学生只有32%投入班级讨论。在人际交往初期,人们往往会利用少量的资料信息对别人做出广泛的结论,出现晕轮效应。

3. 定势效应

定势效应是指在人的头脑中存在某些固定化认识,影响着对他人的认知和评价。首因效应是指第一次接触中形成的印象,而定势效应则是指头脑中已有的某些观念。其中有的是个体自己形成的,有的则是社会上长期流传和沿袭下来的习惯看法、观念在头脑中的蓄存。人们在交往中不仅会对个人形成印象,而且对群体也会形成印象,并且这种对群体的印象还会影响到群体中个人的认知,因此也叫社会刻板印象,即人们对社会上某一类人所形成的概括而固定的看法。如一个人属于某个职业、某个民族,就认为他一定具有他这个职业或民族的特性。一般来说,定势的产生是以过去有限的经验为基础,源于对人的群体归类。例如在人们脑子里,女性总是柔弱的;男性总是强壮的;知识分子书生气十足,工人粗犷豪放;会计师都精打细算,教授必然学究气十足;方下巴是坚强意志的标志,宽大的前额则是智慧的象征;胖人心地善良,厚嘴唇则忠厚老实……这些都是对人抱有成见的刻板印象。

定势效应在人际交往中有利有弊。一方面,它会导致在认识别人的过程中存在某种程度的简化,有助于人们对他人作概括的了解;另一方面,倘若在非本质方面做出概括而忽视了人的个别差异,就会形成偏见,做出错误的判断。

在人际交往中必须克服上述心理偏见,要辩证地、发展地、全面地、历史地观察和了解一个人,提高对人、对事认识的广度和深度,从而提高交往的水平。

* 心理实验 *

定势效应

苏联社会心理学家包达列夫曾做过一个实验,揭示了定势效应在人际印象中的作用。他向两组大学生出示了同一个人的照片,在出示前,他向第一组大学生说照片上的人是个十恶不赦的大坏蛋,而向另一组大学生说照片上的人是一位大科学家,然后分别让两组学生对照片上的人进行描述。结果,第一组学生说:深陷的双眼表明内心阴险仇恨,突出的下巴表明这个人会沿着罪恶的胡同走到底;第二组学生说:深陷的双目表明思想深邃,突出的下巴表明坚毅睿智。一张照片两种评述,可见定势效应对人们认知的作用和影响。

4. 投射效应

投射效应是指在人际交往中,认知者形成对别人的印象时总是假设他人与自己有相同的倾向、特征,亦即"推己及人"。投射效应在大学生人际交往中的表现形式是多种多样的。如有的大学生对别人有成见,总以为别人对他怀有敌意,甚至觉得对方的一举一动都带有挑衅的味道;有的大学生喜欢在背后议论别人,总以为别人也时常在背后议论自己;惯于讲假话的人常常不相信别人的话;有的大学生对某件事感兴趣,也以为他人感兴趣,在一起聊天时,口若悬河,滔滔不绝,完全不顾及他人感受;有的大学生在传递信息时,以为只要自己知道别人也就知道,随意打折扣,斩头去尾,三言两语,往往造成误解,甚至误事;有的大学生用自己的主观愿望或主观想象去投射他人,如有的男生或女生内心喜欢一个异性,希望对方也看上自己,进而把一个眼神、一个笑脸、一个友好的表示甚至一句玩笑都看成是对自己示爱等。

投射效应的实质就在于从主观出发简单地去认知他人,自我与非我不分、主观与客观不分、认知的主体与认知的对象不分,其结果会导致认知的主观性和任意性。因此,在认知过程中应注意客观性,力求从实际出发,深入考查,摒弃主观臆断、妄想猜测,尽量减少人际交往中的误会和矛盾。

阅读材料

邻人偷斧

中国古代有一个丢斧子的故事。说某人丢了斧子,无端怀疑是邻居的孩子偷的,从这个假想的目标出发,他观察邻居儿子的言行举止、神情仪态,无一不像偷斧子的样子,思考的结果进一步巩固和强化了原先的假想目标,最终断定偷斧子的人非邻居的儿子莫属。可是,等找到斧子以后,再看看邻居的儿子,竟然觉得一点也不像窃斧者。

三、人际交往的问题及调适

> *名言警句*
>
> 关于人际关系的艺术,如果有所谓成功的秘诀,那就是有站在对方立场审时度势的能力,即由他人的观点看事情,如同由你自己的观点看事情一样。
>
> ——戴尔·卡耐基

每位大学生都希望有一个美好的人际关系世界,但又觉得人际关系是一门复杂的学问,处理起来有时非常棘手。事实上,大学生面对人际交往当中出现的问题,只要认识规律、积极调节,还是能够获得较好的改善的。

1. 社交自卑感及其调节

社交自卑感是指大学生在人际交往中存在的自卑感,其常见的表现是忧郁、悲观、孤僻、自我封闭和言行被动。在社交场合,表现出拘谨、事事避让、处处退缩等行为,不敢抛头露面,生怕当众出丑。一般来讲,社交自卑感严重的人,大多性格内向、感情脆弱、多愁善感,常感自惭形秽,觉得自己这也不如人、那也不如人,总以为别人瞧不起自己,时时担心在交往中失掉体面,甚至受到伤害。这种人在交际场合,不是积极参与、主动交流,而是过于警觉、被动防守,消极等待别人亲近和抬举自己,压抑了自身能量的释放。这种人只顾着守护个人的自尊心,而忘了如何改善人际关系。

大学生产生社交自卑感的原因很多,主要有以下几方面:
(1)缺乏自我认识

缺乏自我认识的人,往往高估别人、低估自己。在与他人比较时,习惯用他人的长处去比自己的短处,结果比出了自卑感,丧失了交往的勇气和自信心。

(2)经验不足

纵观大千世界,无论是外交家还是公关人员,他们之所以有很强的交际能力,除了自身有优良素质以外,最主要的是他们经过长期的工作实践,才具备了丰富的交际经验,年轻的大学生当然无法与之相比。长期当学生干部的大学生交际能力一般比平常的同学强,这也说明经验在人际交往中的重要性。古人说:"世事洞明皆学问,人情练达即文章。"有些大学生不懂得经验可以逐步积累,反而乱攀比、空自卑,这是错误的。

(3)缺乏特长

大学生生活在一个充满生机与活力的群体中,其中不乏才华出众、多才多艺的学友。如有的擅长琴棋书画,有的擅长吟诗作赋,有的能歌善舞,有的出口成章……他们在各种交际场合都会受到关注,容易被人接纳。而那些一点特长没有的同学则感到能力低下,相形见绌,这更加剧了自卑感的形成和强化,这类同学在人际交往中常常表现出消极、拘谨、尴尬等行为。

(4)畏惧挫折

人际交往,其结果既有成功,也有失败,这是不可避免的。唯有虚心学习,经常锻炼,不怕挫折,才能日臻成熟,得心应手。可是有些大学生成功欲极强,对挫折和失败没有心理准备,一旦不成功往往就产生难以排解的自卑。比如有的大学生在参与辩论会之前,踌躇满志、信心百倍、跃跃欲试,一旦出现不如人意的偏差,便垂头丧气、丧失信心。那些性格内向,自尊心极强的大学生更是经不起人际交往中的挫折,他们的脑海里总有一幅"杯弓蛇影"的画面。

(5)生理条件相对不足

生理缺陷给大学生造成的自卑感也是很常见的。如有的大学生写文章时下笔如神,可说起话来要么口吃、要么语塞;有的身材矮小,容貌不佳,总觉得别人难以接纳自己,怀有自卑心理,交际被动,与异性朋友交往更加缺乏信心。

严重的自卑感会造成人的心理问题,给学习和生活带来精神负担。那么,大学生应该如何克服这些不必要的自卑感呢?

①正确认识自己,提高自我评价能力。要善于发现自己的长处、肯定自己的成绩,同时要正确看待别人,切不可把自己看得一无是处而把别人看得完美无缺。有时候,为了提高自信心,适当地挑一挑比自己出色的人的毛病,也是无可厚非的。

②尽可能弥补自己的不足。一个人的身高、长相是很难改变的,但是能力、特长是可以通过努力获得的。比如说,别人的篮球打得好、歌唱得好,而自己的身高不够、嗓子不好,先天优势不明显,但不必灰心,可以选择练习书法、绘画、写作等,只要持之以恒,就一定能成功。如果在书画比赛中获奖、在报刊上登出自己的文章,则不仅能给自己增添乐趣和信心,也能赢得他人的赞誉,久而久之,自己也同样能成为社交圈中的"重量级"角色。

③进行积极的自我暗示、自我鼓励。在交际场合绝不要消极地暗示自己:我不行,会失败,失败了怎么办?而要进行积极的心理暗示:我行,一定能成功!研究表明,经常进行积极的心理暗示对增加社交自信心很有好处。

④及时从社交失败的阴影中解脱出来。人际交往难免有挫折和失败,重要的是总结经验、吸取教训,切不可沉溺在失败的回忆中,唉声叹气、自怨自责,而要拿得起、放得下,尽快忘掉失败的烦恼,振作精神,勇敢地投入新的社交活动中。

案例分析

自卑案例分析

1. 来访者基本情况

王某,男,19岁,某工科学院学生,来自农村。考入大学后,王某发现自己和城里人相比非常土气,内心产生了不如人的自卑感。因此,他不敢和别人交往,怕别人不喜欢自己,交往时又敏感多疑,于是更不满意自己。为此,王某很苦恼。

2. 主诉主要内容

我来自农村,自幼学习勤奋刻苦,成绩很好,好不容易考上大学,全家人、全村人都为我高兴。但是来到学校后,我发现自己什么都不是,不会说普通话,浓厚的家乡话别人有时候听不懂,甚至引得别人发笑;穿着、举止动作都显得土气;农村英语口语教学不太好,所以上课读课文发音不准惹得同学哄堂大笑,自己觉得很失面子;农村教育条件有限,除了学习书本知识外,无力培养什么业余爱好和文艺才能,所以在举行文体活动时,自己总是独坐一隅,好尴尬;在宿舍聊天时,城市同学侃侃而谈,引经据典,风趣幽默,更显得自己孤陋寡闻,插不上话,有时好不容易发表一下看法,也常常惹得舍友笑话。我觉得自己处处不如人,现在我都不和舍友聊天了,上课也怕教师提问,碰到同学就紧张、不自然,同学肯定也认为我是一个怪物。其实我特别想和同学交往,但内心又很害怕,我觉得心里特别难受,我该怎么办?

3. 分析诊断与指导

这是一个典型的因自卑导致的社交障碍的个案。小王的主要问题是对生活环境的变化以及在新集体中位置与角色的变化不适应,引起自我评价降低,导致强烈的自卑感。城乡强烈的反差使他对自己的自我评价失真,心理失衡,因此不能与同学正常交往。过分敏感多疑,人际关系不协调,反过来又加剧了心理的不平衡。

对待小王这样的状况,可以进行以下几个方面的指导和矫正。

首先,充分认识自己,客观评价自己。我们引导小王同学正确地对待由于城乡生活环境的限制而存在的一些不如城市学生的方面,如知识面窄、外语水平低等,但又应看到农村学生勤奋刻苦、吃苦耐劳、生活自理能力强等长处。特别要看到自己在学习能力方面的优势,认识到自己并非一无是处,而是有自己的优势和优点,由此纠正自我意识偏差,提升自信。

其次,寻找差距,弥补不足,增强能力。让小王同学看到自己在哪些方面存在不足,并帮助其制订计划、明确目标,努力提高各方面的能力。要认识到有些差距是可以通过努力和学习弥补的,但有些差距是永远无法弥补的,关键是要坦然接受自己尽了最大努力而取得的成绩,肯定自己,扬长避短。

最后,积极暗示,主动交往。应该打消顾虑,少一些胡思乱想,多一些实际工作,积极与人相处,并且常常进行自我暗示:我行,一步一个脚印,一定能够成功!所以,到人群中去,从现在做起,从小事做起,自卑心理就会随之远去。

> * 名言警句 *
>
> 嫉妒者比任何不幸的人更为痛苦,因为别人的幸福和他自己的不幸,都将使他痛苦万分。
>
> ——巴尔扎克

2.社交嫉妒感及其调适

社交嫉妒感是指在社会交往中,因发现自己在才能、名誉、地位、境遇等方面不及他人而发出来的由抱怨、憎恨、愤怒等组成的复杂情感。就大学生而言,社交嫉妒感的主要表现是对他人的长处、成绩心怀不满,报以嫉恨,看到别人冒尖了心里就不服气,总希望别人比自己略逊一筹或与自己相差无几。更有甚者,把自己的成功、别人的失败看作交际中最大的欣慰。

(1)社交嫉妒的特点

①潜隐性。嫉妒者表面上(甚至内心里)不承认自己在某件事上存在嫉妒心理,且有意无意地去掩饰这种嫉妒。因此,有的心理学家认为,嫉妒不完全是理性的产物。

②对等性。对等性即嫉妒总是产生在与自己性别、年龄、文化、地位、职务相类似而状况发生了改变的人群身上。大学生一般不会对老师产生嫉妒,而教师一般也不会对学生产生嫉妒,就是这个道理。

③行为性。行为性即在社交中,嫉妒感往往导致嫉妒行为。这类行为诸如讽刺、挖苦、挑拨、中伤、诋毁,普遍具有程度不同的破坏性,并且其破坏性不仅直接危害被嫉妒者,同时也危害嫉妒者本人。

④变异性。变异性就是当被嫉妒者的优势转为劣势,特别是落到比嫉妒者还要差的劣势时,这时原先存在的嫉妒感便可能发生变异,比如转变为同情感、怜悯感、幸灾乐祸等。

在人际交往中,嫉妒感只能给大学生带来痛苦,这种心理必须加以调节。

(2)调节嫉妒感的方法

①正确看待别人的能力和长处。当别人确实在某一方面强于自己时,应该实事求是地承认,并努力赶上别人,完全用不着嫉妒和不服气。

②善于调整目标。当自己的目标和别人的目标一致,而别人在这方面的能力远超自己时,可以改变目标,换一个方向去努力,也许会获得和别人一样理想的结果。

③善于转移注意力。不要总是把目光盯在别人的优点和长处上,也不能总是把注意力放在少数优秀人物身上,要学会退而求其次。

④保持良好的心态。要知道在任何一个群体中,总有人比较优秀,也总有人相对落后。自己可以去努力、去争取,如果确实赶不上,可以暂时不强求。

⑤消除嫉妒心。嫉妒心是很难隐藏和掩饰的,在人际交往中容易被他人觉察。一旦别人发觉你嫉妒他(她),交往就会受到影响。与其这样,倒不如消除嫉妒心理,坦诚、轻松、愉

快地与对方沟通,这样或许能获得意想不到的良性交往效果。

案例分析

嫉妒心理案例分析

1. 来访者基本情况

吴某,女,19岁,某学院二年级学生,班级组织委员。主诉与班长(女)关系一直不好,特别反感她,所以在交往中显得很不自在,有时候真想辞掉组织委员的职务,省得整天低头不见抬头见,心里总是烦躁。

2. 主诉及咨询过程

新学期开学后,班级竞选班委,我当了班委组织委员,班长则由一个比我多了3票的女同学当选。一开始,我们合作还不错,我们俩都有一些文艺特长和业余爱好,可以说在大家心目中,我们俩算得上是才女。但是我渐渐发现她好像处处在暗中和我较劲,总要在某方面故意压我一头。比如我在和别人聊天时,她总要插一杠子,一会儿,别人就和她聊得火热,把我晾在一边;她还特别会和老师套近乎、搞关系,所以她的总成绩并没我好,却得了一等奖学金,我只得了二等奖学金;她性格比较外向也比较开放,所以平时和男同学交往很多,好多同学都很听她的,甚至管她叫"大姐";她穿衣服也比较时尚,简直不像一个女生。现在我心里特别讨厌她,有时候我想消消她的气势,故意与她作对,甚至我有时候真期望她遇到一个病灾什么的,永远不要这样耀武扬威。现在我就不能和她同在一个场合,她在场,我觉得什么事都做不好。但是同在一个班,又都是班委,经常见面,合作的机会也多,好像总甩不掉她。我这里气得不得了,她好像没什么事一样,照样有说有笑。真是烦死我了,我到底该怎么办才好呢?

3. 分析诊断与指导

通过三次面对面的咨询了解,我们认为来访者是由于嫉妒使自己心理失衡,导致人际交往出现问题。造成其交往障碍的嫉妒心理主要表现在以下方面:①认知偏差或障碍,来访者不能客观地看待自己和他人,不能接纳自己和他人的不同,不能悦纳他人和欣赏他人,造成对他人的嫉妒猜疑,甚至出现更危险的打击行为。②由于来访者人格上的保守和以自我为中心,所以导致来访者一味苛求他人而忽视了自己的反思和成长,也使这种嫉妒之火越烧越旺。如果不加以引导,来访者和他人都会被嫉妒之火灼伤。为此,我们对来访者进行了以下几个方面的辅导。

首先,我们运用非指导式的辅导,让来访者认识到造成自己心理失衡的原因是由于自己的嫉妒心理、固有的认知模式和个性。因此,我们一同深入探讨了嫉妒和认知障碍对人际交往及对自己和他人的影响。同时,我们和来访者运用人际交往训练和"ABC理论",使来访者认识到人际关系交往的原则及交往技能,并且从理性和感性上认识其错误的认知和习惯性的思维方式。

其次,必须不断完善自己,把嫉妒心理消灭在萌芽状态。嫉妒心理有一个发展过程,大多由羡慕到叹息再到憎恨。少数人则由憎恨心理发展为攻击心理,甚至有了打击、陷害他人的行为。但是必须承认,别人取得比自己好的成绩一定有其强于自己的地方,要正视自己与他人之间的差距,通过完善自我、合理竞争来缩小差距,世间自有公道,付出才有回报。这样想问题,自然就不会有嫉妒他人的心理了。

再次,不强求自己去做那些力所不能及的事情,坦然地对待别人的长处。要培养自己豁达、宽广的胸怀,坦然对待别人的长处,对不尽如人意的事情不要耿耿于怀,要实事求是地确定自己的奋斗目标,不要奢求或企图实现超出自己能力太多的目标,由此逐渐保持心理的平衡。这样做,嫉妒心理就可以被很好地控制住。

最后,常常对自己的心理进行调试。一、可以通过广泛阅读、广交朋友,用知识和人际交往来充实自己的生活,悦纳大千世界,就能够减少不正确的想法;二、不要眼红别人,正视自己与别人的差距;三、当被嫉妒所困扰时,转移自己的注意力,全力以赴地去学习、去工作,使自己没有时间胡思乱想,这样就可以从困扰中摆脱出来了。

3. 社交猜疑心及其调适

猜疑,顾名思义,即猜测、揣度、估摸、疑惑、疑心。猜疑心理是一种由主观推测而产生的不信任的复杂情感体验。心理学认为,猜测是闭路思维的结果,其特征是"自圆其说"。怀有猜疑心的人一般总是从某一假想目标出发,进行封闭式思维,最后又回到假想的目标上。人际交往中实在难以避免猜疑,但如果猜疑心理过重,对什么都怀疑,则容易造成与他人之间的隔阂、矛盾和冲突。因此,大学生必须注意克服自身存在的好猜疑的毛病,可以通过以下途径消除猜疑心理:

(1)学会正确的人际认知方法

对他人和客观事物的认识要力求客观、全面、公正,切忌只凭主观臆想轻率地下结论,也不能只凭一两次交往、共事就断定交往对象是什么样的人。只有对他人的认知正确、全面、深刻,才会避免乱猜疑。如果与一个人长期交往,对之品德、为人非常了解,就不会轻易对其产生怀疑。

(2)加强沟通,多作调查

出现了疑点,不要马上乱猜测、乱对号,否则就会产生忌恨和报复心理。要主动与所怀疑的对象多接触、多交流,这样往往会得到意想不到的信息。生活中经常有这样的情况:某件事,你坚信是某人所为,但经过谈心、交流或侧面调查、了解,结果发现那件事与怀疑对象根本毫无关系。

(3)学会"冷处理"

锤子刚成型时被烧得通红,如果马上将其放入水中冷却,这把锤子只会硬而不韧;反之,出炉以后让它在空气中慢慢降温,则锤子既硬又韧,才能达到理想的结果。在人际交往过程中,对于一些暂时得不到证实的事情,最好的办法就是放一放,相信总有水落石出的时候,急于求成、胡乱猜测、弊多利少,远不及耐心考察的冷处理方法好。

(4)学会识别信息

猜疑心理可能源于自身,也可能是听信流言蜚语而产生的。因此,在人际交往中不可偏信,要善于对信息和信息源进行鉴别,冷静筛选,去伪存真。信息是与人际空间并存的,有些信息只供参考,唯有真人实事才是判断是非的依据。

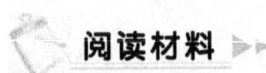

阅读材料

猜疑心理案例分析

1. 来访者的基本情况

钱某,女,19岁,某工学院二年级学生。觉得周围的人都讨厌自己,不喜欢和自己交往,想孤立自己。

2. 主诉及主要内容

来访者是系书记带来的,原因是来访者与男朋友分手了。她怀疑是同宿舍同学的挑拨,于是对同学指桑骂槐,引发纠纷。来访者入学已经一年半了,但和周围同学的关系,特别是与宿舍同学的关系总是处不好。"我总是觉得她们5个合伙要孤立我。有一次,她们几个在宿舍,我在外面听到她们谈得很热闹,但我一进门,她们马上就停止了,她们肯定在议论我。还有她们干什么都不叫我。仅仅是宿舍的人还好,不知从什么时候开始,我们班的同学好像都不喜欢我、讨厌我。有的人见到我就掉头走开,像躲瘟疫一样。她们为什么都跟我作对?"

经过进一步的咨询,我们知道其父母都是老实本分的农民,性格懦弱,其小时候常受邻居的欺辱,而且不敢据理力争,只能忍气吞声。还有自己上高一刚住校不久,一位舍友丢了钱,自己拙嘴笨舌,不会像别人那样表达自己,一紧张就更说不出话来。舍友就说:"你没拿,紧张什么?肯定心里有鬼。"从此她就不能听到谁丢钱,也不断提示自己别人的东西千万不能动。于是每天都很小心,尽量少跟别人接触,免得惹上是非。久而久之,和别人交往时总是不能真心地投入,怀有戒备之心,在别人看来,好像拒人于千里之外。

3. 分析诊断和指导

这是一个由心理创伤事件而引发的猜疑性社交心理障碍的案件。来访者之所以产生好猜疑的个性以及由猜疑个性导致的与同学交往的障碍,有以下几个方面的原因:①由于父母及家庭氛围,使其从小常常感到紧张和不安,这种紧张和不安的情绪极易使个体对自我价值产生怀疑,从而变得敏感和多疑。再加上青春期是一个自我意识强烈、特别注重自我评价的时期,这种低自我价值感就更加增加了来访者不确定和猜疑的个性形式。②创伤事件带来心理影响。别人对自己的误解和猜疑,使自己产生了错误的认知——人是不可信的,由不被人信而不信人,人际交往中没有真诚信任,其人际交往肯定会出问题。

为帮助来访者摆脱苦恼,我们采取以下指导措施。

首先,认清病症来源,消除错误认知。引导来访者充分认识到环境虽然可能对人产生影响,但它不可能决定一个人,决定和影响人的主要因素是自己的认识方式和思想基础。人的出生和以前的成长环境是无法选择和更改的,但是当人长大了,要认识到哪些是自己成长的助力,哪些是自己成长的阻力。对于那些阻碍成长的东西,要通过改变认知,调整状态,走向正常的适应道路,使来访者从深层次认识到自己的责任和力量,树立摆脱猜疑苦恼的信心。

其次,正确看待问题,冷静分析原因。觉得自己不受欢迎或别人想孤立自己,可能是自己的敏感、多疑所致,事实并非如此。这就要消除猜疑和偏见,以获得良好的人际交往。但是,如果事实上自己真的不受同学欢迎,也不要紧张和焦虑,应该冷静地从自己的为人处事、性格特征、思想和方法方面找原因,要相信:"没人存心跟别人过不去。"

再次,学会全面看问题,加强沟通。任何事物都会有其多面性,既要看到其不好的一面,又要看到好的一面、发展变化的一面。千万不要戴上有色眼镜看人,要用坦荡的胸怀待人接物。一切结论产生于调查研究之后,没有充足的证据,绝不做无谓推论,更不要疑神疑鬼。

最后,培养健康的生活情趣。多读一些品位高雅的图书,看看书画展,欣赏欣赏音乐,参加一些有益的社会公益活动,努力进行体育锻炼,这样,有了良好的身心素质,就会彻底地摆脱无谓的穷思竭虑,消除猜疑心。

4. 社交报复心理及其调适

报复是人类行为强有力的动机之一。社交报复心理是指在交往者一方自认为受委屈、被羞辱甚至是情感、人格被伤害时所产生的反击心理。报复心理在大学生的人际交往中有不同程度的存在。不难发现,在社交中喜欢用报复举措的人多半心胸狭窄、脾气暴躁,即文明水准较低,这类人常把战争中的"以牙还牙"和法律上的"正当防卫"移植到朋友间的人际交往中来,实在是不可取,如不注意克服,任其滋长,必然会导致严重后果。调适报复心理,可从以下几方面入手:

(1) 正确认识自己所受的伤害

对于什么是伤害,每个人的理解不完全相同。同一句话或同一件事,有的人认为是伤害,而有的人则根本不当一回事。大学生在实施报复行为之前,要冷静考虑一下,自己到底是不是受到了伤害,伤在哪里,是不是自己过于敏感或多疑,有无报复的必要和价值。这样也许有助于延缓报复行为的实施。

(2) 正确分析别人对自己的伤害

即使伤害已成,也要加以分析,弄清楚别人是有意伤害还是无意伤害,是偶然伤害还是蓄意伤害,是故意伤害还是附带伤害,是严重伤害还是轻微伤害……对于一个大学生来说,即使受到有意伤害,也不能实施报复。至于在交际中遇到那些性格开朗、大大咧咧的人,口无遮拦、有口无心地出语伤人,或者老朋友偶尔说了几句有伤自尊心的话,更不能进行报复,用表情暗示或用调侃幽默的语言表达自己的心态即可。总之,面临伤害,要头脑冷静,具体分析,具体对待。

(3) 多考虑报复的后果

在报复行为实施之前,不妨仔细想想:通过报复,除了或许能从中体验到报复本身带来的所谓"快感"并给对方造成危害外,还能得到什么呢?在唇枪舌剑中自己会不会受到再伤害呢?后果是什么?舆论怎么说?会不会形成打架斗殴而造成出乎意料的恶果呢?大学生在交际中应该三思而后行。

(4) 学会忍耐和克制

人们在确实受到伤害时,一般有两种态度:一是反击,亦即报复;二是忍耐,自我克制。从有益于交际者身心健康和人际交往的正常现象出发,每个参与交际的大学生都应当首先做到严于律己,坚持文明标准,把握好自己的一言一行,尽量不对别人造成伤害,万一犯错,应及时检讨自己,表示歉意。受到一点伤害的人也应尽量忍让、克制。海纳百川,有容乃大,学会宽容、大度,从团结共事的愿望出发,力求化干戈为玉帛,争做人际交流的雅士和贤达。

小 结

- 在心理学上,人际关系是指人与人相互交往过程中,彼此间相互影响而形成的一种心理距离。人际关系反映了交往双方寻求满足其社会需要的心理状态。
- 社会心理学家对人际交往中的结构和过程进行分析,提出了各自不同的人际交往的理论,主要有社会交换理论、公平理论和自我表露理论。
- 影响人际关系的因素主要有时空的接近性、态度的相似性、需要的互补性、外表与个性特征、沟通能力与语言障碍等。
- 大学生人际交往的特点呈现出前所未有的开放式交往趋势,还表现出追求人际交往的独立性和选择性、情感型交往与功利型交往并重、从注重纵向交往转向扩大横向交往等特征。
- 和谐、融洽的人际关系,从交往及情感的由浅入深,需要经过定向、情感探索、感情交流和稳定交往四个阶段。
- 大学生在人际交往中遵循平等原则、尊重原则、真诚原则、宽容原则、谦逊原则和理解原则,这是建立和谐人际关系的重要前提。
- 大学生在人际交往的过程中,要消除戒备、敞开心扉,真诚地肯定对方,礼尚往来、学会回报,重视建立良好的第一印象。掌握上述技巧和规律,可以提高大学生的交往素质。
- 人际交往的心理效应主要有首因效应、晕轮效应、定势效应、投射效应等。
- 大学生的人际交往问题主要有社交自卑感、社交嫉妒感、社交猜疑心、社交报复心等,但只要认识规律、积极调节,还是能够获得较好的改善的。

* 心理测试 *

大学生人际关系的自我测评

请你根据自己的实际情况,认真考虑下列问题,从所给备选答案中选出最符合你的一项。

1. 每到一个新的场合,你对那里原来不认识的人,总是:(　　)。

A. 能很快记住他们的姓名,并成为朋友

B. 尽管也想记住他们的姓名并成为朋友,但很难做到

C. 喜欢一个人消磨时光,不大想结交朋友,因此不注意他们的姓名

2. 你打算结识人、交朋友的动机是:(　　)。

A. 朋友能使你生活愉快

B. 朋友们喜欢你

C. 能帮助你解决问题

3. 你和朋友交往时持续的时间多是:(　　)。

A. 很久,时有来往

B. 有长有短

C. 根据情况变化,不断弃旧更新

4.你对曾在精神上、物质上帮助过自己的朋友总是:(   )。

A.感激在心,永世不忘,并时常向朋友提起此事

B.认为朋友之间互相帮助是应该的,不必客气

C.时过境迁,抛在脑后

5.在你的生活中遇到困难或发生不幸时:(   )。

A.了解情况的朋友,几乎都曾安慰你、帮助你

B.只是那些很知心的朋友来安慰你、帮助你

C.几乎没有朋友登门

6.你和那些气质、性格、生活方式不同的人相处的时候总是:(   )。

A.适应比较慢

B.几乎很难或不能适应

C.能很快适应

7.对于那些异性朋友同学,你:(   )。

A.只是在非常必要的情况下才接近他们

B.几乎和他们没有什么交往

C.能同他们接近并正常交往

8.你对朋友同学的劝告、批评总是:(   )。

A.能接受一部分

B.难以接受

C.很乐意接受

9.对待朋友的生活、工作诸方面,你喜欢:(   )。

A.只赞扬他(她)的优点

B.只批评他(她)的缺点

C.因为是朋友,所以既要赞扬他(她)的优点也要指出不足和缺点

10.在你情绪不好、工作很忙的时候,朋友请求你帮他(她),你:(   )。

A.找个借口推辞

B.表现不耐烦,断然拒绝

C.表示有兴趣、尽力而为

11.你在穿针引线编织自己的人际关系网时,只希望编入:(   )。

A.上司、有权势者

B.诚实、心地善良者

C.与自己社会地位相同或低于自己的人

12.当你生活、工作遇到困难的时候,你:(   )。

A.向来不求助于人,即使无能为力也是如此

B.很少求助于人,只是确实无能为力时,才请朋友帮助

C.事无巨细,只是确实无能为力时,才请朋友帮助

13.你结交朋友的途径通常是:(   )。

A. 通过朋友们介绍

B. 在各种场合接触中

C. 只是经过较长时间相处了解而结交

14. 如果你的朋友做了一件使你不愉快或者伤心的事,你:(　　)。

A. 以牙还牙也回敬一下

B. 宽容,原谅

C. 敬而远之

15. 你对朋友的隐私总是:(　　)。

A. 很感兴趣,热心传播

B. 从不关心此类事情,甚至都没有想过,即使了解也不告诉别人

C. 有时感兴趣,传播

记分标准如表8-4所示。

表8-4　记分标准

	A	B	C
1～5题	1	3	5
5～10题	3	5	1
11～15题	5	1	3

根据你所选的答案,将15道题的得分相加。如果总分为15～29分,说明你的人际关系很融洽,在交往中你是受欢迎的;如果总分为30～57分,说明你的人际关系一般,有相当数量的人不喜欢你,如果你想受人欢迎,还得努力;如果总分为58～75分,说明你的人际关系不融洽,你的交往圈子太小,很有必要扩大你的交往范围。

* 心理训练 *

游戏"我说你画"

内容:请6位同学到讲台前,分3组,每2人一组,分别编号A和B。每组的A面向黑板,不能回头看,给B出示该组图片,由B向A描述图片内容,A根据B的描述在黑板上画出该图片。

规则:A不许出声,也不能回头,只能听B传达信息。B在传达信息的过程中,不能打手势、做动作,只能用言语。下面的同学保持安静。比一比哪组同学画得快,画得最接近原画。

感受与总结:人与人之间的交往是一个双向的过程,有时候你所表达的并不一定是别人理解的,你听到的未必是别人所表达的。

* 自我感悟 *

思考与收获

通过对本章的学习,我的思考是

我的收获是

第九章 大学生性心理及恋爱心理

爱情是人类永恒的主题,歌德曾说过:"哪个青年男子不善钟情,哪个青年少女不善怀春,这是人性中的至洁至纯。"大学生由于生理上的成熟、性心理的发展,自然而然地产生了对爱情的向往和关注。树立正确的恋爱观,对大学生的健康成长和成才也是十分重要的。本章讲述了大学生性心理的发展和性心理的特点、大学生性心理问题及调适与大学生的爱情观和恋爱心理,结合大学生常见的恋爱心理困惑,提出了大学生恋爱心理的咨询方法。

第一节 大学生性心理的发展和性心理特点

性生理的发育为性心理的发展提供了生物学基础。大学生已进入了性生理成熟和性心理趋向成熟的阶段,因此处于青年中期的男女大学生的性意识开始觉醒。正确认识和对待人生的这个时期,对大学生生理和心理的健康成长至关重要。

一、大学生的性生理特征

性征就是区别人体性别的特征。

1. 第一性征

男女生殖器官的差异称为第一性征,也叫主性征。女性的第一性征是卵巢、子宫和阴道。一般来说,女性性器官发育相对较早,月经规律来潮是女性性成熟的标志。男性的第一性征是睾丸、前列腺、阴茎和精囊。男性性成熟的标志是出现精子。处于青年中期的男女大学生,这些性器官的发育已经成熟。

2. 第二性征

第二性征又叫副性征,是男女在外观和形体上的差异,它包括生理变化、声音变化、皮肤变化以及阴毛、鬓须、腋毛和体毛的变化。女性的第二性征有胸部隆起,阴毛、腋毛的生长,声音变得细而柔韧,音调较高,皮肤细腻、有光泽,皮下脂肪聚集增多,体形均匀,肩窄臀宽。男性的第二性征有阴毛、腋毛、胡须的生长,颈部喉结开始突出,说话声音变得粗而低沉,脂肪腺分泌旺盛促使粉刺出现,皮肤变得粗糙油腻。

3. 第三性征

男女两性在心理方面所表现的主要差异称为第三性征。美国心理学家麦考比和杰克林合编的《性别差异心理学》一书,评述了50多种前人认为男女有别的心理特点。他们根据许多人从1966~1973年的大量研究提出,可以清晰地显示出男女确实存在心理差异的实际上只有以下 4 项：
- 男性的视觉、平衡觉能力较强；
- 男性的数学能力较强；
- 男性更为好斗；
- 女性的语言表达能力较强。

我国学者分别对 200 名男女青年调查后，得出如下结论：
- 男性特点：独立性强，不依赖他人；具有攻击性；不易受他人影响；能果断做出决定；很少表露感情；支配欲强；不易激动；很有活力；喜好竞争；感情不易被伤害；爱冒险；不爱修饰外貌。
- 女性特点：文静；爱整洁；爱表达温柔的感情；爱了解他人的感情；非常虔诚；注意自己的外貌；有极强的安全保护需要；喜欢艺术和文学；爱讲话。

二、大学生的性心理特点

> * 名言警句 *
> 越是受到压抑的东西就越是拐弯抹角地寻找出路。
> ——瓦西列夫

大学生在校年龄一般在 18～23 岁，其生理发育已基本成熟，对性的渴望日趋强烈，在行为上也必然有所体现。因此，对大学生这个特殊群体的性心理研究不容忽视。

1. 大学生性心理的发展阶段

促使大学生性意识较迅速发展的主因莫过于身体的急剧变化和第二性征的出现，继而引起的对性、对异性的关注。通用的性心理发展分期如下：

(1) 异性疏远期

从青春期开始，男女少年对两性的一系列差别特别敏感。男女界线分明，如低年级初中生的"课桌三八线"现象。羞涩、不安与反感常常萦绕在青少年心头，在彼此交往中已深深地感到某种"隔阂"。

(2) 异性接近期

由于性的渐趋成熟，青春期男女由开始对异性的疏远，发展到对异性的好奇并产生相互接近的渴望。但是这时期对异性的好感仅是一种对性的懵懂的认知，一方面感到困惑和不安，另一方面又渴望接近异性。青年初期，青年男女情窦初开，异性之间的疏远在逐渐缩小，产生了渴望彼此接近的情感需要。男女青年开始关注异性对自己的态度，为博得异性的好感而表现自己。他（她）们常常以欣赏的心情和友好的态度来对待异性的言谈和行为。

(3) 异性向往期

这一时期，青年男女往往以各种主动的方式对异性表示好感，希望得到对方的积极反应。女性会着意装扮，她们总觉得异性注视着自己，言谈举止显得紧张、腼腆；男性常常有意在异性面前显示自己的风度、才华和能力。

这一时期的青年男女,性机能已经成熟,但正确的道德观和恋爱观一般尚未形成,如果人为地遏制或反对他们正常的异性交往,不仅容易造成逆反心理,甚至会诱发他们追求异性的神秘感和狂热性,进而过早地产生恋爱意识,进入恋爱角色,卷进恋爱旋涡。这一时期有两个重要特点:一是感情隐秘,异性间接触时感情交流是隐晦的、含蓄的,常常以试探的方式进行,缺乏真正感情的交流;二是对象广泛,不是特定的异性,而是呈现出不确定性。

(4)两性恋爱期

两性恋爱期是指男女性意识发展成熟后出现的异性相爱行为。这一时期的异性交往具有以下四个特点:

①爱情具有浓烈的、理想的、超然于现实的浪漫色彩。

②特定的恋爱对象,即男女青年按各自心目中的标准寻找自己特定的恋爱对象,喜欢与自己选择的异性单独在一起,出现不热衷参加集体活动的"离群"现象。

③感情趋向明朗化,即试图通过约会等方式一诉衷肠,交流内心感情,但表达方式往往出现欲言又止、语无伦次、窘态百出、词不达意等情况。

④产生了占有欲,即对爱恋对象产生精神性、情绪性的占有欲,不希望自己爱恋的异性和其他与自己同性的同学、朋友接触,产生嫉妒心理。

从大学生性心理由对异性的抵触、困惑到向往、恋爱的动态变化和发展过程中可知,随着年龄的增长,心理上表现出对异性的渴望,求偶倾向亦随之增长。

2.大学生性心理的特点

友谊、爱情、学习、择业、前途、理想以及千变万化乃至刻骨铭心的性问题冲击着一颗颗大学生年轻的心。大学生性心理特征概括起来有如下几点:

(1)性焦虑

包括对与自己性别相关的形体特征的焦虑,对自己的心理行为是否与性角色相吻合而忧虑,对自己性功能是否正常的焦虑。大学生应该树立健康的审美观,同时接受自身现实,不怨天尤人,注意扬长避短,如果对自身的性生理、性心理有疑惑,应及时寻求咨询和帮助,不可独自敏感多疑,无事生非。

(2)性别的差异性

性别不同,造成大学生的性心理亦有所差异。

在感情流露上,男性往往表现得较为外显和热烈,女性则往往表现得比较含蓄和深沉。

在内心体验上,男性更多的是感到新奇、喜悦和神秘,而女性则茫然和不安,常常会感到不知所措、惊慌、羞涩、喜悦、惧怕,以至于神思恍惚、神情迷惘。

在表达方式上,男性一般比较主动,有意识地在自己爱慕的异性面前表现自己,常常寻找机会向对方暗示甚至直接表白自己的爱慕之情。女性则往往显得被动、羞涩和腼腆,她们一般不会主动向对方表露心迹,更不愿意向对方直接表白自己的爱慕之情,至多是用言语或目光暗示对方,促使对方了解自己的内心所爱,使对方主动、大胆地追求自己。

此外,男性的性冲动易被性视觉刺激唤起,而女生则易在听觉、触觉刺激下引起性兴奋。

(3)动荡性和压抑性

大学阶段拥有人一生中最旺盛的性能量,体内突然增加的性激素的刺激,会引发强烈的生理感应和心理体验。尤其是外界各种渠道的性刺激,更易诱发性的需求和冲动。

然而,大学生深感道德、法律的力量,这种欲望被理智限制和约束着。于是在需求和满足之间出现了尖锐的冲突和矛盾。不少大学生的心理还不成熟,尚未形成稳固的、正确的性价值观和恋爱观,自控能力较弱。性的生物性与社会性的冲突使许多大学生产生了性压抑。

(4)强烈性和文饰性

大学生正处于心理断乳期,心理闭锁是其显著特点。他们既寻求自我独立又感到孤独无依;既渴求在新的集体中得到帮助和安慰,又紧紧地封锁自己的心灵。一方面大学生需要友谊,渴望理解,寻求归属感和爱,希望与自己所爱的人分担痛苦、共享快乐;另一方面又自我闭锁,他们虽然十分重视自己在异性心目中的形象和对自己的评价,但表面上却无动于衷,不屑一顾或故意回避。他们表面上好像讨厌那种亲昵的动作,但实际上却十分希望亲身体验。掩饰自己强烈的渴望导致许多人不愿轻易敞开自己的心扉,这种心理上的矛盾使大学生产生了种种心理冲突和苦恼。

(5)本能性和朦胧性

大学生的性心理缺乏深刻的社会内容,尤以低年级大学生为主,他们不了解性的基本常识,对性有浓厚的神秘感,而这种感觉基本上是生理急剧变化带来的本能作用。大学生往往怀着好奇心,甚至怀有罪恶心理来秘密探求性知识,对异性有着浓厚的兴趣、好感和爱慕。然而,这种生理变化带来的性意识的觉醒和萌动,还披着一层朦胧的面纱,在此基础上,在朦胧纷乱的心理变化中,性意识逐渐强烈和成熟起来。

第二节 大学生性心理问题及调适

在我国传统文化中,性历来是一个讳莫如深的话题,人们谈性色变,但是随着改革开放的深入、人们的生活方式和思想观念的改变,性问题逐渐凸显。在这种情况下,我国部分心理学家开始对性心理进行研究,这是一种文明、进步的表现。

一、大学生性意识困扰

在大学期间,常见的性意识活动有性幻想、性饥渴、性梦及性好奇等。

1. 性幻想

性幻想通常表现为在某特定因素诱导下,"自编""自导""自演"与异性交往内容有关的联想。性幻想可导致生理上的兴奋、性器官的充血,也可偶尔出现性高潮。性幻想是性冲动的发泄形式之一,属于正常的心理、生理现象。

2. 性饥渴

性饥渴就是对性有着强烈的渴望和要求,并希望得到满足。大学生正处于求学阶段,学校的纪律和环境决定了这种要求难以得到正常满足,因此,很多大学生产生性压抑感,并为此痛苦和烦恼。

3. 性梦

性梦通常是指进入青春期以后在梦中出现与性内容有关的情境,一般认为与性激素达到一定水平和睡眠中性器官受到内外刺激及潜意识的性本能活动有关。性梦可以伴有男性遗精、女性性兴奋等,这些均属正常反应。

4. 性好奇

性好奇通常是指在遇到有吸引力的异性时,想到对方或与自身有关的性的意念、裸体表象、性感部位及体验到自身性冲动等,或在读到与性有关的书刊时,产生对性的臆想、对自身生理性反应的感受、联想到对自己有吸引力的异性。

人的性意识活动是从性启蒙开始的,其意识内容渐趋丰富,活动频度增加,并在青年期达到高峰。有研究表明,性意识作为一种困扰,引起66.66%的男生和71.7%的女生出现不同程度的心理冲突,表现为焦虑、烦躁、厌恶及内心不安、恐惧、自责等。少部分困扰严重的同学出现失眠、注意力不集中、情绪抑郁、不愿与同学(尤其是异性)交往,并常陷入焦虑、矛盾、困惑和苦闷之中,从而影响其学习、生活等,甚至会干扰自身的正常发展。

有性意识困扰的大学生应多学习性生理、性心理的有关知识,了解青春期性意识的发展规律,树立科学与健康的性意识观念。这有利于消除对性意识观念的罪恶感、自卑感和种种自我否定的评价,增强自信心。

二、大学生性行为困扰

与性内容直接关联的行为称为性行为。由性行为引起的对当事人心理上造成消极影响但又未构成较重伤害体验的现象称为性行为的心理困扰。

1. 边缘性性行为

边缘性性行为是指异性间的拥抱、接吻和爱抚行为。对此,绝大多数大学生都能正确对待,不会由此带来很重的心理负担,但是也有少数大学生,尤其是女大学生,在发生边缘性性行为以后,导致沉重的心理负担,有的甚至出现心理疾病。出现这种情况的主要原因有以下几点:一是在没有心理准备的情况下发生此类行为,产生自责和罪恶感;二是在两性之间感情尚未深入发展到一定程度时发生,感到勉强、不真实,有耻辱感和自身不洁感;三是对恋爱阶段就发生这类行为感到不够高尚、低级、下流;四是对恋爱的成功和彼此关系能否持久产生疑虑,有后悔心理。

应该说,热恋中的大学生发生接吻、拥抱和爱抚行为是正常的,也是难以避免的,只要注意场合和分寸,就不必为此感到羞愧和自责,甚至苦恼,更不要把这种行为同流氓行为混为一谈。但是在恋爱中要注意把握分寸,不能逢场作戏,过于轻率,否则就会给自己带来心理负担。

2. 自慰行为

自慰是指用手或替代物等刺激、摩擦性器官以引起性快感的行为。大学生中自慰行为的总发生率相当高,有少部分学生在幼年期就出现了自慰行为。有些大学生因为自慰行为而陷入苦恼、矛盾之中,一方面难敌自慰快感的诱惑,另一方面则在自慰后产生恐惧、内疚、自责和罪恶感。

自慰本身是无害的,它是人类正常的生理行为。马斯特斯夫妇的实验研究证实,自慰与性交所引起的生理反应并无区别,自慰并不会导致早泄、阳痿、神经衰弱等病症。所以,真正造成危害的是对自慰的错误认识。对于自慰行为,大学生应该有正确的认识。

随着性生理的发育成熟,青春期必然会产生性冲动和性要求,而且这段时间的性能量是一生中最高的,处于性憧憬和性饥饿状态。而对这时的青少年来说,一般要等七八年甚至更长的时间才能合法地通过婚姻满足性要求。彻底戒除自慰是不现实的,对待自慰应顺其自然,适当克制,切不可以过度依赖自慰来排解坏心情,更不可过于沉湎于自慰行为。

三、性心理障碍的特点

性心理障碍是指当事人的性爱对象或满足性欲的方式与正常人不同的一种心理障碍。

性心理障碍具有以下三个特点:一是满足性欲的行为是除两性自愿性交行为以外的其他方式,不以生殖为目的,也不通过两性之间的生殖器进行,是违反社会习俗的;二是性心理障碍行为是习惯性的行为,偶尔几次的异常性行为不能认为是性心理障碍;三是性心理障碍是嗜好性行为,个人乐此不疲,刻意追求。

性心理障碍与人格障碍既有联系又有区别。性心理障碍当事人的行为可能是人格障碍的一部分表现。例如,残暴好斗的人在性行为方面可能是施虐狂,但性心理障碍的人不一定都具有人格障碍的一般特征。有些性心理障碍者在社会生活的其他方面适应良好。

四、大学生常见的性心理障碍

(1)同性恋

同性恋是一种对同性产生性爱的思想和情感,并以同性为满足性欲对象的性心理障碍。这一行为可见于各年龄段,但以未婚青年居多,且男性多于女性、西方国家多于东方国家。在我国,同性恋行为为社会传统文化所不允,社会上普遍认为同性恋行为是反常性行为,但同性恋现象仍然存在。实际上,有同性恋行为的人比想象的要多,只是他们意识到自己的处境,悄然行事,别人难以得知。不过,《中国精神障碍分类和诊断标准》中,同性恋不再被归到性变态的范畴,只是作为性指向障碍,归于性心理障碍一类。这一标准的变化标志着我国精神障碍的分类和诊断更趋于科学和宽容。

同性恋者在失去同性恋关系或因被人知晓而面对社会压力时,会产生严重的焦虑或抑郁反应;即使能悄然维持同性恋关系,同性恋者同样也会因背负着沉重的精神包袱而苦恼万分。个别的同性恋者由于不堪忍受精神折磨而企图自杀。

(2)恋物癖

恋物癖是一种通过与异性穿戴或佩戴的服饰或与异性非性感部位相接触,并以此作为偏爱方式或唯一方式而引起性兴奋和达到性满足的性心理障碍。

恋物癖常起始于青春发育期,几乎都发生在男性身上。他们通过抚弄、嗅、咬某些直接接触异性体表的物品而获得性的满足。有时把异性身上非性感部位,如脚、头发等作为性活动对象以引起性兴奋和达到性满足。所谓非性感部位,是指平时一般不会引起性联想的部位。

恋物癖者大多数性功能低下,对性生活胆怯。他们为了获得异性物品,不惜采取偷盗手段,以致触犯刑律,遭到逮捕或惩罚,但过后又会重犯。恋物癖者在玩弄这些异性物品时,常常自慰。

(3) 异性装扮癖

异性装扮癖或称异装癖是一种通过穿戴与佩戴异性服饰而引起性兴奋和达到性满足的性心理障碍。有时这是同性恋者或者恋物癖的一种形式，但也有异装癖者穿着异性服装并不是为了给自己性刺激，只是暂时体验成为异性的感受。

异性装扮癖当事人一般从青春发育期开始主动穿戴异性服饰。其主要表现是刚开始时当事人所穿内衣裤为异性服装，并且偷偷穿戴，如男性戴胸罩、穿连体裤袜等，外套仍为符合自己性别的服装；之后穿戴的异性服装逐渐增多，以致全身上下、内外都是异性服装；最后在公共场所也穿戴异性服装并佩戴异性饰物。穿戴异性服饰时有明显性兴奋感。

大多数异装癖者都是男性，且大多数都是异性恋者或非易性癖者。但如果是女性，则几乎都是女同性恋者或是非易性癖者。

(4) 裸露癖

裸露癖是一种以显露自己的生殖器而求得性欲满足为特征的性心理障碍。

裸露癖者大多数是男性。裸露癖者常出没于昏暗的角落、厕所附近、公园僻静处或田野小径上，每遇到女性则迅速显露其生殖器或进行手淫，从对方的惊叫、逃跑或厌恶反应中获得性满足，通常并无进一步的侵犯行为。但由于对社会风尚造成危害，裸露癖者常常受到严厉惩罚。裸露癖者大多事后并不感到自责，只有极少数人会有后悔感。

(5) 窥阴癖

窥阴癖是一种反复多次偷看别人的性活动或异性裸露的身体，并以此作为偏爱方式而引起性兴奋和达到性满足的性心理障碍。

窥阴癖均为男性，一般比较胆小，性生活能力不足，也不会采用暴力来满足自己的性欲要求。除了偏爱有关性的电影镜头或裸体女性形象外，窥阴癖者常冒被捕的危险，不择手段地去偷看女性洗浴或排便，多伴有手淫行为，即使被严厉惩戒，但恶习难改。

(6) 易性癖

易性癖亦称异性认同癖，是一种性别认同障碍，很罕见。这种人强烈认同自己为异性，以致企图借医学手段帮助他们改变性别。男性要求切除阴茎，做人工阴道；女性要求切除乳房，做一个类似阴茎的附属器官，或采用性激素以改变自己的性征、体态。尽管他们相信自己解剖上的性别是错的，希望改变性别，但他们并非同性恋，实际上多是异性恋者。

易性癖者往往伴有强烈的抑郁和焦虑情绪，也可能有自杀意图。有的易性癖者能结婚，但离婚率较高。

阅读材料

性困扰案例分析

某男，21岁，大学三年级学生。平时性格比较内向，不善与人交往，从没有和哪一个女孩子特别亲近，然而不久前做了一个梦，梦中居然和别人发生了性关系。梦醒后他愧疚不已，无颜面对他人。后来又做了一个梦，梦中和同班的女团支书发生了关系。潜意识中似乎在证明什么，该生不相信自己道德如此败坏，竟这样下流无耻，担心团支书因此受到伤害，以至于不敢面对她。只要她在教室,他就看不下去书;如果单独与她不期而遇,这一天该生便会心神不宁,强烈的罪恶感使他不能安心学习。他担心自己会变成性犯罪分子,有时还怀疑自己是得了精神病,为什么会如此不正常。心理的负担使他不敢入睡,生怕"重温旧梦",讲又讲不出口,想也想不开,忘更忘不掉,万般苦闷中他走向咨询室。

1. 原因分析

使这位大学生苦恼不已的梦叫作性梦。这位大学生之所以不能自拔是荒诞怪异的梦使他产生了强烈的内疚心理,以至于怀疑自己,害怕睡觉。人之所以会做性梦,是生理和心理综合活动的结果。梦中的情景都与梦者平时经验和思想活动有关。由于梦是一种典型的无意想象过程,所以性梦不免荒诞离奇。在性梦中出现的不合常规的性恋动作与性对象既不表明性梦者的人格特征,也不表明其伦理道德修养水平,因而性梦之后完全没有必要自责。

2. 解决方法

(1)用认知领悟疗法,减轻其心理负担和内疚,并对他的性梦做个性分析。

从他的情况看,青春期后产生了对异性的亲近感,而社会规范又使人们必然约束性欲,生理欲望受到心理自律的压抑后,往往会以性梦的方式得以实现。性梦仅仅是梦而已,并不是现实的,既不受梦者的控制,也不会伤害所涉及的人,更谈不到人格与道德败坏。

(2)加强性格基础的培养,使自己的生命能量得到积极合理的宣泄。平时行为多注意以下方面:

第一,保持正常的异性交往。

第二,积极参加文体活动和社会实践活动。

第三,多阅读有关生理和心理的书籍,提高这方面的知识水平,增强认识和判断能力。

第四,积极扩大人际交往范围。

第三节 大学生恋爱心理及常见问题

树立正确的恋爱观,对大学生的健康成长和成才也是十分重要的。

> ∗ 名言警句 ∗
> 爱就是对我们所爱的对象的生命和成长主动地关心。哪里缺少主动的关心,哪里就没有爱。
> ——弗洛姆

一、什么是爱情

人类的精神生活中,从未有一个话题像爱情一样经久不衰,也从未有一个话题像爱情那样动人心弦。那么什么是爱情?爱情是人类特有的精神心理活动,是包含了生理、心理和社会诸多因素的复杂现象,具有直觉性、冲动性、专注性、执着性、排他性、隐曲性和相容性。

古德(W. Good)认为,爱情是两个成年异性之间强烈的情感专注,其中至少包括性的欲望和温柔体贴的成分。

斯腾柏格(Robert J. Stemberg)的爱情理论算是目前对爱情研究得最完整的理论,他发展出"爱的三角形"理论,认为爱情有三个基本元素:亲密、激情、承诺,各属于三个不同的维度。

1. 亲密(intimacy)

亲密是一种亲近的、联结的、心与心交流的感情经验,属于情感维度。该维度除了爱与欲之外,可能还夹杂着酸、甜、苦、辣的爱情滋味。

2. 激情(passion)

激情是一种混着浪漫、外表吸引力和性驱力的动力,属于动机维度。该维度是爱情行为背后的动机,对人类而言虽未必完全出于生理上的需求,但绝不能否认性动机或性驱力以及相应的诱因,如异性之间注重身体、容貌特征等。

女人对男人以及男人对女人的性欲望是恋人理性的、有目的的交往的一种方式。动物身上只有条件反射,而人具有在劳动和社会关系中合乎规律地发展起来的意识,能够根据一定的原则和准则来权衡并且调整自己的行为,这就使复杂的性关系具有高尚的精神。人类的爱情是有意识的,这一点表现为预见、认识和按一定目的调整自己的行动,而且表现为幻想和渴望获得个人幸福。爱情自古以来既是令人激动的回忆,又是热切的期待。

3. 承诺(commitment)

承诺包括短期决定去爱一个人和长期承诺去维持爱的关系,属于认知维度。爱情中的认知作用对情感和动机维度而言,是一种控制因素。如果将动机与情感分别比喻为电流与火花,认知就是开关或调节器,可斟酌爱情之火的热度并予以适度调节。

这三个基本元素有不同的特性:承诺的稳定性高,激情的稳定性低;激情的短期效果强,而亲密和承诺则具有长期的效果。

二、健康的爱情价值观

爱情从来都是严肃高尚的感情,不是男女两性的简单结合,不是儿女间的游戏。大学生只有具备正确的人生价值观才能确立明智的恋爱观,获得美满的爱情。认真严肃地看待爱情和婚姻大事,是对自己和所爱的人负责,也是对社会文化的健康发展负责。

爱情的价值观是人的价值观在爱情问题上的具体体现,涉及什么样的爱情有意义、什么样的婚恋生活幸福以及选择什么样的婚恋对象等问题。如在选择对象时,无论男女,不仅注重由遗传决定的生物特点(如眼睛、头发、体形、气质等),而且会考虑其社会评价(如社会地位、物质条件、教育程度、道德水准、志向等)。爱情价值观对爱情行为所具有的评价、指导和选择作用,使其在爱情心理结构中占有重要位置。

柳青说:人生的道路虽然漫长,但紧要处只有几步,特别是在人年轻的时候。大学生风华正茂,意气风发,正确对待恋爱和爱情问题是其成长道路上极为关键的一步,这一步走得怎样,将会影响其一生。

三、正确的爱情道德观

爱情道德观是个体在婚恋中所必须遵从的社会道德规范体系。爱情是一种社会现象，是与特定社会结构中人的道德意识、人的善恶观以及人对道德和不道德的认识联系在一起的。只要人把道德带进了两性关系，一旦爱上一个人，就承担了尊重这种爱情并且把对方看作最大的幸福而珍惜的义务。当一个人体会到真正的爱情时，就会表现出自我牺牲精神与巨大的道德力量。自觉遵守社会道德规范的爱情，人们认为是高尚的，得到社会的承认和赞许；反之会受到社会舆论、传统习俗及个体内心信念的谴责。因此，爱情道德观对个体婚恋行为起着重要的规范和制约作用。

爱情可以是佳酿，给人以幸福和欢乐；爱情也可以是苦水，给人带来无穷的苦涩。因此，大学生要谨慎驾驭爱情之舟，学习调适恋爱中的各种问题。

四、大学生恋爱心理的发展过程

恋爱是一个过程，它萌生于两心相悦之时，是两份感情激荡的心灵撞击在一起，产生彼此相互吸引的状态。恋爱不仅是男女双方互相倾慕和培植爱情的过程，而且也是一个情感升级及体验欢愉的心理过程。这个过程大致可分为五个阶段：

1. 感受阶段

大学生进入了对具有吸引力和魅力的异性感兴趣的阶段。在这个阶段，他们或者一见倾心迅速地诱发出火热情感，或者由于羞怯、迟疑等原因而未曾吐露自己的心声。异性的外表在这一阶段起到十分重要的作用，它能够激起感官快乐。一些学生可能凭着这短暂的感受就一下子跌入"情网"，导致盲目恋爱，因为这是一种原始的感受，所以在这个阶段极易见异思迁。

2. 注意阶段

当接触到某个异性而在心理上激起波澜时，或感到与某个异性之间有莫大的吸引力时，往往有一种想接触和亲近对方的强烈的向往。这时，就会自觉地将注意力集中指向这位异性所从事的一切活动、兴趣爱好以及家庭背景等，进而考虑能否和他（她）接近、如何表露真情，并时而设计一些相会的情景。这阶段多表现为"单相思""白日梦"。

3. 求爱阶段

这是重要而且困难的阶段。这一阶段求爱者心理负担非常重，各种担忧不断涌现。这个阶段容易出现求爱挫折，产生心理障碍。因此，学习求爱的技巧，提高求爱的成功率，是男女学生度过这一阶段心理困扰的关键。而要提高求爱的成功率，关键在于把握三点：一是正确地判断对方对自己的印象和态度；二是选择合适的求爱方式；三是把握好求爱的时机。

4. 恋爱阶段

一方表白，另一方接受，双方的恋爱关系就确定了。求爱成功之后，爱情的扁舟就驶入了恋爱的海洋，两个异性之间就开始了共同的情感交流活动。在这个阶段，成熟起来的大学生能正确看待爱情和事业的关系，同时考虑到爱情的前途和未来。但也有少数心理不够成熟的大学生，不能驾驭自己的感情，恋爱的盲目性较大，影响了学习和发展，造成了不良后果。

5. 成功或分手

确立爱情后,有的男女青年可能达到以最终结婚为标志的成功境界;有的则可能经历另一个过程即分手。分手的原因很多,有可能是各种外部条件造成的,也有可能是主观因素造成的,如父母反对、相互误解、第三者插足、个性不合等。恋爱时间越长或恋爱关系越深,分手时造成的打击就越大。只有当能愈合失恋伤痛的幸福时刻到来后,原来的伤痛才会随着时间的流逝而成为过去的回忆。

五、大学生恋爱的心理健康问题

1. 单恋

单恋,亦称单相思,是指一方对另一方的一厢情愿的倾慕、思念和热爱。有的单恋,对方并不知道,也无意或无法让对方知道。这种单恋多是幻想型的,带有偏执成分,如有的青年学生对影视明星的暗恋,多发生在性格内向、情感丰富而又缺乏恋爱体验的人身上。他们对所恋对象抱着高不可攀的畏惧心理,把对方想得神圣非凡、完美无缺,可望而不可即,因此,只能将思恋之情深藏于心,形成一种痛苦的自我折磨,造成心理失调。还有一种单恋,是恋慕对象知情而无法回应,甚至在予以拒绝以后仍然痴情不改。这种单恋不但对方知道,单恋者周围的人也有所觉察,因此单恋者不但痛苦不能自拔,而且自尊心也容易受到伤害。

克服单恋的办法有很多。首先要避免恋爱错觉,不要过分相信自己的感觉、自以为是。学会准确地观察和分析对方的表情,用心明辨;要学会分析信息反复性背后的意义,某种信息的经常出现可能意义很深,而偶然一两次就不足为凭了;要学会用联系的观点去分析问题,把某种信息和其他因素结合起来考虑。其次,要克服怯懦和自卑心理,以适当的方式传递自己的感情和意向。如果对方有意,要勇于与其进行接触和交往,传递爱的信息,单恋就有可能转化为"双恋",爱的快乐就此取代爱的痛苦。如果是"落花有意,流水无情",则应该面对现实,果断地抛弃幻想,用理智主宰感情,通过思想感情的转换和升华来获取心理平衡。再次,通过重构认知来树立自信、恢复理智。单恋者的所思所想往往不受理性思维支配,而受制于不切实际的幻想。而这种幻想使单恋者以扭曲的认知方式看待现实,造成他们夸大、美化对方而贬低、丑化自己的认知倾向,从而不敢采取切实有效的主动行动来表达自己的感情。因此,要想克服单恋带来的心理困扰,就必须重构认知,这样才能树立自信、恢复理智。

2. 多角恋

所谓多角恋,是指同时与两个或两个以上对象建立并保持恋爱关系,通常把被多方追求的对象称为"主角",而将追求同一对象的人称为"副角"。

多角恋一般分为两类:一类是隐蔽式的多角恋,即多角恋中的主角同时与几个副角相恋,而几个副角之间并不知道,主角有意隐瞒真相,在几个副角之间巧妙周旋,这种多角恋带有很强的欺骗性;另一类是公开式的多角恋,就是主角同时与几个副角保持恋爱关系,而几个副角之间彼此知晓,展开竞争、角逐、争宠。

多角恋在大学生中也是存在的。调查表明,在大学生群体中,多角恋容易发生在下列大学生身上:一是外表形象好的大学生,如高大魁梧、英俊伟岸的男生,身材窈窕、容貌漂亮的女生,往往是众多人追求的对象。二是才华出众的大学生,如学习成绩特别优异的大学生、多才多艺的大学生、各种社团或组织的负责人等。这些人通常处于众星捧月的地位,容易受到异性的青睐。三是家庭条件优越的大学生。如干部子弟、名人子弟以及家庭经济条件比较好的大学生等。当然,这并不是说上述大学生都会发生多角恋,恰恰相反,这些大学生很多都品学兼优,他们对待爱情的态度也很严肃,不仅不会搞多角恋,不少人甚至在大学期间连恋爱都不轻易谈。不过,就上述大学生自具备的条件来看,是容易产生多角恋的,事实上也确有极少数人利用自身的"优越"条件来玩多角恋游戏。

多角恋,无论以哪种形式,也无论出于何种考虑,都是畸形的、不道德的,也是危险的。因为,恋爱不同于一般的交朋友,爱情具有排他性,多角恋中的主角最终只能选择一个副角保持长期恋爱关系。那种"鱼也所欲,熊掌也所欲"的想法是根本不可能实现的,必然给其他副角带来痛苦,最终也给自己带来无法弥补的痛苦。陶行知先生说过:"爱之酒,甜而苦。两人喝,是甘露。三人喝,是酸醋。随便喝,要中毒。"多角恋中的主角需要耗费大量时间和精力,不仅影响学习和人际关系,而且严重影响自身的身心健康,最终不仅贻害别人,也贻害自己,处理得不好,还容易引起纷争、不幸和灾难。

多角恋的调适策略如下:

第一,谨慎对待情场竞争中的成功与失败。当你凭借自己的实力和光明正大的努力而取得爱情时,尽量不做刺激失败者、激化矛盾的事情,否则会导致本身爱情的毁灭。当你判定自己处于"劣势",应有情场"勇退"的精神,并学会正确地自我评价与自我解脱,退出竞争的三角或多角漩涡。这是明智之举,并不是无能、怯懦的表现。

第二,当你同异性并未建立恋爱关系却与多名异性保持着等距、暧昧、不同寻常的关系,正处于进退维谷、取舍两难境地时,你可以从生理条件、心理品质、社会条件以及多层次的美感表现等方面进行比较,并尽快做出抉择。

第三,当你已同一名异性确定了爱情关系,生活中又闯进了另一异性时,如果你与前者只是好奇、冲动、相爱时间不长,感情较浅,精神相容性较差,而后者对你更具吸引力,那么你不妨先疏远前者,再明确中断与前者的恋爱关系,待对方心理恢复正常、有一定的心理承受力时,才可以和后者建立恋爱关系。否则,会给"被吹者"造成更大的心理损伤。反之,如果你与前者感情尚可,且相爱时间较长,只是对方在某些次要方面还有不合自己心意的地方,你应该用爱情的力量鼓舞和帮助其不断地改进,从而缩小对方与自己心目中理想伴侣形象的差距,并达到彼此人格、能力、志趣等方面的和谐。那种一遇上异性追求者,就轻率地抛弃先前恋人的做法是不足取的,这样做不仅会伤害对方,而且对自己也未必是最佳的选择。

3. 网恋

网恋是现在探讨大学生恋爱的文章、小说和影视作品中曝光率非常高的一个词。但要给网恋下一个明确的定义却不是件容易的事情。一般说的网恋就是专指那些在虚拟的网络世界和社区,以恋爱为目的,以恋人身份在网上共同生活、共同经营一段"爱情"甚至"婚姻"的一种恋爱关系。

网络最大的特点就是虚拟性、隐蔽性和时空无限性,网络世界最诱人之处就是它的言论和行动自由。在网络世界里,"理想的自我"可以集合很多异性,在挑选男朋友或女朋友时使看中的品质、能力甚至职业集于一身,也可以随着自己看中的目标人物的喜好来改变自己的言行或者其他情况。这样就比较容易让人看到双方的相似或者互补之处而消除两人之间的不和谐,进而可以在比较短的时间里赢得对方的好感甚至爱情。但这种迷恋让对方的一切都笼罩在光环当中:她的冷淡却被理解为酷;他的奢侈也可能被理解为阔气;她的缺少教养可能被理解为天真……一旦从网络走向现实,面对双方"现实的自我"时,就会遭遇"希望越大失望就越大"的尴尬。网恋的"见光死"频率也是非常高的。

不仅如此,网恋也是一件费时、费钱、费心的事情,同时也给那些怀有不良动机的社会闲杂人员或犯罪分子提供了可乘之机。陷入网恋的人,每天至少要花6~8小时在网络上享受自己的二人世界,为了一个虚幻的恋爱对象既浪费钱又浪费时间。一旦网恋"见光死"以后,心里的失落和懊恼比真正的失恋还要折磨人。

4. 同性恋

同性恋是指以同性为恋爱和性欲满足对象的爱情,既包括只与同性为恋爱和性欲满足对象的纯粹的同性恋,也包括既可以与异性发展爱情又可以与同性发展恋爱关系的双性恋中的同性恋部分。传统和狭义的爱情仅发生在男女两性之间,不包括同性恋,所以一直以来同性恋都被看作异类。在心理学界,同性恋也一直被看作是一种心理障碍。

但是,近年来,心理学家、精神病学家都同时注意到同性恋者除了以同性为主要的(对双性恋而言)和唯一的性满足对象,无其他任何明显的精神和心理异常,甚至在学习、工作或其他社会行为方面有优异的表现,社会适应良好。因此,很多国家现在都已经不再将同性恋列入心理疾病的诊断范围,个别国家在法律上还允许同性恋结婚和领养孩子。

一般说来,主动型的同性恋在恋爱过程中会感受到较多的痛苦和压力。男同性恋者可能有对其他男性"单恋"的情况,也可能因为家庭和社会世俗的压力而娶妻生子。但在家庭中却无法扮演正常的丈夫的角色,对妻子可能没有多少真正的兴趣,也不愿与妻子过性生活,因此家庭关系紧张,双方都非常苦恼。女同性恋则更多的是因为追求女性失败或自己喜欢的女性突然有了新的男朋友或嫁给了其他异性而感到很受伤害。同时,由于不正常的性生活,同性恋中艾滋病的发病率高于非同性恋人群。

5. 失恋

失恋即恋爱过程中断,在客观上表现为相爱的双方分离,在主观上表现为失恋者体验到悲伤、忧郁、失望等消极情绪及心理痛苦和压力。恋爱的过程是两个人相互了解和选择的过程,当一方提出中断恋爱关系时,另一方就会失恋。世界上有恋爱就会有失恋。分手的原因不外乎下面几种:双方个性、价值观有很大差异,以致无法沟通;第三者介入;时间、空间的距离;父母、家人或亲友的反对;误会太深;觉得自己付出太多,对方付出不够;失去了爱的感觉;对方过度关怀,使自己有压迫感;发现对方和他人有过亲密的行为;发现对方有不良嗜好等。

失恋后应及时找朋友或亲人倾诉,或找专业人员咨询。此外,还可以用以下方法自行调整。

(1) 时间疗养法

一般来说,失恋要经过一段"昏天暗地"的危险期,这个危险期有长有短,因人而异。在这个危险期内,首先采取"冷处理",当对方提出分手时,不要冲动、焦急,而要宽容、大度、冷静。一般只要在失恋的时候有朋友、亲人的陪伴和安慰,不做出冲动的事情来,随着时间的推移就会慢慢走出危险期,痛苦也会随之减轻。

(2) 自我疗养法

面对失恋的打击,不同的人反应不同,那是因为每个人看待问题的方式不同。比如爱情,有人坚信它是"铁树开花,百年难遇",有人则认为"天涯何处无芳草"。失恋后最重要的是要排除一些不合理的推论,最常见的是"以偏概全",如"世上没有真正的爱情""我很失败"。所以,此刻要做的是自我安慰,这时不妨想想在一起时不愉快的事,多想想对方的缺点,设想以后会找一个更好的。

(3) 宽容疗养法

恋爱是双方的自由选择,自己有选择的权利,对方也有选择的权利。恋爱双方都处于开放式的交往过程中,本身带有不稳定性,对这点要有心理准备。失恋者对伤害自己的人会产生仇恨,这也是失恋者不能从痛苦中走出的重要原因。但仇恨和报复并不能挽回已经失去的爱情,只能使自己的心态更加失衡,而宽容能让人释怀。尊重对方的决定,并祝对方幸福,试着宽容对方,自己的心灵也会得到滋润。

(4) 转移注意力法

在失恋的日子里,可以看书,忙自己的事情。许多性格坚强的人能将痛苦升华为力量并取得许多成就。试试看,在你专心于学业时,你会觉得自己很充实、富有。不断提高自己,然后站在新的起点,重新审视失恋的痛苦,到时就会觉得没有什么是承受不了的。

阅读材料

歌德与《少年维特之烦恼》

歌德是世界著名的文学巨匠,但他的成功从某种意义上讲,却是由失恋的挫折升华而来。23岁的歌德在参加一次舞会的路上认识了19岁的夏洛蒂,便一见钟情地爱上了她。他们一起跳舞,一起游戏,他太爱她了,但后来他才知道,夏洛蒂原来是他好友凯士特南的未婚妻。歌德痛苦至极,这已是他第五次失恋,这次失恋几乎使他到了拔剑自杀的地步。然而,歌德并没有这样做,他带着极大的痛苦离开了夏洛蒂,以满腔激情写了《少年维特之烦恼》,从而一举成名,轰动了整个欧洲。

(5) 环境转移法

失恋后最好不要一个人总是待在房间里思来想去,这样会越发悲伤、苦闷,不能自拔。当然,大学生失恋后很难彻底转移环境,与能触动痛苦回忆的景、物、人隔离,但适当外出旅游、调整交往圈子还是可以的。当事人只要平静地接受失恋的事实,重新寻觅,真情投入,就会惊讶地发现,生活中还有更适合自己的人。正可谓"天涯何处无芳草,何必单恋一枝花"。

案例分析

个案：

小林是大学二年级学生，他一直是家里的骄傲，并以全校最高分进入大学。在大一的时候，他与一个女生相恋了。两人在爱河中只共度了数月，女孩便移情别恋。女孩没有其他解释，只告诉他：爱是一种感觉，当爱时那是真爱，当不爱时那就是真的不爱了。女孩自称对小林失去了感觉，然后就绝情地离开了他，没有给小林任何重来的机会。

小林失恋了。由于受到女孩的伤害，他开始上网，不愿意上学，感觉厌倦了人生。他的家人也无计可施，可以说什么办法都用过了，即便他离开了网络，可是他消极的心理仍然让所有家人都很担心。

分析：

心理学家们解释说，过去的男女初涉爱河，就深信双方的爱是"命中注定""千里有缘来相会"。这种"失恋"之苦，"早恋者"几乎都会尝到。这是一种暂时的、过渡性情绪体验。长期"执迷不悟"于失恋是非常有害甚至危险的。从心理学上看，恋爱，尤其是初恋，往往是朝向对方的心理能量的最大集聚，而这种集聚起来的心理能量突然失去了接收的对象，就可能使人产生迷失方向的感觉。这种难以排遣的心理能量，在内心寻找着"喷射口"，当以其疯狂的方式再度喷向昔日的对象时，往往会导致可悲的后果——暴力、投毒、毁容直至害命行为都可能在这种失控的情况下发生。有人则把这种心理能量喷射到自己，即"自毁"，如自暴自弃、酗酒吸毒、自杀等行为。也有人寻求一种消极的逃避方式，如离家出走或出家，陷入所谓的"恋爱恐惧症"，这就是一种心理变态了。当然，大多数"初恋"不成功的男女，在经过一段情绪波动后，能够振奋起来，投入正常的学习与生活中，这就是所谓的"精神升华"。

第四节 培养健康的恋爱心理

> ※ 名言警句 ※
>
> 爱情，必须时时更新、生长、创造。
>
> ——鲁迅

爱的能力是与生俱来的，同时在生活和成长中不断获得和积累。大学生需提高自身修养，培养健康的恋爱心理和能力。

一、提升爱与被爱的能力

在现实生活中，要拥有爱的能力、掌握爱的艺术，不仅要学习和掌握爱的理论，更要理论与实践相结合。

1. 敢于说出爱

一个人心中有了爱,敢于表达、善于表达,这是一种爱的能力;一个人面对别人的示爱,感受对方的爱,并做出接受、谢绝或再观察的选择,这也是一种爱的能力。缺乏这种能力的人都是不成熟、心理不健全的人。

2. 敢于接受爱

大学生要具有迎接爱的能力,有健康的恋爱价值观,知道自己喜欢什么,适合什么;大学生应对自己、对他人保持敏感和热情,应主动地关心他人,热爱他人;当别人向自己表达爱意时,能及时准确地对爱的信息做出判断及选择;能承受求爱被拒绝等所引起的心理困扰。

3. 敢于拒绝爱

对自己不愿意的爱应有勇气加以拒绝。拒绝爱要注意两方面:一是在不希望爱情到来时,要果断地、勇敢地说"不",因为爱情来不得半点勉强,千万不要优柔寡断或屈服于对方的穷追不舍,因为这种爱发展下去对双方都是不利的。二是要掌握恰当的拒绝方式。虽然每个人都有拒绝爱的权力,但珍惜每一份真挚的感情是对他人的尊重,同时是对一个人道德情操的检验。不顾情面,处理方法简单轻率,甚至恶语相加,伤害对方的感情和自尊心,这些做法都是很不妥当的。

4. 要有发展爱的能力

要有发展爱的能力,就要培养无私的品格及善于处理矛盾的能力,有效地化解和消除恋爱中的矛盾纠纷,为恋人负责,创造出幸福美满的爱情。爱情是脆弱的,犹如一朵娇嫩的鲜花,需要精心地培养。任何一方都有权利与另一方享受爱情,同时也承担着维护和发展另一方爱情的义务。爱情是一个人生活中十分重要的内容,甚至是恋人间的精神支柱。因此,任何一方都要为对方负责,避免伤害对方的感情。

二、树立健康的爱情价值观

现代大学校园中,大学生恋爱是很普遍的现象。虽然爱情可以让人陶醉沉迷,让人更好地学习、生活,但另一方面,不成熟的恋爱也会给双方带来负面影响。所以,树立正确的恋爱观已是刻不容缓的事情。

1. 提倡志同道合的爱情

在恋人的选择上最重要的条件应该是志同道合,意识形态、事业理想、生活方式与经历等应大体一致。爱情应该是理想、事业和性爱的有机结合。一般情况下,异性感情的发展是沿着陌生朋友—熟人朋友—好朋友—知己—恋人这一线索发展的。当在一个男生和一个女生心中,任何人都不能代替彼此在心目中的地位时,爱情就降临了。在分享快乐和痛苦的过程中,爱情就会发展与升华。

2. 摆正爱情与学业的关系

学业是以后吃饭活命的本钱,没有物质基础的爱是脆弱的。大学生应摆正爱情与学业的关系,把学业放在首位,不能把宝贵的时间都用于恋爱而放松学习。

3. 懂得爱情是一种相互理解,是一份责任和奉献

理解可以是为个人和对方营造一种轻松的氛围,因为没有人追逐爱情只是为了被约束;

相互信任是自信的表现。自己都不相信自己是值得别人去爱的人,别人会全心全意爱你吗?显然不会。责任和奉献意味着个人的道德与修养是获得崇高爱情的基础。

  4.恋爱过程中要保持真诚、幽默、互相尊重

  恋爱时要诚实、礼貌、谨慎、风趣,坦白地向对方说明自己各方面的情况,使对方有一个全面的了解与认识。用隐瞒和欺骗的手段去博取对方的爱情终究会失败。恋爱关系一经建立,当事人切不可三心二意,要尊重对方的人格和感情。

三、发展健康的恋爱行为

  1.恋爱言谈要文雅,诚恳

  交谈中要诚恳坦率,不要为显示自己而装腔作势,矫揉造作,否则会使人极其厌恶,不利于感情的培养。

  2.恋爱行为要大方

  恋爱中的男女会逐渐从一时的羞涩走向自然大方的交往,不要畏畏缩缩,可以适当地进行一些带有爱意的举动。

  3.亲昵动作要高雅,避免粗俗化

  粗俗鲁莽的亲昵动作会有损于爱情的纯洁与尊严,有害于恋爱者的心理、生理卫生,对他人影响也不好。

  4.恋爱过程中要平等相待、互相尊重

  不要拿自身的优点去比较对方的不足,不要借戏弄压低对方来抬高自己,不要想方设法考验对方或摆架子,这些都会影响双方感情的发展,因为每个人都是有自尊心的。

  5.善于控制感情,理智行事

  恋爱中引起的性冲动,一方面要注意克制和调节,避免婚前性行为;另一方面要注意转移和升华,参加各种文娱活动,把恋爱行为限制在社会规范内,不要因一时的冲动而悔恨终生,要使爱情沿着健康的道路发展。

四、提高恋爱挫折承受能力

  大学生的恋爱受多种因素的制约,因而在追求爱情的过程中不可避免地会遇到各种挫折。单相思、爱情错觉、失恋等恋爱心理挫折对大学生的心理承受能力都是一种考验。如果承受能力较强,就能较好地应对挫折,不然就有可能造成不良后果。所以,提高恋爱挫折承受能力对大学生的心理健康很重要。

  当爱情受挫后,要用理智来驾驭感情。通过增强理智感、总结经验教训、寻找解决问题的方法和途径,在新的追求中确认和实现自己的价值,从而提高自己的心理承受能力和认识水平。不能为失恋荒废所有;要做到失恋后不失志、不失德。这是由于恋爱双方都是平等自愿的,任何一方不能强求。那种"做不成情人便是仇人"的报复、嫉妒心理是导致错误行为的根源,一旦造成恶果,必然害人又害己。失恋后可通过适当的情绪调节、宣泄和转移来减轻痛苦。

对失恋的应对方式反映了一个人的心理成熟水平和恋爱观。一个人能够理智地从失恋中解脱出来,往往会使自己变得更加成熟。

案例分析

在执着追求事业的过程中赢得爱情

案例:

某大学生 Z,在大四那年,她的同班同学又是同乡的 S 向其表露了爱慕之心,情意切切。Z 虽对 S 的学业和为人都较钦佩,但又感到还不完全是自己"理想"中的"他",因此一直控制着与 S 之间感情的发展。

毕业前一个月情况发生了变化。当时团中央鼓励大学生支援西部的政策出台,S 和 Z 各自主动申请前去支援。院系领导老师考察了 S 较为优秀的条件后批准其前去西部,而因为名额有限 Z 未能获批,Z 内心焦急万分。她对 S 其实已经产生了感情,眼看即将就此分手,长期一直在心底的情感顿时涌上心头。这样,毕业时,Z 找了一份在 J 城市的工作,与 S 分隔两地。

毕业 3 个月后,Z 在来信中诉说她的矛盾与苦恼:家中父母得知 S 已去另一城市,坚决不同意她再同 S 发展感情,并急于就近为她介绍男朋友,而 S 又频频来信,情意绵绵。Z 不知道自己现在应该怎么办,因而向原来学校负责学生工作的老师写信求助。老师给 Z 回了一封长信,鼓励她勇敢地按自己心中所想的去做,并劝导她理解做父母的心情,他们主要是怕女儿将来生活受苦。但只要她自己感到能和 S 在一起生活,再艰苦也是幸福的,那么父母也会同意的。Z 把自己的想法和决定告诉了父母。父母见女儿同 S 的感情已深,也就同意了。

一年后,S 签订支援西部工作期限已满,工作成绩显著,受到团中央的表彰,并经努力考取了 J 城市某大学的硕士研究生。又过了两年后,Z 与 S 如愿结婚。同年,S 在通过硕士论文答辩后,Z 又在 S 的鼓励之下考取了同一城市另一大学的硕士研究生,毕业后留校工作。

分析:

从 Z 和 S 的恋爱经历中,可以看到他们没有因为自己的情感而放弃心中的理想、影响工作和学业的进程,也没有因分隔两地便轻易放弃彼此的感情,而是在执着追求各自的事业和学业的过程中赢得了爱情。他俩较好地处理了爱情与学业、事业的关系,学业、事业、感情并重。Z 和 S 追求事业、珍惜爱情的理念,值得大学生学习和思考。

小 结

- 性征就是区别人的性别的特征。男女生殖器官的差异称为第一性征,也叫主性征。第二性征又叫副性征,是男女在外观和形体上的差异,包括生理变化、声音变化、皮肤变化以及阴毛、鬓须、腋毛和体毛的变化。男女两性在心理方面所表现的主要差异称为第三性征。
- 通用的性心理发展分期为:a. 异性疏远期。b. 异性接近期。c. 异性向往期。d. 两性恋爱期。

- 大学生性心理特征概括起来有如下几点：a.性焦虑。b.性别的差异性。c.动荡性和压抑性。d.强烈性和文饰性。e.本能性和朦胧性。
- 大学生的性意识困扰主要有性幻想、性饥渴、性梦、性好奇。
- 性心理障碍是指当事人的性爱对象或满足性欲的方式与正常人不同的一种心理障碍。大学生常见的性心理障碍有同性恋、恋物癖、异性装扮癖、裸露癖、窥阴癖、易性癖。
- 斯腾柏格的爱情理论算是目前对爱情研究得最完整的理论。他发展出"爱的三角形"理论，认为爱情有三个基本元素：亲密、激情、承诺，分别属于情感维度、动机维度、认知维度。
- 恋爱是一个过程，大致可分为感受阶段、注意阶段、求爱阶段、恋爱阶段四个阶段。
- 单恋、多角恋、网恋和同性恋是大学生恋爱中常见的心理健康问题。
- 失恋是恋爱过程中断，在客观上表现为相爱的双方分离，在主观上表现为失恋者体验到悲伤、忧郁、失望等消极情绪及心理痛苦和压力。可以借助时间疗养法、自我疗养法、宽容疗养法、转移注意力法、环境转移法进行心理调整。
- 大学生在恋爱中要不断提升爱与被爱的能力，树立健康的爱情价值观，发展健康的恋爱行为，提高恋爱挫折承受能力。
- 健康的爱情观包含提倡志同道合的爱情，摆正爱情与学业的关系，懂得爱情是一种相互理解、是一份责任和奉献，要真诚、幽默、互相尊重。

* 自我感悟 *

思考与收获

通过对本章的学习，我的思考是 _____

_____

_____

我的收获是 _____

_____

_____

第十章 大学生情绪管理

欣喜、悲伤、愤怒是个体常常会有的情绪反应,但有这些情绪体验的时候,你有没有想过这些情绪是怎样产生的?它们会对我们产生怎样的影响呢?本章结合大学生情绪情感的发展特点,介绍了有关情绪的理论,针对大学生常见的情绪困扰提出了心理调适方案,并就大学生如何进行情绪管理这一问题提出了建议。

第一节 情绪理论概述

情绪和情感是人类深刻的内心体验与感受,正因为有了喜、怒、爱、憎、恶等不同的情绪和情感,生活才显得如此丰富多彩。大学生的心理变化很大,情绪和情感也表现出情绪起伏波动大,情感体验肤浅、盲目和复杂,容易陷入情绪困扰等特点。这将影响到大学生的学习、生活等各方面,长期的不良情绪还会使大学生的身心健康受到严重的危害。因而,正确了解大学生情绪和情感的特点,学习调适、消除不良情绪,培养良好的情绪情感,对于增进大学生的心理健康意义重大。

> *名言警句*
>
> 一切的和谐与平衡,健康与健美,成功与幸福,都是由乐观与希望的向上心理产生与造成的。
>
> ——华盛顿

一、什么是情绪

1. 情绪与情感的概述

情绪和情感是人们心理活动的一个重要方面,产生于认识和活动的过程中,并影响着认识和活动的进行。概括地说,情绪和情感是人对客观事物是否满足自身需要而产生的态度体验。当代心理学家将情绪(emotion)界定为一种躯体和精神上的复杂的变化模式,包括生理唤醒、感觉、认知过程以及行为反应。

人们在进行认识活动的过程中,总要和客观事物发生联系,并对它们产生不同的态度,这种态度以带有独特色彩的体验表现出来。例如,考试取得好成绩使人感到轻松;遭人打骂会感到愤怒;失去亲人则令人痛苦;处境危急使人感到焦虑。这些喜、怒、悲、惧等情绪都是带有独特色彩的态度体验,是由人对事物的不同态度而决定的。

客观事物是否符合和满足人们的需要,可以极大地影响人们对它的态度。能够满足人的需要或符合人的愿望的事物,将引起积极的体验,如愉快、喜悦、满意、爱慕等;反之则使人产生否定的态度,如不愉快、愤怒、憎恨、恐惧、悲哀等。然而,即使是同一件事物,由于不同人的需求不一样,引起的内心体验也不同。例如,同是一轮圆月,情侣看到它时体会到愉悦、爱慕的美好情感,而游子却被勾起不尽的思乡愁绪。此外,一件事物也可以令人产生诸如百感交集、悲喜交加等复杂甚至矛盾的情绪和情感体验。

2. 情绪与情感的关系

情绪和情感是主体对客观世界的一种特殊的反映形式。一般来说,可以把区别于认识活动并同人的特定需要相联系的感情性反应统称为感情(affection)。所以,无论情绪或情感均指同一过程和同一现象。不同的场合使用情绪情感,指的是同一过程、同一现象所侧重的不同方面。

情绪(emotion)代表着感情性反应的过程。无论动物或人类,感情性反应的发生都是大脑的活动过程或个体特定反应模式的发生过程。从这个意义上说,情绪概念既可用于人类,也可用于动物。

情感(feeling)经常被用来描述具有稳定而深刻的社会含义的高级感情。它所代表的感情内容,诸如对集体的荣誉感、对事业的热爱、对美的欣赏,不是指其语义内涵,而是指对这些事物的社会意义在感情上的体验。

情绪包含着情感,受已形成情感的制约,是情感的外在表现。情感是在情绪的基础上产生的,进而发展成为情绪的深层核心,它通过情绪得以实现。新的情绪蓄积又促成情感的衍变,两者相互依存、相互制约、相互发展。心理学对感情性反应的研究侧重其发生、发展的过程和规律,因此较多使用情绪这一概念。

情绪和情感同属于感情性心理活动的范畴,是同一个过程的两个方面。情感是对感情性过程的体验和感受,情绪是这一体验和感受状态的活动过程。从情绪和情感所具有的品性看,情绪一般不稳定,波动较大;而情感则较为稳定,能持续较长时间,甚至可以伴随和影响人的一生。

二、情绪的分类

情绪本身十分复杂,要对其进行准确分类是很困难的。许多情绪心理学家在这方面进行了长期的研究探讨,才使我们能够较为全面、系统地了解情绪的不同种类。

1. 普拉切克的情绪分类

美国心理学家普拉切克经过长时间的研究,提出了八种基本情绪,即恐惧(fear)、惊讶(surprise)、悲伤(sadness)、厌恶(disgust)、愤怒(anger)、期待(anticipation)、快乐(joy)和接受(acception)。每一种基本情绪都可以根据强度的变化而进行更加细致的划分,如高强度的愤怒是狂怒,低强度的愤怒是生气。

图10-1所示为普拉切克的情绪模型,通过这幅图我们可以看出,一种基本情绪能与较远距离的另一种基本情绪产生其他混合物,每一对相邻的情绪都会产生第三种更复杂的混合情绪。例如,一个偷吃饼干的五岁孩子,可能同时体验到快乐和害怕,或许还会产生内疚

感。再如,妒忌可能是一种爱、愤怒和害怕混合而成的复杂情绪。这就是普拉切克思想的独到之处,也就是他提出的关于基本情绪混合后组成复杂情绪的学说。

根据情绪的强度、相似性和两极性,普拉切克创建了一个情绪的三维模型(见图10-2)。在这个三维模型中,顶部是八种基本情绪,底部是一些性质相似、强度依次递减的情绪,这些情绪与八种基本情绪相对应。

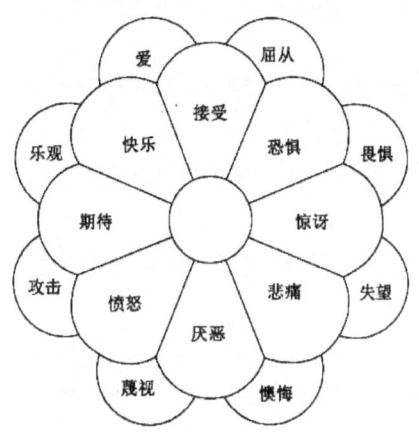

图10-1 普拉切克的情绪模型

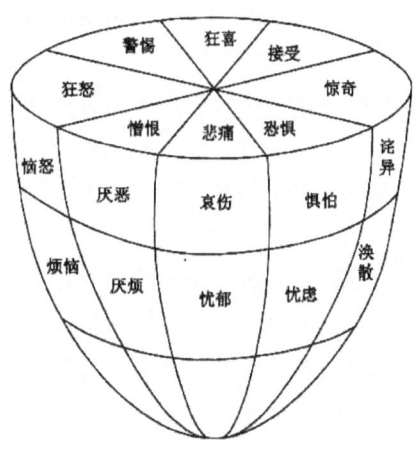

图10-2 普拉切克的情绪三维模型

2. 谢弗的情绪分类

谢弗等学者将情绪分为六种基本类型,三种是正面情绪(爱、喜悦和惊奇),另外三种是负面情绪(愤怒、悲伤和恐惧)。此外,可以从三个维度评价(正面或者负面)、强度(强或弱)以及活动(唤醒程度高或低)对六种基本情绪进行区分,如惊奇是一种正面的、强的、高唤醒的情绪。

谢弗等学者的研究选取了135个情绪名词,让大学生进行分类,将类似的情绪归为一类。结果选出了六种基本类型,即爱(love)、喜悦(joy)、惊奇(surprise)、愤怒(anger)、悲伤(sadness)和恐怖(fear),其他情绪皆可根据本身的含义和性质归属于这六种基本情绪之一。

3. 情绪的基本状态

基本的情绪状态包括心境、激情和应激。

心境是具有渲染性的、持久、微弱而又具有持续作用的情绪状态。愉快或不愉快的心境一旦出现,就成为人们心理活动的背景,从而产生积极的或消极的影响。

激情是短时间的、强烈爆发的情绪状态,通常由一个人生活中的重大事件、对立意向的冲突、过度的抑制或兴奋等所引起。

应激是指由出乎意料的、对人产生威胁的紧张情况所引起的情绪体验。

三、情绪的理论

1. 詹姆斯—兰格的躯体反应理论

很多人认为情绪先于反应。例如,你会朝某人大吼,因为你感到气愤。然而在100年前,威廉·詹姆斯却认为这个顺序是相反的——你的感觉晚于你的躯体反应。如詹姆斯所说,"我们感到难过,因为我们哭泣;气愤,因为我们斗争;害怕,因为我们颤抖"。情绪来源与躯体反馈的观点被称为情绪的詹姆斯—兰格理论(卡尔·兰格是和詹姆斯同年提出相同观点的丹麦心理学家)。根据这一理论,体验到一个刺激引起的自动唤醒和其他躯体行动后,才会产生特定的情绪。詹姆斯—兰格理论被看作外周情绪理论,因为该理论将情绪链中最重要的角色赋给了内脏反应,而控制内脏的自主神经系统反应的是中枢神经系统的外周。

2. 坎农—巴德的中枢神经过程理论

生理学家沃特·坎农反对情绪的外周主义而支持中枢主义,将行动集中于中枢神经系统的作用。坎农指出了詹姆斯—兰格理论的不足,例如,内脏反应同情绪无关,即使通过手术切断内脏同中枢神经系统的联系,实验动物仍然会继续存在情绪反应。根据坎农的看法,情绪反应要求大脑在输入刺激和输出反应中发挥作用。来自丘脑的信号到达皮层某一位置,产生情绪感觉,到达另一位置而引起情感的表达。另一位生理学家菲利普·巴德也得出同样的结论,即内脏反应不是情绪反应的主要内容。

3. 情绪的认知评价理论

根据斯坦利·沙赫特的理论,情绪的体验是一种生理唤醒和认知评价相结合的状态,两者对于情绪的发生同等重要。所有的唤醒都被假定为一般的、没有差别的,而且唤醒是情绪序列的第一步。你可以对自己的生理唤醒进行评价,来努力确定你的感觉是什么,哪个情绪标签最为合适,以及这些反应意味着哪些特定的体验。理查德·拉萨如是另一位认知评价观点的倡导者,坚持"情绪体验不能被简单理解为个人或大脑中发生了什么,而要考虑和评估环境的交互作用"。这种主张被定义为情绪的认知评价理论。

阅读材料

黑色星期一

人的心境跟生物节律有密切关系。当体温处于一天中的较低值时,人往往感到情绪"低落";当体温处于一天中的高峰时,即使你一夜没睡觉,也可能有一个积极的心境。对于那些按照正常工作日上班或上学的人来说,星期一是他们心境的最低点,因此他们往往将星期一称作"黑色星期一"。与周末相比,人们在每周工作日的心境的确要差一些。图10-3所示是一组大学生在5周内每天心境的平均数据折线图。人的心境表现出以7天为周期的起伏现象。对于大多数学生来说,情绪最低点在星期一或者星期二,而最高点在星期五或星期六。换言之,心境的变化与一周的作息表有关。

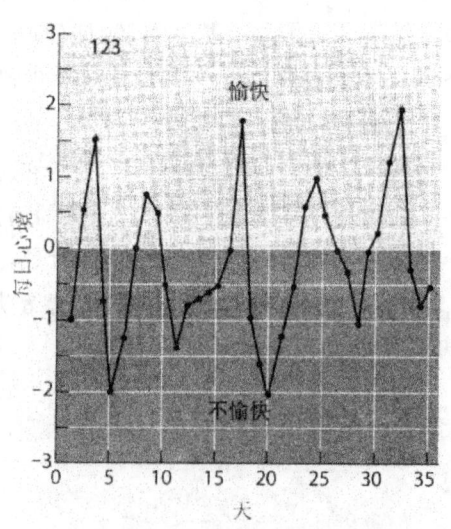

图10-3 每天心境的平均数据折线图

第二节　大学生情绪特点

> *名言警句*
> 永远以积极乐观的心态去拓展自己和身外的世界。
> ——曾宪梓

情绪与情感是人们都很熟悉的心理现象,是人类重要的心理活动形式。大学生正处于青春期向青年期的过渡时期,在生理发育接近成熟的同时,心理也经历着急剧的变化,尤其反映在情绪上。大学生的情绪趋于深刻和丰富,情绪的变化也逐渐趋于稳定,但仍存在着许多尚不成熟的方面,有其自身的特点。

一、丰富性与复杂性

随着大学生自我意识的不断发展,各种新需要的强度不断增加,其情绪日益丰富。这主要表现在大学生具有多样性的自我情感,即对自我认识的态度体验,如自尊、自卑等;还表现在两性情感上,即对爱情的情绪体验。从发展阶段来看,大学生正处于人生中面临多种选择的时期,学习、交友、恋爱等人生大事基本在这一阶段完成。大学生作为特殊的群体,处于心理断乳期,即生理基本成熟而心理尚未完全成熟,易受到外界的干扰。大学生大多对新鲜事物十分好奇,对人、事、社会等各种现象特别关注,对友谊与爱情执着追求,对学业和未来充满信心,朝气蓬勃,积极进取,拥有积极情绪。但大学不是象牙塔,有着激烈的竞争,也就给大学生带来了压力。人际困扰、恋爱挫折、就业压力甚至天气变化等都有可能导致消极情绪的产生。因此,大学生的情绪既丰富又复杂。

二、易感性与波动性

人生中感情体验最强烈的时期往往就是在大学时期。大学生易受感染,情绪来得快去得也快,往往一场精彩的演讲就会让学生热血沸腾,一场扣人心弦的 NBA 比赛就可让学生废寝忘食。社会的变迁、体制的变革、家庭的变故以及学习、交友等个人生活事件都会影响大学生的情绪,使其情绪摇摆不定,他们时而激动,时而悲观消沉,表现出极大的波动性。刚刚还在波峰,转瞬又跌入谷底,这种极端形式就是情绪的两极性。

三、激情性与冲动性

大学生兴趣广泛,对外界事物较为敏感,加之年轻气盛,从众心理强,因而在许多情况下,其情绪易被激发。虽然同中学时相比,随着知识和认知能力的提高,大学生对自己的情绪控制有所增强,但在激情状态下,也常因情绪失控而造成冲动性的行为。一些大学生的犯罪行为和自杀行为就是情绪冲动性的直观表现。

四、自尊性与敏感性

由于自我意识的发展,大学生强烈需要肯定自己、发展自己,希望能得到别人的重视和尊重;而且作为青年人中的佼佼者,大学生普遍对自己的期望、要求较高。因此大学生的自尊心普遍较强,特别喜欢表现自己,有的故意在某些事情上表现得特立独行,以引人注目;有的喜欢对某一件事高谈阔论,发表自己的主张,以此来提高自己的声望;有的通过各种比赛来展示自己的才华,希望能博得别人的好感和青睐;有的甚至自吹自擂,通过炫耀自己的某些社会关系和某些成就来提高身价。由于大学生的自尊心较强,因此对与"我"相关联的事物都非常敏感,会产生强烈的情绪反应。

五、阶段性与层次性

大学阶段,各个年级学生的情绪、情感特点也不同,呈现出阶段性和层次性的特点。初进大学时,很多新生自视过高,渴求别人的认同、关注,表现为自信、自负;但也有不少学生由于各种主、客观原因,陷入厌学的困境。新生自豪感和自卑感混杂,放松感和压力感并存,新鲜感和恋旧感交替,情绪波动大。即便是同年级的学生,由于社会、家庭及自身要求不同、期望不同,能力、心理素质有差别,也会表现出不同的情绪状态和层次差别。大学二、三年级学生因为已经适应了学校生活,所以情感比较稳定,独立性、主动性得以发展。

第三节 大学生常见不良情绪及其调适

> *名言警句*
> 每一朵乌云后面都有阳光。
> ——吉尔伯特

大学生情绪所表现出来的特点既有积极的一面,也有消极的一面,这是正常现象。如何驾驭情绪,做情感的主人,是大学生所面临的一个实际问题。大学生处于生理和心理发展的高潮阶段,也是最富于激情的时期,有独特的情绪活动特点。大学生的情绪会影响其身心健康,所以做好自我调节很重要。

一、愤怒情绪与调适

1. 愤怒产生的原因

愤怒产生的原因主要有以下几方面:

(1) 人格特质

先天气质类型是一些大学生激动易怒的重要原因。如胆汁质类型的大学生更具有冲动、易怒的情绪特征;自我评价偏高、鲁莽、冲动、强壮的大学生也容易发怒。

(2) 年龄阶段性

大学生正处在身心急剧发展、情感丰富强烈、情绪波动起伏大的青年期,他们精力充沛、血气方刚。与其他同龄人相比较,他们显得更为自尊、敏感和好强、好胜,因而容易在外界刺激下产生愤怒情绪。

(3) 认知偏差

有些大学生容易动怒是因为存在一些错误的认识。例如,认为发怒可以威慑别人,使人尊重自己;发怒是男子汉气概的体现;发怒可以维护自己的利益或尊严等。

(4) 家庭环境

生活在终日争吵不休甚至充满暴力的不良家庭环境中,在棍棒教育下成长以及成长过程中忽视或缺失个性修养教育,都是造成大学生易怒性格的原因。

2. 愤怒的表现

愤怒是由于客观事物与主观愿望相违背,或愿望一再受阻、无法实现时的激烈情绪反应,其程度可以从不满、愠怒、激愤到暴怒,特别是当人们认为自己所遭受的挫折不公正、不合理时,最易产生愤怒情绪。

愤怒极大地影响着人们的身体健康,会导致心律失常、失眠、高血压、胃溃疡等躯体疾病;还会使人的自制力减弱,不能正确评价自己行为的意义,甚至做出冲动行为,如打架斗殴、毁损物品等。

3. 愤怒情绪的调适

要克服激动易怒的不良情绪,大学生应该做到以下几点:

(1) 加强修养,开阔心胸

发怒并不能解决任何问题,只会激化矛盾和招来他人的厌恶和敌意。只有加强自身修养,以开阔的胸襟宽容、体谅他人,不为小事斤斤计较,才能得到别人的信任、尊重和理解,才能与他人建立真诚的友谊。

(2) 合理疏导,缓解激动

如果对于不良情绪(如愤怒等)一味克制、压抑而不加以疏导,同样会影响身体健康。因此,大学生要学会通过适宜的途径合理疏导不良情绪。可以采取与他人交谈、写书信、记日记等方式缓解愤怒情绪,还可以在情绪激动时进行剧烈的体育活动或喊叫以宣泄愤怒。但是,无论采用哪种方式都要适时适度,既不能损害自身,也不能影响他人,更不可危害社会。

(3) 冷静克制,退一步海阔天空

在与人发生矛盾冲突即将动怒时,要用理智和意志控制冲动的情绪,尽量缓解或避免怒气发作。这时可以暂时离开使自己动怒的环境,待回来后往往已风平浪静;可以进行自我暗示,如在情绪激动时刻提醒自己要冷静,心中默念"要冷静、别发火",或在床头上贴上"三思而行"等条幅。深呼吸也是制止愤怒的好方法,在即将要发火的时候默默深呼吸,同时在心中默数"1、2、3……"直到数到100。这时候你也许会发现,你已经忘了是什么挑起了你的怒火,那个激怒你的人的面目似乎也不再那么可恶了。

二、焦虑情绪与调适

1. 焦虑情绪的表现

焦虑是人处于应激状态时的正常反应。适度的焦虑可以唤起人的警觉,激发斗志,集中注意力,这些是有利的;而过度的焦虑或无焦虑则不利于人们能力的正常发挥。焦虑情绪以长期的神经质、多虑为主要特征,是一种紧张、担忧、焦急混合交织的情绪体验。当人们在面临威胁或预料到某种不良后果时,便会产生这种体验。而只有不适当的过度焦虑才会影响大学生的学习和生活,才会对身心健康造成不利影响。

处于焦虑状态的人会因为一些日常琐事终日担心,会有莫名的不安感,脑海里尽是些解不开的愁思,过分警觉,放松不下心情。被焦虑感困扰的大学生内心感到紧张、着急、惶恐害怕、心烦意乱,注意力难以集中,记忆力减弱,同时常常伴有头痛、心律不齐、食欲不振及胃肠不适等身体反应。

2. 焦虑产生的原因

(1)人格特质

研究表明,具有谨小慎微、依赖性强、对困难过分估计、常自怨自艾等个性特征的大学生更易产生焦虑感。过度追求完美型的人格也被称为"焦虑型人格",与焦虑的发生高度相关。

(2)社会因素

生活节奏的不断加快、竞争的日趋激烈,使人们的思想、观念、心理和行为受到巨大冲击。现代社会正处在变革期,大学生人生观尚未稳固成形、心理发展尚未完全成熟、前途未定,因而更容易产生困惑、迷惘、紧张、焦虑和无所适从的感觉。此外,社会上的不正之风也会对大学生产生一定的消极影响,一些大学生担心"毕业即失业",十分焦虑。

3. 焦虑情绪的调适

(1)少拖延,早办事

焦虑的出现,很多时候是因为需要在很短的时间内完成很多或者很复杂的事情,这种"时间不足"的情况却往往是由于故意拖延所致。有些学生习惯性地将事情拖到最后期限才处理,有些学生则把问题拖到最后一刻才肯面对。若在一开始便能当机立断、积极行动,便会有充裕的时间、空间、资源、精神和体力去准时完成计划,焦虑出现的机会也会大大减少。

(2)及时消除烦恼

再能干的人,也总有一些难以解决的问题和烦恼,若处理不当,焦虑就会出现并累积。出于自尊,很多人会羞于向别人提及自己的问题和烦恼。其实找人倾诉,好处有很多。由于人各有专长,一个人认为难以处理的事,在其他人眼中可能十分容易。而且,将事情重组及向别人倾吐后,不愉快的情绪亦会随之宣泄,压力和焦虑会得到舒缓,感情的负担得到释放,人会变得较为冷静和清醒,解决问题的能力也会提升。

(3)保持均衡的生活方式

均衡的生活方式,可使身心健康,减少焦虑的发生。对大学生来说,学习固然是非常重要的一环,但切不可忽略了身体健康和感情生活的均衡发展。身体健康是指有充足的休息和运动,饮食有节制。运动有强身健体、保持体态及舒缓紧张的功效,是预防或消除焦虑的重要手段。在感情生活方面,应增进与家人或朋友的联系,他们会在你遇到挫折时成为重要的精神支柱和物质支柱,帮助你消除障碍及面对生活上的种种挑战。

(4)不过分追求完美

对于目标或事情,我们要有要求但不苛求。怎样的要求才算恰当呢?答案因人而异。以个人的能力只可以做到80分,就不要勉强自己做到100分。大学生需要以坦诚的态度,通过不断反省和与人沟通来了解自己的长处、弱点及性格特质,从而确定要求和期望。若能量力而为,挫折和焦虑出现的概率自然大减。

三、抑郁情绪与调适

抑郁一词其实有许多不同的意义,可以指一种情绪状态,也可以代表症状、症候群或是一种临床疾病。抑郁是每个人一生中或多或少都会有的,是最常体验到的负向情绪之一。抑郁来自人们面对困难或挫折,产生悲哀、孤独、虚无、远离人群等情绪时,却难以借助行动或思考获得排解与自然复原。许多研究指出,抑郁情绪和抑郁症似乎是在一个连续向量的不同位置,两者仅有程度上的差异,在本质上并无不同。

1. 抑郁产生的原因

有哪些因素会影响一个人的抑郁程度呢?概括来说,社会、心理、生物层面的许多因素都和抑郁情绪有关。

(1)社会因素

就社会层面而言,抑郁程度与生活压力、社会支持有关。当面临生活中的种种变动与挫折时,若能有人给予一些安慰和鼓励,哪怕只是陪伴或默默地支持、尊重我们的决定,也能给予我们莫大的勇气。这些支持可能来自家人、朋友、师长或辅导人员。除了情绪上的支持之外,有时也可能是一些信息、建议,或是一起讨论、分享应对离家、人际冲突、求爱被拒、考试不及格等挫折的经验。个体感受到的压力越大,越容易有情绪困扰产生。而社会支持则在生活压力和个人的身心健康中扮演了缓冲的角色,能保护个人免于生活压力的负面影响。个人拥有的社会支持越多,抑郁程度就越低。

(2)心理因素

就心理因素而言,往往有以偏概全、非此即彼、过度强调自己和身边事件的关联性,将冲突归因于自己。就心理层面而言,个人过去的成长经验、早期与重要之人的分离等,都可能让个体在心理上变得特别脆弱。面对生活变动,人们容易心情低落,感觉郁闷。除此之外,抑郁程度还与个人的性格特质、思维模式等有关,如有过高的自我要求、强烈的人际需求、内向或神经质的性格倾向的人抑郁的程度通常较高。而许多研究也指出,抑郁者对自我、环境和未来皆持负面看法。他们认为自己是没有价值、没有能力的,习惯于自我贬低、自责,同时倾向于以消极、负向的方式去解释外在环境和经验,对事情的后果和未来也持有无望、悲观的想法。此外,研究也指出抑郁者常有一些非理性的观念。

(3)生物因素

就生物层面而言,抑郁情绪还与基因影响、神经化学传导物质的不平衡、肾上腺素过低有关。有些抑郁情绪会与生理周期或者季节有关。例如,女性在月经来临前、服避孕药后,感到抑郁的比率会略有增加;产后容易并发抑郁症;有些人在冬季特别容易感到抑郁,这极可能和接受日照时间长短有关。

整体而言,个体所体验到的抑郁情绪往往不是由单一因素所引发的,而是许多因素互动之后的结果。

2. 抑郁情绪的表现

在情绪方面,抑郁情绪表现为悲伤、沮丧、低落的感受;在行为方面,抑郁情绪表现为哭泣、动作缓慢、社交退缩、对日常活动失去兴趣,甚至出现自我伤害、自杀的行为;在认知方面,抑郁情绪表现为认为自己没有价值、不如他人、做得不对、缺乏能力、得不到帮助,对事情持悲观看法,对未来充满绝望,对环境则有不满、厌恶的想法;在生理方面,抑郁情绪表现为胃口减小、睡眠困扰、疲倦、体重骤增或骤减等。

3. 抑郁情绪的调适

(1) 寻找生活中快乐的亮点

善于捕捉生活中的快乐,发现生活中那些令人愉快的因素,既有利于身心的健康成长,也有利于激发雄心壮志和进取精神,进而信心百倍地迎接未来。在同样的客观情景下,人们感到快乐与否,与人们的主观观察和感受有着很大的关系。快乐离每个人都不远,但有人善于捕捉它,有人却任其从身边悄悄溜走。有一位哲人说得好:"在我们的生活中,不是缺少美,而是缺少发现美的眼睛。"我们是平凡的人,过着平凡的生活,只有善于从身边平凡的琐事中发掘乐趣,积极参与,才能找到不竭的快乐之源。

(2) 主动调节消极情绪

保持良好的心态,不以物喜,不以己悲。海阔天空是为退,天高物远鸟始飞。

(3) 认同自我

有时,我们将他人的评价看作真实自我的反应,其实最好的解决方法是做到自我认同。你可以花一些时间学习更好地控制自己的生活,如果你习惯了缺乏赞许的生活,你将找到更适合自己的位置,而不会陷入抑郁,即使是他人的不赞同也不再令你感到恐惧。

丧失自我认同感就等于丧失了对生活的把握,这常常与迷惑以及丧失自信相关联。所以,应该摆正自己的需求与偏好,不要自我攻击,因为自我攻击只能打击自己的信心。值得注意的是,这时候的你比以往任何时候都需要他人的赞同与接纳。

如果过分注重他人的评价,就会变得像木偶一般顺从于他人的需要。久而久之,会认为获得赞许的唯一办法就是牺牲自己的需求和意愿,从而越发顺从和讨好他人。

(4) 寻求社会支持

在遇到不开心的事情时,最好有一个温暖的家可以让自己感觉到支持的力量,有一群感情要好的朋友可以倾诉。在遇到问题时,大学生可以向亲人和朋友征求意见,这样就可以更勇敢地面对问题,而不会感到孤单寂寞。尽管他们未必可以帮忙解决问题,但至少会在了解情况后,给予适当的鼓励和支持。

四、压抑情绪与调适

很多大学生常常感到自己的情感不能尽情倾诉,在面向未来社会的过渡和准备阶段,造成很大的压力。据 243 份抽样调查材料统计,约 70% 的大学生"时时感到一种压抑感"。这种感受,有些原因是自己能认识到的,有些原因则是认识不到的,只觉得有一种不满、烦恼、空虚、寂寞、孤独、苦闷、疑惑的情绪。

1. 压抑情绪产生的原因

产生情绪压抑的原因是多方面的:自我的冲突、人际关系的紧张、生活的枯燥、成绩的下降、失恋、性冲动、情感丰富而无所寄托的孤独寂寞、对现实社会的困惑、才能难以施展的空虚、竞争的压力等。这些都容易使大学生产生挫折感,诱发情绪困扰,若这种困扰无处宣泄,持续若干时间后即形成压抑。

2. 压抑情绪的表现

有压抑情绪的大学生的常见症状有精神萎靡不振、缺乏朝气、缺少活力、整天唉声叹气、感觉活得太累;丧失广泛的兴趣,失去敏感的知觉和灵活的思维;与人交往缺乏热情,好发牢骚,对他人的喜怒哀乐缺少共鸣。长期、严重的压抑会诱发胃溃疡、高血压等疾病,还往往会导致心理异常,甚至厌弃人生而自杀。专家认为,适当的情感宣泄是防治压抑的有效途径。

3. 压抑情绪的调节

情绪的压抑主要是指负性情绪的过度内化,个体对负性不良情绪的反复体验使得不良情绪问题堆积,没有找到合适的宣泄途径。心理专家认为,适当的情况宣泄是防治压抑的有效途径。长时间的情绪压抑其实是种负性能量的堆积,因此在情绪压抑时要学会情绪能量的转移。一是个体可以为自己设置一个目标,如参加某个兴趣小组、等级考试或是进行体育锻炼等。二是尽可能地改变周围的环境。环境对于个体而言更主要的是帮助营造良好的心境,这种心境是积极情绪发生的必要场所。对于学生而言,可以通过一些短途的旅行来调整自己的心境,或是改变自己熟悉的起居环境,如更换寝室床单的颜色、在寝室养一盆绿植等。三是要发泄自己压抑的情绪,如找朋友倾诉、在熟悉的朋友面前大哭一场、适当的体育运动等都是宣泄情绪的良好方法。如果通过上述方法仍无法调节压抑的情绪,应向专业心理医生进行求助。

案例分析

情绪问题案例分析

案例:

某女生刚上大学时,常感到有些不习惯,但同学关系还比较融洽。不过她总觉得自己压力很大,做什么事情总是没有精神。这种情况在期末时尤为突出,当同学们在用功复习时这位女生却怎么也看不进书去,有时候甚至有点痛恨她们在读书。她和从前的同学联系,诉说自己现在的状况。同学们劝她说,大学和高中是不同的,不要管别人如何学习,只要有自己的学习方法,在原来的基础上提高自己就可以了。可是她发现自己还是控制不了自己的情绪。

该生经常一个人上课、自习、吃饭,觉得一个人很自在。她还有个问题就是当情绪不太好的时候就吃东西,常常是在这个食堂吃过,又跑到另一个食堂继续吃。

但是她发现这种发泄带来了更多的问题。首先是钱的问题,这个学期她买的东西越来越贵,次数越来越多,好像越贵才越刺激,才越满足。但她家境并不是很宽裕,于是女生觉得对不起父母,因而自责。但是越自责,就越想放纵自己。好像有两个自我在斗争,一个让自己恢复理智,另一个让自己更奢侈、放纵,而她总是屈服于后者。再者是发胖的问题,这对一个女孩子而言是很敏感的问题,而且这位女生很注重自己的外表。她常常在晚上不睡觉,只为吃东西,有时候还偷偷摸摸直到吃完为止。第二天清醒之后,又不想接受自己的样子,可是下一次又克制不住自己。

这位女生把精力放在与学习无关的事上,生活不规律、学习不规律、饮食不规律,对什么都没信心,对什么都没兴趣。她觉得对不起所有对她有期望的人——父母、同学、师长,包括她自己,可还是很难控制自己的情绪,觉得自己好像有两种人格在厮杀。她很害怕,却不知道该如何做。

分析:

这是一例以抑郁为主要特征的情绪问题,具体表现为难以控制自己的情绪、兴趣减退、体重剧增、消极的自我观念、注意力不集中。通过面谈以及对该生以往生活经历的追踪,可以判定其核心问题仍然是情绪问题,表现为通过吃东西缓解心理压力,尽管可以认识到问题,但却控制不住自己。通过积极的心理辅导,帮助该生分析问题的来源,进而改变导致抑郁的行为思维方法(包括改变人际交往中导致抑郁的行为),并采取积极行动,坚持正常的活动和交往,不断从实践中获得成功和喜悦,及时强化自己的积极情绪。目前该生已经基本能够控制自己的情绪,进行正常的学习生活。

情绪对人的影响是无处不在的,异常的情绪会使心身健康受到损害,而良好的情绪能唤醒身心,有利于提高学习和工作效率。

五、情绪的管理与调控

1. 学会驾驭自己的情绪

大学生可以通过对情绪的自我调控,克服不良的情绪,培养健康的情绪,保持良好的情绪状态。情绪的发生及表现与人的认知直接相关。一个人对周围的事物或自己的行为、思想做出什么样的评价,可能导致相应的情绪反应。

学会情绪的自我调控还应该善于克制和宣泄情绪。在日常生活中,每个人都难免会遇到不良刺激而出现情绪反应,这就需要大学生对一些不良情绪加以克制,要善于制怒和适当忍让、回避,以避免不良情绪爆发。尤其是当有不良情绪时,大学生要用理智告诫和提醒自己,或者接受他人劝解,转移注意力。当然,克制情绪并不是无限度地压抑自己的情绪反应,需要进行有效的情绪宣泄和释放,疏导负性情绪。如愤怒时,大学生可以进行体育锻炼,或作诗、作画、练习书法;悲伤时,可以找知心朋友倾诉,或大哭一场,释放能量,必要时还可寻求心理咨询的帮助。

大学生在提高自己修养的同时,还应注意培养幽默感。幽默本身就是一个人心态乐观的体现。幽默有助于个人适应新环境,它可以使窘迫、难堪的局面在笑语中消逝,可以使紧张的情绪变得轻松,可以使痛苦、烦恼、忧愁消失无踪。幽默感与人的生活态度密切相关,大学生应树立乐观的生活态度,用微笑迎接世界;幽默感还与人格的成熟水平有关,当代大学生人格正处于发展、完善、成熟的过程之中,可通过健全自己的人格来培养幽默感。学会情绪的自我调控。首先要从提高自己的修养入手,培养幽默感。只有具有良好修养的人,才懂得控制和调节情绪的意义,才能够有效地驾驭自己的情绪。其次,要培养自己宽阔的胸怀、豁达的度量,面对现实,接受现实,正确地认识自己,多交朋友,对周围的人多一些理解与宽容。也可以通过音乐来调节自己的情绪,如听一些旋律优美、意境广阔、充满活力的音乐,以消除烦恼,保持愉快。

阅读材料

快乐宣言

1. 为了今天,我要让自己适应一切,而不是试着调整一切来适应我。

2. 为了今天,我要做一个讨人喜欢的人,外表要尽量得体,说话谦和,动作优雅,对任何事不挑毛病,也不干涉或教训别人。

3. 为了今天,我要爱护我的身体。

4. 为了今天,我要加强我的心理。

5. 为了今天,我要用三件事来锻炼我的灵魂:我要为别人做一件好事,但不要让大家知道;我还要做两件我并不想做的事,只为了锻炼。

6. 为了今天,我要定下一个计划。

7. 为了今天,我要试着只考虑怎么度过今天,而不把一生的问题都在这一天解决。

8. 为了今天,我要去欣赏美的一切,去爱、去相信我爱的那些人会爱我。

9. 为了今天,我要为自己预留安静的半小时,轻松一番,在这半小时里,我要尽量使自己的生命更充满希望。

10. 为了今天,我要很快乐。

2. 建立积极的自我意象

自我意象就是关于"我是什么样的人"的自我心像,是人们给自己画的一幅心理肖像,尽管这一肖像在大多数人的意识之中是模糊的,但它对人们心理活动的调控却是明显的。一个人把自己看成什么样的人,就会按什么人的方式行事;对自己有什么评价,就会不断地寻找各种事实来证实这种评价。人的所作所为、所感所想,常常是与其自我意象相一致的。

从情绪经历来看,情绪表现和体验常常与人对自己的看法相一致。很多人常常这样评价自己——"人家说我热情开朗""我是个天生的乐天派""我这个人老是容易发脾气""我总是担心害怕"等等。因此,想要调节、改变自己的情绪活动,使自己成为有修养的人,必须建立积极的自我意象。那么,如何建立积极的自我意象呢?

(1)把注意力集中于成功的经历

把注意力集中于成功的经历,是建立积极自我意象的一个重要方法。把注意力集中于成功的经历,从中悟出道理并养成记住成功而不因于失败的习惯,是建立积极的自我意象的重要途径。积极的自我意象意味着对自己的积极评价,而积极评价来源于成功的经历。过去的情绪活动有过多少失意和失误并不重要,重要的是汲取并强化那些成功和积极的情绪经验。这样,就可以把自己的情绪活动导入良性循环的轨道上来。

(2)从想象和装扮入手

著名英国喜剧演员斯图尔特年轻时有羞怯的毛病,与人谈话支支吾吾,极为胆怯,甚至不敢向行人问路。为此,斯图尔特吃尽了苦头。后来他终于找到了办法:同陌生人谈话时,自己就装扮成另一个人,用与这个人物身份一致的语调说话。这使他受益匪浅,难为情、拘谨、羞怯的毛病都不再出现。而且,朋友们很快注意到,他模仿别人模仿得特别像,并制造出令人愉悦的滑稽效果。从此,斯图尔特开始登上舞台,走上成功之路。斯图尔特的实践验证了心理学中的一条重要的原理:扮演某一角色会帮助人们体验到他所希望体验的情绪。当一个人扮演成一位自己希望成为的人物时,就会有意无意地用相应的标准来要求自己,并按照相应的行为方式行事。当然,这种活动一开始时确实很困难,不过只要坚持下去,就会逐渐心领神会并习以为常。

3. 给不良情绪找个出口

(1)提供一个正常的宣泄通道

不良情绪要进行宣泄。不要无限度地压抑自己的情绪反应,要疏导负性情绪。愤怒时,可以进行体育锻炼或练习书法;悲伤时,可以找知心朋友倾诉或大哭一场,释放能量等。高声歌唱、打枕头、捶沙发等都是情绪宣泄的通道。

(2)用诉说代替抱怨

大学生应将心中的压抑、担心、焦虑统统说出来,说给那些愿意倾听,并且真心实意帮助自己的人。说出来后往往心情就好了一大半。只有吐露那些困扰自己的东西,感觉才会踏实。诉说,并不是一味地抱怨自己所受的伤害,诉说不需要责备,指明问题即可,这是一种情愿花费时间和精力并为改变目前的状态所做出的努力。大学生可以打电话给亲人或朋友。"找个时间,你陪我聊一下这件事吧。"这是一种诉说。"我烦透某某了,他……"这是一种批评。批评和抱怨无益于解决问题,而且朋友可能会因此而远离你这个情绪垃圾制造者。

(3)用行动带动情绪

实实在在地做些事情可以让人从自己或他人那里获得正面的反馈,改变心情的不佳状态。

当心情不好时,可常对自己说:"我觉得情绪好差,没办法做任何事情,等我心情好一点,我再开始工作。"

"行为可以改变感受",这是心理学家研究的一大发现。研究表明,一些忧郁者有着非常低度的活动力,而且他们比非忧郁者更少从事令人愉悦的活动。那么,情绪低落时真的会比情绪高昂时更令人难以采取行动吗?假如必须坚持等到心情转好才开始做事,那么将浪费很多时间。当忧郁者懂得将更多令人开心的活动带入自己的生活时,他们的心情会变得更好。

* 心理实验 *

微笑实验

面部表情反馈学说认为,人的面部表情影响着人的情绪。在一项研究中,研究者让被试者(被试者指被研究的对象)评价一些卡通画的有趣程度。其中,一组被试者用牙咬着铅笔(横放),另一组被试者用嘴唇叼着铅笔。结果发现,用牙咬着铅笔的被试者比用嘴唇叼着铅笔的被试者更加觉得卡通画有趣。为什么呢?答案是:咬着铅笔,面部就不得不形成微笑的样子;而用嘴唇叼着铅笔,面部则形成皱眉头的样子。因此,这一结果证明了面部表情反馈学说的预测:被试者的情绪体验受到了自己面部表情的影响。

(4)反向心理调节

面对困境,人们常常情绪沮丧。怎么从不良情绪中摆脱出来呢?一种方法就是,从相反的方向思考问题。心理学上把这种运用心理调节的过程称为反向心理调节法。这种方法常常能使人战胜沮丧并从不良情绪中解脱出来。

人生之路不可能一帆风顺,总会有困难、挫折和痛苦,想躲也躲不过去,叹息也好、焦急也好、忧虑也好,都无助于问题的解决。那么,与其在那里唉声叹气、惶惶不安,还不如拿起心理调节的武器,从相反方向思考问题,使情绪由"阴"转"晴",摆脱烦恼。俄国作家契诃夫曾这样说:"要是火柴在你口袋里燃烧起来,你应该高兴,应该感谢上苍,多亏你的口袋不是火药库。要是你的手指扎了一根刺,那你应该高兴,挺好,多亏这根刺不是扎在眼睛里。以此类推……照我的劝告去做吧,你的生活就会欢乐无穷。"当我们遇到困难、挫折、逆境、厄运的时候,运用一下反向心理调节,有助于自己从困难中奋起、从逆境中解脱,进入洒脱通达的境界,迎来光芒万丈的艳阳天。

(5)转移注意力

转移注意力就是从主观上努力把注意力从消极或不良的情绪状态转移到其他事物上去的一种方法。能对情绪产生强烈刺激的事情,通常都与自己的切身利益有着很大的关系,要将其快速遗忘常常是很困难的。因此,单靠消极的躲避于事无补,更有效的办法就是进行积极的转移。科学研究表明,在发生情绪反应时,大脑中心有一个较强的兴奋灶,此时如果另外建立一个或几个新的兴奋灶,便可抵消或冲淡原来的中心优势。当情绪不好时,可通过转移注意力来平静自己的情绪,如外出散步、听听音乐、跳跳舞、打打球、找朋友聊天、读本轻松的书、看场电影等。总之,使自己的心思有所寄托,不要处于精神空虚、心理空旷的状态。这样,由不愉快的事情所引起的不良情绪体验,就会在不知不觉中烟消云散。

小 结

- 概括地说,情绪和情感是人对客观事物是否满足自身需要而产生的态度体验。心境、激情和应激是三种基本的情绪状态。

- 经典的情绪理论包括詹姆斯—兰格的躯体反应理论、坎农—巴德的中枢神经过程理论和情绪的认知评价理论。

- 大学生的情绪情感呈现出丰富性与复杂性、易感性与波动性、激情性与冲动性、自尊性与敏感性、阶段性与层次性、内隐性与外显性的特点。

- 大学生常见情绪障碍表现为愤怒、焦虑、忧虑、抑郁、嫉妒、懊悔。这不仅影响到大学生的身心健康,还影响到大学生的健康发展,因此需要积极的调节与治疗。

- 为了保持良好的情绪状态,我们可以采取以下方法:学会驾驭自己的情绪;建立积极的自我意象;给不良情绪找个出口。例如,提供一个正常的宣泄通道、用诉说代替抱怨、用行动带动情绪、反向心理调节、转移注意力等。

＊ 心理测试 ＊

情绪稳定性测试

1. 你上床以后,是否经常再起来一次,看看门窗是否关好、炉子是否封好等?（　　）
   A. 经常如此　　　　　B. 从不如此　　　　　C. 偶尔如此
2. 你对与你关系最密切的人是否满意?（　　）
   A. 不满意　　　　　　B. 非常满意　　　　　C. 基本满意
3. 看到自己最近一次拍摄的照片,你有何想法?（　　）
   A. 觉得不称心　　　　B. 觉得很好　　　　　C. 觉得可以
4. 你是否想到若干年后会有什么使自己极为不安的事?（　　）
   A. 经常想到　　　　　B. 从来没想过　　　　C. 偶尔想到
5. 你是否被朋友、同事、同学起过绰号、挖苦过?（　　）
   A. 这是常有的事　　　B. 从来没有　　　　　C. 偶尔有过
6. 你在半夜的时候,是否经常觉得有什么值得害怕的事?（　　）
   A. 经常　　　　　　　B. 从来没有　　　　　C. 极少有这种情况
7. 你是否经常因梦见什么可怕的事而惊醒?（　　）
   A. 经常　　　　　　　B. 没有　　　　　　　C. 极少
8. 你是否曾经有多次做同一个梦的情况?（　　）
   A. 有　　　　　　　　B. 没有　　　　　　　C. 记不清
9. 有没有一种食物使你吃后呕吐?（　　）
   A. 有　　　　　　　　B. 没有　　　　　　　C. 记不清
10. 除去看见的世界外,你心里有没有另外一种世界?（　　）
    A. 有　　　　　　　　B. 没有　　　　　　　C. 记不清
11. 你是否常常觉得你的家庭对你不好,但是你又确知他们的确对你好?（　　）
    A. 是　　　　　　　　B. 否　　　　　　　　C. 偶尔
12. 你是否曾经觉得有一个人爱你或尊重你?（　　）
    A. 是　　　　　　　　B. 否　　　　　　　　C. 说不清
13. 你心里是否时常觉得你不是现在的父母所生?（　　）
    A. 时常　　　　　　　B. 没有　　　　　　　C. 偶尔有
14. 你是否觉得没有人特别了解你?（　　）
    A. 是　　　　　　　　B. 否　　　　　　　　C. 说不清
15. 你在早晨起来的时候最经常的感觉是什么?（　　）
    A. 忧郁　　　　　　　B. 快乐　　　　　　　C. 说不清
16. 每年秋天,你经常有的感觉是什么?
    A. 秋雨霏霏或枯叶遍地　B. 秋高气爽或艳阳天　C. 不清楚
17. 你在高处的时候,是否觉得站不稳?（　　）
    A. 是　　　　　　　　B. 否　　　　　　　　C. 有时是这样
18. 你平时是否觉得自己很强健?（　　）

A. 否　　　　　　　　B. 是　　　　　　　　C. 不清楚

19. 你是否一回家就立刻把房门关上？（　　）
A. 是　　　　　　　　B. 否　　　　　　　　C. 不清楚

20. 你坐在小房间里把门关上后,是否觉得心里不安？（　　）
A. 是　　　　　　　　B. 否　　　　　　　　C. 偶尔是

21. 当一件事需要你做决定时,你是否觉得很难？（　　）
A. 是　　　　　　　　B. 否　　　　　　　　C. 偶尔是

22. 你是否常常用抛硬币、玩纸牌、抽签之类的游戏来测凶吉？（　　）
A. 是　　　　　　　　B. 否　　　　　　　　C. 偶尔

23. 你是否常常因为碰到东西而跌倒？（　　）
A. 是　　　　　　　　B. 否　　　　　　　　C. 偶尔

24. 你是否需用一个多小时才能入睡,或醒得比你希望的早一个小时？（　　）
A. 经常这样　　　　　B. 从不这样　　　　　C. 偶尔这样

25. 你是否曾看到、听到或感觉到别人觉察不到的东西？（　　）
A. 经常这样　　　　　B. 从不这样　　　　　C. 偶尔这样

26. 你是否觉得自己有超越常人的能力？（　　）
A. 是　　　　　　　　B. 否　　　　　　　　C. 不清楚

27. 你是否曾经觉得因有人跟你走而心里不安？（　　）
A. 是　　　　　　　　B. 否　　　　　　　　C. 不清楚

28. 你是否觉得有人在注意你的言行？（　　）
A. 是　　　　　　　　B. 否　　　　　　　　C. 不清楚

29. 当你一个人走夜路时,是否觉得前面潜藏着危险？（　　）
A. 是　　　　　　　　B. 否　　　　　　　　C. 偶尔

30. 你对别人的自杀行为有什么想法？（　　）
A. 可以理解　　　　　B. 不可思议　　　　　C. 不清楚

以上各题,选A得2分,选B得0分,选C得1分。请统计你的得分,算出总分。得分越少,说明你的情绪越佳,反之则越差。

总分0～20分,表明你情绪稳定,自信心强,具有较强的美感、道德感和理智感。你有一定的社会活动能力,能理解周围人们的心情,顾全大局。你一定是个性情爽朗、受人欢迎的人。

总分21～40分,表明你情绪基本稳定,但较为深沉,对事情的考虑过于冷静,处事淡漠消极,不善于发挥自己的个性。你的自信心受到压抑,办事热情忽高忽低,瞻前顾后,踌躇不前。

总分41～50分,表明你的情绪极不稳定,日常烦恼太多,使自己的心情处于紧张和矛盾中。

总分在51分以上,这是一种危险信号,请你务必找心理医生做进一步诊断。

* 心理训练 *

自我放松训练

请以柔和、缓慢的语速朗读下列指导语,以下各项放松训练均重复做两次。

指导语:放松训练现在开始,请你四肢放松,两眼闭合,头脑放空,跟着我的指导语来做动作。

1. 请你将双手高高地举起,尽量向上伸展。坚持一会儿,再坚持一会儿。好,放松,完全放松(两遍)。

2. 请你用力紧握双拳,坚持一会儿,再坚持一会儿。好,放松,完全放松(两遍)。

3. 请你将小臂曲起并挤压在大臂上,使你感到紧张。坚持一会儿,再坚持一会儿。好,放松,完全放松(两遍)。

4. 请你将双肩向耳朵方向拱起,尽量拱起。坚持一会儿,再坚持一会儿。好,放松,完全放松(两遍)。

5. 请你用鼻慢慢地深吸一口气,憋一会儿,再憋一会儿。好,慢慢地一点点儿把气呼出去(两遍)。

6. 请你两脚分开,与肩同宽,脚趾扒地,造成紧张感。坚持一会儿,再坚持一会儿。好,放松,完全放松(两遍)。

7. 请你转动你的眼球,听我的口令:左、下、右、上。反过来做一遍,右、上、左、下。

8. 请你尽量将小腿向前伸,坚持一会儿,再坚持一会儿。好,放松,完全放松(两遍)。

9. 请紧缩你的小腿肌肉,使之感到紧张。坚持一会儿,再坚持一会儿。好,放松,完全放松(两遍)。

10. 请你将头向后仰,尽量向后。坚持一会儿,再坚持一会儿。好,放松,完全放松(两遍)。

11. 请你紧缩你的额头,坚持一会儿,再坚持一会儿。好,放松,完全放松(两遍)。

好,放松练习到此结束。你感到轻松一些了吗?

* 自我感悟 *

思考与收获

通过对本章的学习,我的思考是 _____

_____

我的收获是 _____

_____

第十一章 大学生挫折应对及压力管理

在迈入大学之后，大学生活并非像莘莘学子曾经想象的"理想国度"。学业压力、人际交往压力、环境适应以及生活中出现的各种"意外"都会对学生产生困扰。如何应对学习、生活中的挫折是大学生学习生涯中的一门"必修课"。本章详细介绍了压力与挫折的基本概念、大学生压力的产生和特点，分析压力和挫折对大学生心理的影响，提出了压力管理与挫折的应对策略。

> * 名言警句 *
> 挫折就像一块石头，对于弱者来说是绊脚石，让你却步不前；而对于强者来说却是垫脚石，使你站得更高。
>
> ——巴尔扎克

第一节 压力与挫折概述

挫折普遍存在于人们的生活之中。可以肯定地说，人人都遭受过或大或小的挫折，领教过挫折给心灵带来的震撼，品尝过不同挫折的"滋味"。乘车去会见一位重要人物，在路上却遇到了交通阻塞，这时人往往产生一种烦躁不安的情绪反应；遇到干旱，庄稼歉收，农民会产生失望、忧虑、担心的心理状态和情绪反应；大学生毕业却找不到工作单位，运动员比赛原本实力相当却由于意外未能得到名次等，也都会使人产生类似的心理反应，这些都可以算遭受到了挫折。

一、压力概述

一位研究压力的专家这样写道："对历史、人类学，特别是对文学——无论是圣经、希腊文学、莎士比亚、但丁，还是陀思妥耶夫斯基——只要有些许了解，就会明白人生来就缺乏宁静。"（Antonovsky，1979）。

关于压力的概念可以追溯到18世纪，当时"负荷"（stress）一词是指一种外部力量，比如由金属或木头所产生的力量。到了19世纪，首次将压力应用于人类体验的医学著作，是由身心研究的先驱——威廉·奥斯勒（William Osler）编写。20世纪20年代，还是麦吉尔大学一名年轻的医学专业学生的汉斯·塞利（Hans Selye）在实验室中对老鼠的应激反应进行了深入而细致的研究。在研究过程中，他发现了一个奇怪的现象：无论对老鼠实施什么"有害刺激"(如注射激素、电击、灼烧或冷冻)，老鼠的反应都是大致相同的，表现为肾上腺皮质或外层逐渐变大、脾脏及淋巴结收缩、胃部和肠部出现深度溃疡等。在此基础上，塞利提出了著名的关于压力(stress)的定义，即"对施加于身体上的任何需求的非特异的反应"。

不同的专家都从自己的研究角度对压力进行了定义。通常认为压力也称作应激，是一种反应模式，当刺激事件打破了有机体的平衡和负荷能力，或者超过了个体的能力所及，就会体现为压力。这些压力包括各种各样的来自外界或内部的刺激事件，统称为应激源(stressor)。个体面对各种应激源时需要做出多方面的反应，包括生理上的、行为上的、情绪上的或认知上的。压力同身体、心理、生活方式和健康之间有着直接的联系。

应激源会引起机体的唤醒状态，这种状态持续时间可长可短，会消耗个体的内在资源和外在资源，当调整身心仍不能适应压力时，经常会导致身体不适或情绪紊乱。当这种情况发生时，应激源就会变成不良压力源。

大学生在进入校园之后，会面对生活学习环境的变化、与父母分离、重新整合与发展新的关系、经济压力、情感困惑、学业压力和日常烦扰等压力。

二、压力的分类

大学生生活在现实社会的环境中。一方面，大学生的生活内容相对单一和稳定，因此也就导致了大学生心理挫折和压力具有一定类型化的特点；另一方面，社会生活的方方面面会通过家庭、朋友进行投射，影响到大学生的生活内容，如无法正常应对则会产生各种压力。根据大学生压力产生的来源，可以将压力分为以下几类：

1. 环境适应压力

大学新生面对的是新的生活环境，需要适应新的生活方式——离开熟悉的亲人、朋友，加入新的群体，逐渐熟悉与高中不同的课堂组织方式和教学风格等。而相当一部分大学新生一时难以顺利地实现自身角色的转换和生活方式的调整，出现诸如饮食不习惯、集体活动不适应、难以接受理想中的大学和现实中的大学之间的反差等情况，于是感到孤独、烦恼、忧虑，以至采取旷课、逃学的方式逃避新环境。另外，大学学习是学生从学校走向社会的关键时期，大学生与社会接触的机会越来越多，而社会环境与校园环境相比，充满竞争和风险，各种思想价值观念冲突碰撞，这也极大地增加了大学生的心理压力。

2. 日常生活压力

生活挫折一方面是生理因素产生的挫折，包括因自身生理素质、体力、外貌以及某些生理上的缺陷所带来的限制，而导致需要不能满足或目标不能实现的挫折，如个子太矮、容貌不佳、智力不高等。另一方面是指家庭发生重大变故或者经济负担的压力。有一定比例的大学生，其父母为工薪阶层或出身农村困难家庭，学费和生活费的经济负担很重。他们不得不节衣缩食，利用余暇时间勤工助学，但又看到周围部分同学消费随心所欲，常常担心自己被人瞧不起，从而产生自卑心理，易敏感、易自闭。

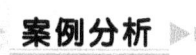
案例分析

社会挫折

案例:

今天我在咨询中心接诊了一位大学生,他还没等坐下就迫不及待地向我说起昨天遇到的一件倒霉事。他说:"我晚上出去买东西,在公交车站遇见两个人,一个中年男人和一个衣着朴素的妇女,通过着装来看,他们应该不是城里人。那个中年男人看见我后就走过来跟我说:'小兄弟,行行好,借点钱给我,我本打算去找我的一个同乡,但是走错方向了。我现在身上没有钱,而且我们现在都没有吃饭……'由于现在这种欺骗人的事情很多,所以我保持着一种警惕,不加以理睬。见我没反应,那个中年男人又说:'小兄弟,我们都是农村人,不会骗人的,只要你借我50元钱就行,如果不相信我,我留下姓名和电话,你也告诉我号码,我会把钱还给你……'我心里开始有些动摇了。因为他即使要骗也就是50元钱,而且他们看起来真的是农村人的样子,蹩脚的普通话、朴素的打扮,又要留下电话号码。再说人家看起来确实很可怜,我能够帮助人家应该尽量地帮,以后出门在外谁不需要帮助?于是我给了他们50元钱,他们给我留下了姓名和电话。回到宿舍之后,我跟室友讲了这件事情,他们都说我肯定被骗了。但是我据理力争,说他真的很可怜,再说骗我也不至于就骗50元钱吧。不过我心里还是担心,于是第二天打电话,却发现这个号码不存在,也没有人打电话向我还钱。这件事情过后,我觉得很受挫折。为什么他们要这样,我是相信对方,觉得人与人之间应该互相帮助才对,可是对方辜负了我的好心。我觉得很沮丧,人与人应该互相信任和帮助的观念开始动摇,不知道以后是否还会相信别人……"

分析:

这展现的就是一个大学生在社会当中真诚地帮助别人结果却受到欺骗后产生的一种挫折心理,是一种社会挫折。社会挫折对大学生的影响是很大的,因为大学生处于身心逐渐成熟的时期,正是自我认同、人生观和价值观形成的时期,过多的社会挫折会让大学生对社会失望、愤怒、反抗,同时对判断自我价值、性格都有影响。案例中的大学生在帮助别人受挫之后,对人与人应该真诚、信任、互相帮助的价值观产生了动摇,而且对自己的评价也表现得很消极。

3.人际交往压力

人的社会性决定了人的交往性。大学生进入大学后,人际交往的需要极为强烈,他们渴望融入新的社会关系网络,渴望通过人际交往去认识世界,获得友谊与支持。但是,周围同学一般来自全国各地,每个人在成长经历、行为习惯、价值观等各方面存在很大差异,常常难以相互适应、相互包容,彼此在交往中难免出现不协调的"音符"。有些大学生由于自我评价不恰当,或自命不凡或畏缩不前,无法与他人和谐相处。人际关系紧张,自然会产生心理挫折。有的大学生由于协调能力较差,缺乏生活经验,以致在交往中常出现嫉妒、猜疑等消极情绪,甚至因误会而与朋友断交或苦于找不到知心朋友等情况。有的大学生因身高、容貌等先天不足或性格内向、缺乏特长而在众人面前相形见绌,不敢与人交往,往往表现为郁闷不乐、消沉冷漠。

4. 学习压力

在现实中,学习成绩是非常重要的,如好的成绩可以帮助学生赢得奖学金、应聘到好工作、获得评优资格等。在目前的评价体系中,学习成绩是大学生自我认同、角色定位的重要方式之一,因此学习压力大在大学生群体中比较常见。学生在学习和智力活动中会遭遇到很多种挫折,如老师讲课内容自己听不懂、记忆力衰退、考试成绩不理想等。在校大学生一般都是中学的佼佼者,他们心理优越感很强,自我期望值较高,然而当发现大学里精英荟萃、人才济济时,部分同学的自豪感会受到强烈的震撼,他们的优势不再突出,因此往往产生失落情绪。而且相当一部分学生进入大学后,对课程多、课时少、授课量大、灵活多变的教学方式难以适应。他们一方面希望通过努力保持中学时代的名列前茅,另一方面又难以稳定学习情绪、改进学习方法,不会合理支配自由时间,不能广泛地使用现代化手段查阅文献资料,因此失去了学习兴趣和信心,焦虑不安,茫然不知所措,产生破罐子破摔的思想,对学习产生厌烦和倦怠心理,如图 11-2 所示。

图 11-2　学习压力

5. 情感压力

大学生正处于青年中后期,生理发育日臻成熟,随着性意识的觉醒,他们开始关注两性之间的关系,渴望接触异性,向往美好爱情。大学生会在一段美好的爱情中获得满足感并得到成长,同时,爱情也是焦虑、紧张和沮丧的来源。由于多种因素的制约,在追求爱情的过程中,大学生或多或少会遇到波折,通常表现为单恋和失恋。这些学生往往认为失恋就是自己不被喜欢、没有魅力,于是变得情绪低落,完全否定自我,行为上极端化,自卑感强烈,不能集中注意力,无法学习。其痛苦深沉而剧烈,如果得不到合理的情绪疏导,极有可能造成不良后果,如由失恋到失志、失德,行为上表现为报复、自杀或杀人者不乏其人。其实,大学校园里发生的许多严重问题往往是由爱情挫折问题引发的,如心理障碍、心理疾病、学习障碍、纪律问题、情绪问题,甚至自残等极端问题。

6. 就业压力

度过三年或四年的大学生活,择业求职是终点,也是人生的另一个起点,大学生不可避免地要接受各种矛盾的冲击和考验。随着近几年大学的普遍扩招,就业形势日趋严峻,使得部分在校大学生容易产生"毕业之际就是失业之时"的苦闷、焦虑等挫折心理体验。有的学生担心自己专业冷门,怕将来选择工作的空间少甚至没有选择;有的学生因生理上有些"缺陷"(如身材较矮、较胖、相貌不佳等),自卑感极强,自信心不足,担心在就业时受到不公正的待遇;还有的学生担心将来走上工作岗位后不能适应社会的需要……特别是一些性格内向、不善交际的同学,面对纷繁复杂、竞争不断加剧的社会,怕将来难以胜任工作和处理各种职场关系。此外,在就业市场上的一些客观因素也使得很多毕业生感到前途渺茫、苦不堪言,于是怨气冲天,牢骚满腹。

三、挫折的概念

从挫折的定义可以看出,挫折包括三方面的含义:a. 指使需要不能获得满足的内外障碍或干扰等情境状态或情境条件,这是造成挫折的情境因素,也称为挫折情境。b. 指对挫折情境的知觉、认识和评价,称为挫折认知。c. 指伴随着挫折认知,对于自己的需要不能满足而产生的情绪和行为反应,如愤怒、焦急、紧张、躲避或攻击等,称为挫折反应。

挫折就是俗话所说的"碰钉子"。如果要给挫折下一个较为明确的定义,可以这样说:挫折是指人们在有目的的活动中,遇到了无法克服或自以为是无法克服的障碍和干扰,使其需要或动机不能获得满足时所产生的消极的情绪反应。

四、挫折的主要来源

挫折来源也就是指使需要不能获得满足的各种障碍和干扰因素。大学生的挫折来源是多种多样的,归纳起来,可以分为两大类:一类是外部因素,另一类是内部因素。

1. 外部因素

构成挫折的外部因素,又叫环境因素,是指由于外界的事物或情况给人带来的阻碍和限制,使人的需要不能满足(动机受阻)而引起的挫折。外部因素包括社会环境和自然环境两方面。

(1)社会环境

这是指个体在社会生活中由人为因素的限制而引起的挫折,包括一切政治的、经济的、宗教的、伦理道德的、种族的、家庭的因素以及一切风俗、习惯的影响在内。由此造成的挫折情况比较复杂,对个人需要和动机所产生的阻碍作用也比自然环境引起的挫折更多、更大、更普遍,影响也更深远。

例如,政治上受到他人的打击陷害,正义得不到伸张,长期蒙受冤屈;青年男女彼此爱慕至深,但因家庭经济地位悬殊,或受传统观念的束缚,遭到亲人的阻挠和反对,因而不能如愿以偿。又如,在某种社会条件中,人们不能接受所期望的某种教育,不能从事自己所喜欢的职业;或才能得不到充分发挥,才能得不到重用;或由于人际关系紧张与别人产生隔阂、处境孤立等,都是外部因素给人造成的挫折感。

(2)自然环境

它包括各种非人为力量所造成的时空限制、天灾地变等因素,使人的行为无法达到目标而造成挫折。自然环境造成的挫折往往是人力所无法控制和避免的。例如,一个慢性病患者,无论医药的功效如何良好,总要经过一定的时间才能康复;一个汽车司机在荒漠中因汽油用尽而焦急等待;一个急于完成学业、负担家庭生活的大学生还必须得再读一两年,修满一定学分才能毕业;异乡游子由于远隔重洋无法与家人团聚;行人途中遇到危险而又缺乏适当的交通工具无法通过等,这些时间或空间的限制,是构成挫折情境的重要原因。此外,人世间的生、老、病、死,以及无法预料的自然灾害和各种事故,如地震、洪水、车祸、火灾、亲人亡故等所招致的挫折,也都属于自然环境因素。

2. 内部因素

构成挫折情境的内部因素,指由于个人的生理、心理因素而带来的阻碍和限制,是挫折的来源。它包括个体生理条件的限制、动机间的冲突和能力与期望的矛盾等方面。

(1)个体生理条件的限制

这是指个体生理上的缺陷、疾病以及容貌、身材等方面对达到目标所带来的限制。例如,高度近视者不能担任飞行员或其他需要良好视力的工作,色盲者难以从事医疗或美术工作;智力缺陷者可能无法成为一名出色的科学家;身材过于矮小的人无法成为国家篮球队员。如果目标超出生理限制,那么无论怎样努力,成功的可能性较一般人都小得多。在这种情形下,正确认识环境和认识自己显得尤为重要。

(2)动机冲突

动机冲突是指同时产生的两个或两个以上的动机都是人们急需达到的,但由于某种条件的限制,不能二者同时兼得,必须得其一,舍其一。由两者的互相对立和排斥而产生的难于抉择的心理矛盾如果持续得太久,太激烈,或由于其中一个动机得到满足而其他动机受到阻碍,就会造成挫折。

从人类的动机活动来看,动机冲突的情况非常复杂。从动机冲突的形式上分析,心理学家一般把心理冲突分成四类:

①双趋冲突。所谓双趋冲突,是指个体在活动中同时兼顾两个并存的目标,以相同强度的两种动机同时追求而又不能同时得到满足时,被迫从两种目标中选择其一,这时的矛盾心理状态,称为双趋冲突。这其实就是一种"鱼与熊掌,不可兼得"的冲突心境。例如,一个人同时得到了去两所学校深造的机会,这两所学校对他有同等的吸引力,可是他只能选择其中一所学校,于是造成抉择上的困难;一个人同时恋上了两个异性,但他只能与其中一人结婚而必须放弃另一个。从两个喜爱的对象中只能选择其一时,就会产生双趋冲突。

双趋冲突的形成,主要是因为两个目标对个体具有同等的吸引力,个体对两者具有同等强度动机。假如个体对两者的动机有强弱之差,便自然会选择吸引力强的而放弃吸引力弱的,此时较强动机的满足自然会抵消较弱动机带来的挫折。但在动机的强度相等时,个体的心理冲突便无法避免。

②趋避冲突。个体对同一目标同时产生两种动机:一方面好而趋之,另一方面又恶而避之。像这种对同一目标既"趋之"又"避之"的矛盾心理状态,称为趋避冲突。这种心理冲突在日常生活中发生得最多,而且较难解决。例如,一位病人想要治好严重的胃病,可又怕动手术;女青年喜欢吃甜食,但又怕吃了发胖;男青年想追求某个女青年,又怕遭受拒绝后有损自尊心;想参加某项考试或比赛,又害怕失败等。诸如此类,凡是同一事物对人同时具有同等强度的吸引力和排斥力,使人处于进退两难的境地,都能构成趋避冲突。

③双避冲突。个体同时遇到两个威胁性目标都想躲避时,迫于形势必须接受其中一个才能避免另一个,这种从两恶者中必择其一而左右为难的矛盾心理状态,称为双避冲突。例如,一位患心脏病的学生必须休学住院时,他可能既担心不去住院病情会进一步恶化,又担心住院会影响学习,甚至从此失学。

④双重趋避冲突。个体在活动中如果同时具有两个或两个以上的目标,而每一个目标又同时形成趋避冲突,这种矛盾心理状态就称为双重趋避冲突。例如,有的人感到住在城里,工作、生活、娱乐等比较方便,但空气污染严重,噪音恼人(趋避冲突);住在郊外固然空气很好,环境清新,但工作、生活等都很不方便(趋避冲突)。再如,一位大学生想攻读研究生进一步深造,但又怕考试失败;想参加系里的运动队为集体争光,但又担心影响学业成绩。这种复杂的趋避冲突,就形成了双重(或多重)趋避冲突。

(3)能力与期望的矛盾

这里指的是个体期望太高,能力不及而招致的挫折。在现实生活中,一个人如果过于自信,过高地估计了自己的能力,就会对自己提出不切实际的要求,制定很高的甚至无法达到的目标或计划。一旦这些目标或计划终因能力不济无法达到,而自己又不能清醒地认识到这一点时,就会产生强烈的挫折感。

第二节 挫折对大学生成长的意义

1. 挫折促进大学生个人成长

如果个体常常处于安逸状态,便容易停滞不前。个体的成长往往来自于突破现有的极限。大学生经历了高中教学来到大学,要迎接崭新的课堂风格、公开演讲、参加社团、进行体育比赛等,都会遇到不尽如人意的地方。没有这些压力,大学生活将会停滞不前,也很难让人满意。人的成长过程是适应社会要求的过程,而要适应就要学会调整自己的动机、追求和行为。一个人出生时,根本不知道什么是对、什么是错,正是通过鼓励、制止、允许、反对、奖励、处罚、引导、劝说等才得以使举止与行为适应和得当,学会在不同环境、不同时间、不同对象、不同规范条件下调整行为。

2. 挫折使大学生逆境中反思

大学生在学习和掌握科学知识和先进技术的同时,还需要有一个辩证的挫折观,经常保持乐观的态度。挫折能够使我们变得聪明和成熟,从某种程度上说,正是失败本身才最终造就了成功。大学生要悦纳自己,相信他人,要能容忍挫折,学会自我宽慰,胸怀坦荡,情绪乐观,发奋图强,满怀信心,争取成功。既然生活中挫折无处不在,逆境无时不有,所谓"吃一堑,长一智",那么对挫折进行反思就极为必要了。在挫折面前,大学生需要的是反思的态度、进取的精神和不屈的意志,同时也更需要理智。大学生要经常反思挫折本身,反思引起挫折的原因,反思受挫以后的行为选择,反思挫折以后的应对措施。

3. 挫折使大学生成熟奋起

挫折可以加强以实现目标为目的的活动和计划的进行,简言之,可以加强大学生学习活动的动机。大学生应该制定可以达到的目标,然后提高这个目标的标准,借以点燃实现更高目标的热情。挫折可以激发努力,从而激发大学生的潜在能力,成为使之付诸行动的动机。

　　大学生的自我认知存在比较自己和他人学习状况的一面,通过与他人的竞争经验,能够得到检验自身力量和能力的机会。这样一来,大学生就能够更客观地观察自己、认识自己,获得自我批评的能力。面对竞争的失败与不成功的经验,如果大学生不因此而气馁的话,也会发现某些契机。挫折将促使人们探寻失败的原因,深刻体查自己,找出克服困难之路。

阅读材料

蝴蝶的启示

　　一天,一只茧上裂开了一个小口,有一个人正好看到这一幕。他一直在观察着:蝴蝶在艰难地将身体从那个小口中一点点地挣扎出来,几个小时过去了……

　　接下来,蝴蝶似乎没有任何进展了。看样子它似乎已经竭尽全力,不能再前进一步了,这个人实在看得心疼,决定帮助一下蝴蝶,他拿起一把剪刀,小心翼翼地将茧破开。

　　他接着观察,期待着在某一时刻,蝴蝶的翅膀会打开并伸展起来,足以支撑他的身体,成为一只健康美丽的蝴蝶……

　　然而,这一刻始终没有出现!

　　实际上,这只蝴蝶在余下的时间都可怜地带着萎缩的身子和干瘪的翅膀在爬行,它永远也没能飞起来……

　　这个好心人并不知道,蝴蝶从茧上的小口挣扎而出,这是上天的安排,要通过这一挤压过程将体液从身体挤压到翅膀,这样它才能在破茧而出后展翅飞翔……

　　有时候,在我们的生命中,需要奋斗乃至挣扎。

　　如果生命中没有障碍,我们就会很脆弱,就不会像现在这样强壮,于是我们永远都不能飞翔……

第三节　压力和挫折对大学生心理的影响

　　在现实生活中,我们常常看到,对于同一挫折情境,有的人不屈不挠、顽强进取,有的人则一蹶不振、悲观消沉……这除了取决于个人的生活经历、对挫折的认知和挫折防卫机制的运用等因素以外,还与挫折承受力的大小有着密切的关系。挫折承受力是个体保持与环境的良好适应、维持心理健康的重要标志。在遇到压力和挫折时,如无法恰当应对或在短时间内无法解决,许多大学生的心理平衡就会遭到破坏。困扰、焦虑和痛苦等情绪反应会明显影响学生的行为,有的以积极的行为表现出来,有的以消极的行为表现出来,这些都会对大学生的心理产生不同程度的影响。

一、什么是挫折承受力

　　"挫折承受力"这一概念最早是由美国心理测验专家罗森茨威格提出的。他给挫折承受力下的定义是"抵抗挫折而没有不良反应的能力",即个体适应挫折、防御和应对挫折的能力。它是个体在遭遇挫折情境时,能否经得起打击和压力,有无摆脱和排解困境而使自己避免心理与行为失常的一种耐受能力。

1977年,世界卫生组织精神卫生部主任萨托拉斯提出了三条精神健康标准,其中一条就是能够经受生活的挫折,及时地调整自己的情绪,适应环境。由此可见,培养挫折承受力对心理健康的意义重大。

挫折承受能力的大小反映了一个人的心理素质和健康水平。许多人的心理问题就是由于遭受挫折而又不能很好地排解和调适造成的。增强挫折承受能力,是获得对挫折的良好适应和保持心理健康的重要途径。一般来说,挫折承受力较强的人,往往挫折反应小,挫折时间短,挫折的消极影响少;而挫折承受力较弱的人,则容易在挫折面前不知所措,挫折的不良影响大而易受伤害,甚至导致心理和行为的异常。

二、挫折承受力的影响因素

个体的挫折承受力受生理因素、性格气质、人生阅历、社会支持、目标距离、挫折准备、信念、意志力等多种因素的影响。身体健壮的人比瘦弱的人更经得起挫折;乐观开朗、性格活泼、意志坚强、独立性强的人比消沉抑郁、意志薄弱、依赖性强的人更能承受挫折;生活阅历丰富、饱经风霜的人比生活顺利、人生经验不足的人更能承受挫折,因为他们在丰富的人生经历中积累了与困难做斗争的经验,提高了战胜挫折的能力;在遭受挫折后,能转向社会支持寻求帮助、安慰的人比缺乏社会支持资源或不善于寻求社会支持资源的人更能战胜挫折;挫折发生时越接近目标,则个体的挫折承受力通常就越大,因为当一个人几乎达到目标时经历失败往往会因不甘心而继续努力尝试;事先对挫折有所预见,做好迎接挫折的心理准备的人比对挫折毫无防备的人更能经受挫折;有坚定信念的人比缺乏信念的人更经得起挫折。

三、正确认识挫折

心理学认为,外界刺激是通过人的认知这一中介而产生各种各样行为的。由于认知方式的差异,人们对同一事物有可能产生不同甚至完全相反的看法,进而引起不同的心理反应。比如,面临学习中的挫折时,有的同学视为正常,泰然处之,通过调整学习方法、更加勤奋努力地提高学习实效,从而减少挫折和失败;有的人一遇到挫折,就觉得大祸临头,惶惶不可终日,无形中加重了挫折感。所以,从这个意义上说,挫折感作为一种心理感受,与其说和挫折事件、挫折情境有关,还不如说与个人对挫折的态度,尤其是一些不合理的观念有关。如挫折、失败是不应该发生的;在挫折面前以偏概全、一叶障目;或把挫折的发生想象得非常可怕、糟糕透顶等。因此,正确看待挫折、去除不合理的观念是有效承受挫折的重要一环。

阅读材料

十种非理性信念

挫折感产生不仅取决于人们所面临的社会刺激,而且取决于人们的认知。绝对化的、概括化的、片面的认知形成的非理性信念影响心理健康,妨碍社会适应。美国心理学家艾利斯(1913)将常见的非理性信念归纳为十种:

1. 每个人都应该得到自己生活环境中对自己重要的人的喜爱和赞许。
2. 一个人必须能力十足,在各方面有成就,这样的人才有价值。
3. 有些人是坏的、卑劣的、恶性的;为了他们的恶性,他们应该得到严厉的责备和惩罚。
4. 假如发生的事情不是自己喜欢和期待的,那么它是很糟糕的、很可怕的。事情应该是自己喜欢和期待的那样。
5. 人的不快乐是外界因素引起的,一个人很少或根本没有能力控制自己的忧伤和郁闷。
6. 一个人对于危险或可怕的事情应该非常挂心,而且应该随时考虑到它可能发生。
7. 逃避困难、挑战和责任要比面对它们更容易。
8. 一个人应该依靠别人,而且需要一个比自己强的人做依靠。
9. 一个人过去的历史对他目前的行为是极重要的决定因素,因为某事曾影响一个人,它会继续,甚至永远具有同样的影响效果。
10. 一个人碰到同种问题,应该有个正确、妥当及完善的解决途径。如果无法找到解决办法,那将是糟糕的事情。

以上是非理性的认知,可以通过自我辩论、他人协助加以纠正,建立合理的信念将增加自信,改善人的心理适应。例如:

我并不是生活中唯一承担痛苦的人,其实生活中每个人都会有这样或那样的痛苦和忧虑;

我并不是一无是处,我也有很多人欣赏的地方,我比以前认为的可爱得多;

要改变自己的行为必须付出努力,即使前途坎坷,但我仍抱有希望;

我并不像我以前想象的那么无助,我和别人一样拥有许多可利用的社会资源;

我并不一定需要每个人都喜欢我、夸奖我,这实际上是任何人都做不到的。

四、挫折和压力对心理的影响

通过前面的内容可以知道,适量的压力可以使人愉悦,对个体有激励作用甚至有利于迎接挑战和应对紧急事件。积极的压力可以帮助个体激发自我潜能,但当压力过度或是压力不足时就会使个体生活质量下降,身心健康受到伤害,因而产生不良的心理反应。

1. 焦虑

适当的压力引发适当的焦虑,适度的焦虑是生活的正常组成部分。在体育运动中,赛前焦虑水平中等,既不太高也不太低时,有助于运动员达到最优成绩;学业和职业成就亦是如此。焦虑可以通过两种方式演变为压力问题。第一种是重要事情发生前或期间焦虑被唤醒,并削弱或干扰个体的表现。在公众面前发言困难、考试中由于过度焦虑引发思维混乱、在一场重要的面试中大量冒汗,都是失控性情绪焦虑的典型事例。第二种是慢性焦虑,在压力源持续存在且应对无效时,个体可能长期表现出特定的生理症状:心悸、胸痛、出汗、食欲不振等。焦虑不仅仅是一种情绪状态,同时在认知、生理和行为上也会有所表现。

2. 抑郁

当个体遭遇重大生活变故或压力源长期存在时,个体极有可能出现抑郁情绪或抑郁行为。情绪上表现为低落、空虚、厌倦和悲伤等,较少有兴趣关注外界事物;行为上表现为易怒、对一些无关问题抱怨、难以集中精力、反应迟钝等;生理上表现为体重减轻、睡眠不好、消化不良等。短期出现抑郁情绪无须过多关注,但持续几周或几个月的抑郁就应引起注意,需要采取积极的策略应对,需要对生活方式进行调整——跑步和其他有氧运动对减少抑郁情绪非常有效。

3. 恐惧

恐惧作为一大不良压力情绪反应,表现为轻度激怒、敌意、强烈的攻击行为等。当愤怒带来的生理唤醒很像焦虑没有被表达和释放时,可能对器官、组织造成巨大损伤。根据密歇根大学的研究,通过压抑来应对愤怒的人血压最高,其次是那些因愤怒而发作的人,血压最低的是对愤怒展开讨论的人。消极的愤怒能导致敌意和攻击的冲动,并且令自己烦恼不安。所以当个体遇到压力而引发恐惧情绪时,应以一种耐心、宽容和积极的态度对待压力源,选择建设性的方法应对。

4. 悲伤

个体遭遇挫折时的常见情绪反应,是与现实的、想象的或预期损失有关的消沉、悲哀的情绪体验。当个体预想的一件事情、一项成就、一种期待落空时,相应的挫折感随之而来,悲伤是最早出现的情绪反应,紧接着行为上表现为退缩、思维过程可能变得含混不清、注意力不能集中等特点。

5. 内疚

内疚是对自己已经做的错事或做得不满意的事情感到后悔和自责,内疚是源于对自我和他人期望落空时的知觉,常随着个人反思、懊悔、自我惩罚反复纠缠着内疚的个体。偶尔内疚是理性的、合情合理的,但长久地、过度地内疚可能带来严重的抑郁症状。

第四节 压力管理与挫折应对

一、压力管理概述

心理学家曾形象地比喻:压力就像小提琴弦,没有压力,就不会产生音乐。但是,如果琴弦绷得太紧,就会断掉。因此,大学生需要将压力控制在适当的水平,使压力的程度与生活协调。如果没有压力,就达不到完成任务所需的思维、情绪和活动水平;但是如果压力太大,也将干扰任务的顺利完成。所以无论是压力太大还是压力太小,都要进行压力管理。

个体可以把自身的各种症状当作预警信号来诊断自己是否压力过大。同时,要根据内外压力来源的各个方面,找出目前自己的压力有哪些,最大的压力是什么,这有利于有针对性地缓解压力。确切地说,到底是什么压垮了你?是工作,是家庭生活,还是人际关系?如果认识不到问题的根源所在,你就不可能解决问题。

二、压力管理方法

1. 保持自信乐观的态度

既然压力是不可避免的,那么就需要容忍压力,学会自我宽慰。大学生要热爱生活,满怀希望,心怀坦然,情绪乐观,发奋图强,增强克服困难的信心和力量。英国作家萨克雷有句名言:"生活是一面镜子,你对它笑,它就对你笑;你对它哭,它也对你哭。"的确,如果我们以欢乐的态度微笑着对待生活,生活就会对我们"笑",我们就会感受到生活的温暖和愉快;而如果我们总是以一种痛苦的、悲哀的情绪注视生活,那么生活的整个基调在我们心中也就会变得灰暗了。

2. 认知上正确对待压力

在日常生活中,大学生常常觉得应付压力是一件困难的事情。其实困难在于自己的心态,如果从心里坚持拒绝面对和接受压力,那么压力将会给大学生带来更多的痛苦,这个心态比压力本身更可怕。大学生要有直面压力的勇气,真诚对待压力,这样压力也会反馈给你以力量,从而使我们能够在挫折中学会成长。

(1)对压力正确归因

真正引起适应困难的,主要不是那些压力、冲突本身,而是对压力的看法。碰到困难和压力,如果老是从客观上找原因,而不是积极从主观上找原因,往往就会被压力所吓倒。反之,如果对压力持一种勇者姿态,那么在对压力的实际斗争中我们其实已经有了一半的胜算。

(2)压力是普遍存在的

压力是人生重要的组成部分。人的生活历程,有一帆风顺的时候,也会有崎岖坎坷的境遇,经受压力是人们现实生活中的正常现象,是不可避免的,所以大学生面对压力要有接纳的心态。

(3)压力具有两重性

压力会给人以打击,带来损失和痛苦,但也能使人奋起、成熟,从中得到锻炼。平常遇到的压力和磨难并不都是坏事。平静、安逸、舒适的生活,使人得不到成长,而压力和磨难却能使大学生受到磨炼和考验,并使人变得更加成熟。所以,既要看到压力给人带来的心理压力与情绪困扰,又要看到它给人的成长带来的机遇和动力。

孟子说:"天将降大任于斯人也,必先苦其心志,劳其筋骨,饿其体肤,空乏其身,行拂乱其所为,所以动心忍性,曾益其所不能。"黑格尔曾经说:"在人成长的道路上,如果你不懂得某个道理,生活就会安排一次挫折让你学习;如果你还不明白,生活就再安排一次,直到你明白为止。"在你成功之前,上帝经常会悄悄地告诉你为什么你还没有成功,你应该怎么办。但是上帝不会直接告诉你,他会派一个使者来告诉你,这个使者就是"挫折"。别因为这个使者相貌丑陋就不喜欢它,要知道它传递给你怎样才能接近成功的秘密。如果你怠慢它,甚至拂袖而去,那么你就永远无法解开自己失败的谜底。握住它的手,拥抱它,跟它真诚地交流,听懂它的语言,你就会明白:挫折是个可贵的朋友,它会给你丰厚的回报,给你的人生带来创造性的变迁。

3. 行动上接受压力的挑战

身处逆境时,有了目标、勇气还不够,关键在于行动。如果没有行动,困境仍然是困境,现状仍然得不到改善。只有行动起来,才会坚持下去。"千里之行,始于足下。"有了行动,就意味着好的开始。行动是实现目标的唯一途径。如果不采取任何行动,即使成功的果实触手可及,你也采不到。人生伟业的建立,不只在于能知,还在于能行。即使一个人知道怎样做能考上重点大学,但不付诸行动,也于事无补。即使一个人知道自己如果不改正诸如自私、懒惰、草率之类的毛病,就不能取得更大进步,但不付诸行动,就会仍旧在原地踏步。总之,要行动起来。

三、什么是挫折应对

应对策略,有时又称为应对方式,可以理解为人们为应对内外环境要求及其有关的情绪困扰而采取的谋略、方法、手段。应对策略是构成一个人在特定应激情境下的应对形式和带有个人特点的、可能具有某些跨情境的一致性的应对风格的基本成分。简言之,应对策略是在应对过程中继认知和评价之后所表现出来的具体的应对活动,受诸多因素的影响。个体采取何种应对策略在很大程度上取决于其所拥有的应对资源。

四、挫折的应对资源

应对资源是指在个体应对应激事件时所能调动的一切心理、生理、社会因素的总和,是决定个体应对策略的综合性背景。

1. 生理资源

(1)身体健康

身体健康程度并不是构成应对策略差别的必要条件。

(2)性别

男女行为上的差异是显而易见的。其中一个重要的行为差异是"攻击性行为",这种行为差异在应对策略上也同样有所表现。在面临应激环境时,女性较男性更倾向使用"回避""自我安慰""求助"等消极、被动的应对策略。可以说,这种应对策略的差异带有后天社会的色彩,是文化的产物。

(3)年龄

随着年龄的增长,面临的情感问题将发生变化,而解决这些问题的方法也趋于成熟。就目前的研究成果来看,生理资源对应对策略的作用很小,除年龄这个能动因素外,其他因素均可作为刚性资源,在应对过程中呈静态。年龄因素更多表现为复合因素。因为随着年龄的增长、生理的成熟,心理也趋于成熟。因此,完全可以认为应对所能调动的资源,应侧重于心理资源方面。

2. 心理资源

(1)社会问题解决能力

当个体确信自己属于高层次群体中的一员时,常常能够有效应对对人有害的问题。可见,自信在应对策略上起能动作用。能力高的学生在大学学习期间,遇到应激环境时总倾向通过积极努力去应对所面临的问题,而且常能控制和解决这些问题。

(2)个体特质

应对研究的特质法就是研究个体是否存在个性倾向的相对稳定和习惯化的应对风格。研究显示,一定的人格特质包括对自身的赞许、对环境的积极态度、正确的观念和内部控制力等在应激事件中起积极作用。传统的观念甚至视应对为人格的反应并主张借助主要人格类型的测定来评价应对。此外,韧性、自我效能、乐观主义与悲观主义、希望以及近来为人瞩目的建设性思想研究,对个体的应对策略均有影响。

(3)控制感

控制感对应对及其效果作用很大,高控制感往往与成功应对、较好的调节和康复联系在一起,内外控研究一般认为内控个体倾向把问题指向应对。拉扎勒斯在1966年提出这两个概念,多数应对研究一直沿用至今。问题指向应对就是指向改变应激引起问题的应对;情绪指向应对就是指向调节对情绪反应的应对;但事实上,与其说它们是应对的两大类型,不如说是应对的两个功能。

综上所述,心理资源在应对策略的影响上有极强的能动性。心理资源的丰富与否在很大程度上决定了应对策略。

3. 社会资源

经济地位对应对有显著的影响。理论研究表明,经济地位与应对策略存在正相关。但这方面缺乏相应的实验支持。当他人对个体表现出同情等亲和情感时,个体的社会资源得以扩展,由挫折事件所引起的心理紧张便得以缓解,应对结果得到了正强化。这种积极的信息反馈,又促使个体进行更加积极的应对努力。因此,社会资源也是通过作用于心理资源而间接对应对策略发生作用的。

总之,应对是机体充分调动各种生理、心理和社会因素对环境刺激做出的反应。心理资源作为最后的直接变量决定应对策略。因此,应对的资源空间,特别是心理资源空间在很大程度上决定了应对的成效。

五、应对策略的类型

1. 消极应对

(1)攻击

攻击是大学生遭受挫折后在愤怒情绪影响下的一种主动发起的进攻行为,在一定程度上带有报复性质。大学生的攻击表现为两种形式:一种是将报复、愤怒的矛头直接指向造成挫折的人或物,如对造成自身挫折的人进行人身攻击、人格侮辱或暴力伤害;另一种是转向攻击,即不便、不能或不敢攻击给自己直接造成伤害的人或物,而将攻击对象转向自己或与挫折无关的其他对象,如在受到"强人"欺负后惩罚自己,在班集体等场合表现不佳回寝室找室友、朋友或"闺蜜"出气等。

阅读材料

挫折总是会引起攻击行为吗?

攻击行为是意图伤害某人或某物的一种反应,也是出现最多的挫折反应之一。尽管挫折与攻击常常联系在一起,但是挫折并不总是引发攻击。当人遇到挫折后,第一反应通常是坚持行为,而不是攻击行为。坚持行为有两个特点:一是顽强努力(vigorous offort),二是多种反应(varied response)。坚持行为是一种健康的行为,可能克服障碍和挫折,使自己的需要得到满足。如果攻击行为能够扫除障碍,那么它同样是一种正确的反应。然而,直接的攻击行为常带有破坏性,在现代社会中是不允许的。此时,往往需要转移攻击目标。因此,攻击的目标可能被转移到其他的人或物上。与真正的挫折来源相比,目标转移后的攻击对象实施报复的可能性较小,使人们感觉比较安全。面对挫折的另一种典型反应是退缩和逃避。逃避的方法有两种:一种是离开挫折源,常见的做法有退学、辞职或离婚等;还有一种方式是心理逃避,常见的做法包括酗酒、服用麻醉品或使自己变得感情淡漠(apathy)。

(2)退行

退行是指大学生面临挫折与压力时,无意识地表现出一种与其年龄、心智极不相称的倒退、幼稚行为。如有的大一新生因不适应大学的学习与生活环境,深夜打电话给妈妈诉说想回家的念头,考试成绩不理想时会苦苦哀求老师等。大学生的退行行为一般不多见,但有这种行为表现时常会被人耻笑,从而有损受挫者自尊以及在他人面前的形象。

(3)冷漠

冷漠是指大学生遭受挫折后表现出的一种无动于衷或漠不关心的心理状态。冷漠往往是在学生不堪忍受焦虑等心理压力、不能进行攻击或攻击无效后发生的一种更隐蔽、更间接、更复杂的心理反应。由于冷漠常常是"愤而不发",将不满埋藏在内心,压抑时间越长,对受挫者的心理危害越深远。

(4)固执

固执是指大学生遭受挫折后,仍然坚持原有想法或重复以前行为的心理反应。例如,有的学生在转向攻击自己的室友或好朋友后仍然坚持原错误言行,不主动认错修复关系;学习效率不高、学习方法不科学导致学习成绩不好时仍然挑灯夜战不反思方法;恋人声明分手后仍然坚持追求……这些坚持或重复不但没有任何效果,反而容易造成恶性循环,使受挫者在挫折中越陷越深,造成的伤害越来越大。

(5)投射

投射是指大学生将自己的失误、错误转嫁给其他对象,以减轻自己的自责心理与负疚感,或认为自己的失误和错误在别人身上或别人所处此境时同样也会发生,以求得心理上的平衡。这是一种"以小人之心度君子之腹"的狭隘心态和错误意识。如有的同学自私自利、心胸狭窄,信守"人不为己,天诛地灭"的错误心态。投射虽有可能使个体减轻心理压力,但这种心理不仅不利于自我反省、自我提高与自我完善,往往还会伤害同学关系或集体利益。

(6)反向

反向是指大学生将自己不切实际或不可能实现的愿望,以一种完全相反的言行或态度表现,以掩盖自己的真实意图,从而减轻自己的心理压力与精神困惑。如有的学生内心非常想接近、追求某个异性,但觉得自己条件相差太远怕遭拒绝,从而表现出毫无兴趣、异常冷漠的态度;有的同学内心非常自卑,却常常以傲慢自大、固执矜持的表现来掩盖内心的脆弱。反向反应如过度使用,会导致大学生从根本上歪曲自我意识,造成动机与行为脱节,严重者可导致心理失常等心理状态。

2. 积极应对

(1)补偿

补偿是指由于主、客观条件等因素的影响,致使大学生的预定目标无法实现时,受挫者根据实际情况重新设定新的目标,以新目标的实现或新需求的满足来弥补原来失败带来的挫折感。如有的同学因身高、体质等因素无法在运动会上为集体争光,转而在写作、思辨等活动上力求突破;有的同学不擅人际交往,便致力于在科学探索与研究、技术发明等方面取得令人称羡的成绩。

(2)升华

升华是指大学生遭受挫折后,将自己不为公众或集体所认可的动机或言行转变为符合公众或集体预期的动机或行为,或者将原较低层次的目标追求上升为较高层次的目标追求。如有的同学多次恋爱遭拒后,潜心学习、奋发努力,在学业上获得巨大成功;有的同学将贬低、嫉妒他人的心情转化为努力向优秀学生学习,不但提升了友谊而且引导双方共同进步与发展。升华既能够消除受挫者原来消极、负面的心理反应,又能使自己或他人达到更高的心理与目标境界。

(3)转换或者修订目标

有的大学生在遇到挫折时,会将自己的愿望转向其他方面,或修改愿望的标准,使其变得更加切实可行,也就是平时所说的"失之东隅,收之桑榆"。

(4)幽默

幽默(humor)是指一个人在遇到挫折时,用幽默的方式来化解困扰,维护心理平衡。

3. 妥协应对

这种形式既不具有积极意义,也不具有消极意义,而是采取一种折中的办法来对待所遇到的挫折,以消除心理上的不平静。

(1)否认

借助否认,那些已经发生的令人痛苦的事实成了根本不曾存在的东西,避免了心理上的不安和痛苦。人生有许多挫折、痛苦甚至灾难,最省事的办法是干脆不予承认,就像根本没有发生过一样,倒落得心安理得。沙漠里的鸵鸟被追击而无法逃脱时便把头钻入沙堆,认为危险看不见就"等于"不存在了。我们常说的"掩耳盗铃""眼不见为净"都是这种妥协方式。

(2)压抑

压抑是指一个人把不能被社会或自己意识所接受的欲望、情感和行为,在不知不觉中压抑到潜意识中去,从而得以保持其内心的"纯洁"和安宁。这是心理防御机制中最基本的方式。由于压抑作用,某些欲望、冲动、痛苦似乎被遗忘了,人在意识上感觉不到焦虑和痛苦,但这并不意味着它们就不存在了。它们并没有消失,仍会以间接的方式表现出来,甚至会使人做出一些莫名其妙的事情。压抑虽然可以暂时减轻焦虑,但问题并没有真正解决。如果经常对挫折进行压抑,并大大超过个人的挫折容忍力,就会导致心理障碍。

(3) 合理化

合理化是指遭受挫折的大学生通过寻求一些所谓合理的理由或事实来解释其所遭遇的挫折,以减轻心理压力和精神痛苦,这便是"甜柠檬""酸葡萄"心理的反应。如有的学生被其追求的异性拒绝后,以对方相貌平平、根本配不上自己为由,减轻自己的挫折感;有的学生面对明显下滑的学习成绩,以近段时间班集体或学生社团活动太多来安慰自己。合理化的心理反应虽可暂缓心理挫折,但可能会影响个体从根本上找出问题与症结所在,无助于问题的解决,只能算是"自我安慰"。

阅读材料

习得性无助

心理学家曾经做过这样一个实验:将一只饥饿的鳄鱼和一些小鱼放在水族箱的两端,中间用透明的玻璃板隔开。刚开始,鳄鱼毫不犹豫地向小鱼发动进攻,它失败了;接着又发动第二次更猛烈的进攻,还是失败了,并且受了伤;经过第三次、第四次……绝望的攻击后,它彻底放弃了。这时候,将隔板拿开,鳄鱼仍然一动不动,只是无望地看着这些小鱼在它的眼皮底下悠闲地游来游去。这在心理学上被称为"习得性无助",是一种对挫折听之任之、自我放逐的心理状态。

当人们遇到不可预测或无法预防的挫折或失败时,也会产生同样的心理反应。例如,那些认为自己的学习成绩提高无望的大学生们往往不思进取、破罐破摔,最后造成在不努力、坏分数和悲观情绪之间的恶性循环,最终走向失败的深渊。

小 结

- 挫折,是指人们在有目的的活动中遇到了无法克服或自以为是无法克服的障碍和干扰,使其需要或动机不能获得满足时所产生的消极的情绪反应。
- 挫折包括三方面的含义:挫折情境、挫折认知和挫折反应。
- 挫折来源也就是指使个体需要不能获得满足的各种障碍和干扰因素。大学生挫折来源可以归纳为两大类:一类是外部因素,另一类是内部因素。
- 从动机冲突的形式上分析,心理学家一般把心理冲突分成四类:双趋冲突、双避冲突、趋避冲突和双重趋避冲突。
- 大学生挫折感的主要来源有环境适应挫折、生活挫折、学习挫折、人际交往挫折、恋爱挫折、择业挫折。
- 挫折对大学生的成长有重要意义,挫折可以使大学生总结经验,吸取教训,在逆境中反思并成熟奋起。

- 挫折承受力是指个体在遭遇挫折情境时,能否经得起打击和压力,有无通过摆脱和排解困境而使自己避免心理与行为失常的一种耐受能力,亦即个体适应挫折、抵抗和应付挫折的一种能力。
- 不良压力会给个体带来不良的心理反应,如焦虑、抑郁、愤怒、悲伤和内疚等。
- 应对策略可以理解为人们为应对内外环境要求及其有关的情绪困扰而采取的谋略、方法、手段,有时又称为应对方式。简言之,应对策略是在应对过程中继认知和评价之后所表现出来的具体的应对活动。
- 挫折的应对资源是指在个体应对应激事件时所能调动的一切心理、生理、社会因素的总和,是决定个体应对策略的综合性背景。
- 挫折应对的心理资源主要有社会问题解决能力、个体特质、控制感。心理资源的丰富与否在很大程度上决定了应对策略的优劣。
- 应对策略的类型包括消极应对、积极应对、妥协应对三大类。
- 提升挫折承受力的途径主要有经验中提高耐挫力,认知上正确对待挫折,行动上勇敢接受挑战,这样才能更好地应对挫折。

* 心理测试 *

逆境适应能力测试

人生总会遇到许多挫折,陷入某些困境,关键是看你如何应对和应对能力的强弱。测试一下自己,或许对你有所启发。

一、选项

1. 你的童年是在父母的溺爱中度过的:
 A. 否 B. 是 C. 不全是

2. 你步入社会后路途坎坷,屡遭人白眼:
 A. 否 B. 是 C. 不全是

3. 如果初恋时被恋人甩掉,你可能会失去生活的勇气:
 A. 否 B. 是 C. 不全是

4. 虽然你的收入不高,但手头总感到宽裕:
 A. 否 B. 是 C. 不全是

5. 让你和性情不同的人一起工作,简直是活受罪:
 A. 否 B. 是 C. 不全是

6. 你从来没有服用过安眠药物:
 A. 否 B. 是 C. 不全是

7. 你的朋友贸然带一个你非常讨厌的人来访,会使你感到恼火:
 A. 否 B. 是 C. 不全是

8. 原定晋升人员名单中有你,可公布名单时不知为什么又换了另一个人。即便如此,你也能心情坦然,并向他表示祝贺:
 A. 否 B. 是 C. 不全是

9. 你看到那些奇装异服,听到那些乱糟糟的音乐,就感到恶心:

A. 否　　　　　　　　B. 是　　　　　　　　C. 不全是

10. 你认为一些新规定、新制度的颁布和实施,都是顺理成章、势在必行的:
A. 否　　　　　　　　B. 是　　　　　　　　C. 不全是

11. 你接连遇到几件不愉快的事,一次比一次感到苦恼:
A. 否　　　　　　　　B. 不确定　　　　　　C. 是

12. 即使同观点不一致的人交谈,你也能心平气和:
A. 不确定　　　　　　B. 是　　　　　　　　C. 否

13. 建立新的人际关系很容易:
A. 是　　　　　　　　B. 否　　　　　　　　C. 不确定

14. 别人擅自动用你的物品,你会生气很长时间:
A. 否　　　　　　　　B. 是　　　　　　　　C. 不全是

15. 即便多次失败,你也不会放弃再尝试的机会:
A. 是　　　　　　　　B. 否　　　　　　　　C. 不确定

16. 对没有完成的重要事情,你会吃不下饭、睡不好觉:
A. 不确定　　　　　　B. 否　　　　　　　　C. 是

17. 至少有一半的成功把握,你才会去做有些风险的事:
A. 不确定　　　　　　B. 是　　　　　　　　C. 否

18. 只要发生流行性感冒,你就会被感染上:
A. 是　　　　　　　　B. 否　　　　　　　　C. 不确定

19. 别人若对你不公正,你会找机会进行报复:
A. 是　　　　　　　　B. 否　　　　　　　　C. 不确定

20. 有空闲时间,你就想看小说和娱乐性报纸:
A. 不确定　　　　　　B. 否　　　　　　　　C. 是

二、计分标准

选择号 得分 试题号	A	B	C
1	5	1	3
2	5	1	3
3	5	1	3
4	5	1	3
5	1	5	5
6	1	5	5
7	1	5	5
8	1	5	5
9	3	3	1

续表

选择号 得分 试题号	A	B	C
10	3	3	1
11	3	3	1
12	3	3	1
13	5	1	3
14	5	1	3
15	5	1	3
16	3	5	1
17	3	1	5
18	1	5	3
19	1	5	3
20	3	1	5

20～50分为A型;51～75分为B型;76～100分为C型。

三、评析

A型:经不起突如其来的变故。

这可能和你一帆风顺的经历有关。你心灵脆弱,经受不住刺激,更经不起意外的打击,即使稍不如意也会使你寝食不安。这是你的一大弱点。建议你主动增强心理承受力,愉快接受生活挑战。同时,也要少注重个人得失,因为应付困难的能力在某种程度上是对个人利益损失的承受力。

B型:心理承受力一般。

通常情况下不会有什么问题,至多有点烦恼。要注意的是,能让自己在大的灾难面前想得开、挺得住。

C型:敢于迎接命运的挑战。

你有不平凡的经历,能面对现实,对来自生活的冲击波应付自如,随遇而安。

案例分析

挫折与应对

案例:

某大二男生,是校文艺骨干,由于一同主持学生文艺节目而与某女生认识,几经交往,对该女生产生了好感。该女生将自己珍藏的在家乡所在市电台客串主持节目的录音带借给他听,并一再叮嘱他要保存好。该男生也确实遵其所嘱,听完后将录音带收藏在枕头底下。但事不凑巧,同宿舍的几个人急于录下收音机里正在播放的一首流行歌曲,匆忙之中翻到那盘磁带……事后,该女生很生气,表示不能原谅他。他本来对该女生很有好感,想借此录音带之事发展两人关系,没想到事情会变成这样。他既窝火又生气,可他却不知道该生谁的气,磁带不是自己弄坏的,藏在枕头下已算是很小心了,自己是无辜的;找同宿舍那几个人算账吧,录歌是大家的主意,谁也不能从完全意义上负责任;要他们一起负责吧,自己还要在宿舍待下去,为一点小事翻脸,对自己日后不利;于是他只好拿桌椅出气……

分析:

这位男生想和该女生发展恋爱关系的愿望,受到了阻碍,遇到了挫折。挫折之后,他想寻求发泄,可又找不到直接发泄的对象,只好拿桌椅进行转向发泄。这也是挫折后的典型反应之一。大学生心理挫折的产生,与挫折事件、挫折情境不无关系,但更主要的与当事人对挫折的认识、看法有关。在案例中,该男生之所以有深深的挫折感,不仅与磁带内容被毁之事有关,更与他对这件事的看法有关。在他看来,那位女生肯定不会原谅自己,更不会再与自己交往了,这件事一点回旋的余地都没有了;自己是无辜的,这件事是不该发生的。正是这种看法使他感到绝望、窝火。如果他换一种看法,认为事情的发生属于意外,是很难避免的,只要自己积极努力,事情还有回旋的余地。如果他这样想,那他就会向对方真诚地道歉,把事情的原委讲给她听,并积极想办法挽回损失,如打电话到当地电台查问有无该节目录音存档,可否转录等等。也就是说,如果当事人对挫折事件有恰当的认识,就会在正确认识的指导下,做出积极有效的心理和行为反应。

* 自我感悟 *

思考与收获

通过对本章的学习,我的思考是 _____
_____

我的收获是 _____
_____

第十二章 大学生生命教育与心理危机应对

随着经济、社会、科技的发展,大学生面临前所未有的发展机遇,亦使大学生陷入前所未有的生命困境。近年来,我国已经出现了严重的自杀问题,而青少年的自杀率也在逐渐升高。部分大学生在思想和行为上表现出对生命的无畏、对生存的无能和对生活的无趣,其根本原因就在于缺乏对于生命的认识。在人才竞争激烈的当今社会,对处在激烈的学习、就业竞争中的大学生来说,开展生命教育尤为重要。本章介绍了大学生生命教育、大学生心理危机的易感因素和高发人群,提出对大学生进行危机干预和创伤治疗的详细措施。

第一节 大学生生命教育

开展大学生生命教育的目的,就是对大学生进行生命与健康、生命与安全、生命与成长、生命与价值和生命与关怀的教育,帮助和引导学生正确处理个人、社会和自然之间的关系,使大学生学习并掌握生存的技能,认识、感悟生命的意义和价值,引导学生建立对自身、对他人和其他生命的尊重、敬畏与热爱之情,提升大学生对生命价值与人生态度的深刻认识。

一、生命教育发展概述

人们对生命问题的关注有着相当长的历史,并且积累了深厚的思想资源。早在古希腊时期,毕达哥拉斯就主张要重视人的生命。他认为在人世间唯有生命可贵,而且一切生命都是平等的、尊贵的,也是神圣的。文艺复兴时期,人文主义教育者提出要把人从宗教和神学的统治下解放出来,把人当作生命体看待,尊重人性。而今天,在存在主义者看来,人的生命的意义和价值在于对现实生活中人的本真生命的关注和呵护,在于摆脱人身上的束缚,在于使自己过一种真诚的生活。

在我国,儒家代表人物孔子指出"天地之性,人为贵"。尊重生命、敬畏生命是儒家学说的基本思想,儒家文化是围绕人而展开的,儒学即人学。道教、佛教等都主张尊重人的生命。蔡元培、陶行知等教育家都提出了尊重个体生命自由发展的主张,蔡元培主张通过自由个性的教育培养"完整的人格"。

生命教育的研究源于人们对死亡的思考。1959年,心理学家赫尔曼的《死亡的意义》一书出版,引起学术界及社会大众对死亡问题的关注和研究兴趣。第一位倡导生命教育的是美国科学家本·唐纳·华特士。他于1968年在美国加州创建"阿南达学校",开始倡导和践行生命教育思想;1979年在澳洲成立的"生命教育中心"(Life Educational Center,LEC)明确提出"生命教育"概念。1990年,英国政府把生命教育课程规定为跨领域课程。2002年8

月开始,生命教育被英国政府纳入国家和学校的正规教育课程。

二、生命教育的内涵

生命首先是一个自然的物质的存在,是人存在的物质基础,脱离了生命,就没有人的存在。正如马克思所说:"人能够有意识的支配自己的生命活动。"生命是一个精神性的存在,这样的精神既包括真理,又包含着激情、直觉、意志、信念,是认知与情感、理性与非理性的统一。马克思强调说:"人的本质是一切社会关系的总和。"人是社会的人,社会是人的存在形式,因此人的生命是社会生命。

所谓生命教育,就是引导学生正确认识人的价值、人的生命,理解生命与生活的真正意义。广义的生命教育是一种全面培养的教育,从肯定、珍惜个人自我生命价值,到他人、社会乃至自然、宇宙的价值,并涉及生死尊严、信仰问题的探讨,包括生死观教育、人生哲学教育、情绪辅导教育、创造思考教育、终身学习教育、生活伦理教育、两性教育、公民道德教育、环境教育等多方面。狭义的生命教育是一种人生观的教育,教育学生认识生命、尊重生命、热爱生命,进而珍惜生命。我国目前基本上从后者的意义上诠释生命教育。

三、大学生生命教育的主要内容

1. 生存信念教育

生存信念是人生基本的信念,是人的一种重要的精神活动,给人们的实际生活以价值上的信念引导,是一个人生存下去的根据和动力。生存教育的开始要引导大学生追求人生的终极价值——人生的幸福,指导大学生确定自己的终极价值抉择与信念系统。人的生命是教育的核心,教育是对生命的关注,因此要确认生存信念教育在学生思想教育中的重要地位。

2. 生命价值教育

生命价值是一种特殊的价值,是人的生活实践对于社会和个人所具有的意义和作用。生命价值包含了自我价值和社会价值两方面。自我价值表现为个体存在的意义、个体需求的满足和社会对个体的尊重和满足;社会价值则表现为个体对社会需求的满足和对社会进步的贡献。生命价值教育就是要帮助学生了解人生的意义、目的和价值,进而珍惜生命和人生,能尊重自己、他人、环境及自然,过有意义的人生,并使自我功能充分发展,贡献他人和社会。

3. 生命发展教育

人的生命是一个不断发展的过程,这种发展既包括生理的发展也包括心理的发展,生命发展教育是遵循生命发展的规律而进行的教育。生命发展教育的实质是挖掘人的内在潜能,充分调动人的积极性和主动性,不断提高个人的生命价值,拓宽生命的宽度。生命发展教育,旨在通过有目的、有计划、有组织地进行生存能力培养和生命价值升华,最终使生命质量充分展现,其宗旨是珍惜生命、注重生命质量以及凸显生命价值。

四、大学生生命教育的意义

大学生生命教育是保证大学生健康成长的客观要求和现实需要,帮助学生了解生命的来之不易,激发学生对自己生命的热爱,以正确的态度看待人生问题,懂得珍惜生命,以积极的态度迎接生活。

1. 促进大学生健康成长

大学时期是个体人生重要的转折时期,青春蓬勃又显得极为脆弱。开展生命教育可以让大学生深刻理解生命的内涵。作为大学生,不仅仅追求"活着",更要追求"有意义地活着"。生命的意义在于让自己有限的生命创造出无限的价值,促使学生尽早规划自己的人生,懂得人的成长不仅包括身体生理的健康,也包括人格的健全,促进自我各方面的协调发展。生命教育可以让学生理解生命与人生的依存关系,进而感受生命之重,懂得生命之义,发展自我,完善自我,提升自我。

2. 帮助学生正确面对压力与挫折

近年来大学生的心理问题普遍存在,有的已经严重影响其学习与生活。北京市六所高等院校曾经统计过本科大学过去10年间造成大学生退学、休学、中断学习的原因,其中心理因素高居首位。从大学生面临的现实问题来看,其心理应激源主要是学习、就业、交往以及经济负担等。生命教育帮助大学生掌握一定的生理和心理知识,了解关于生命的知识,提高他们对生命的感悟和深层认识。面对挫折与应对挫折是人生成长的重要组成部分,部分大学生之所以感到迷茫,是因为没有体验到挫折的真正意义,对人生缺乏精神层面的正确认知。只有经历奋斗和拼搏的失败和成功、奉献与回报,才能升华生命的境界。

3. 帮助学生正确接纳自我

开展生命教育,让大学生认识自我、探索自我、了解自我。进入大学这个新环境中,面对多元化的评价标准,一些在竞争中处于弱势的学生,容易进行不恰当的比较,看不到自己的优点,产生自卑感,不能够正确评价自我。开展生命教育,让大学生认识到自己生命的独特性与特殊性。面对优势不骄傲,不自大;面对缺陷不埋怨,不自卑。培养学生良好的自我意识,引导其正确地面对客观现实,正确地认识自我、评价自我、悦纳自我,并不断努力,积极塑造更加完善的自我。

第二节 危机与创伤概述

> *名言警句*
> 人有旦夕祸福,月有阴晴圆缺。
> ——苏轼

提起"创伤",我们眼前浮现出的大多是身体上血淋淋的伤口。然而,藏而不露的心伤,才是生命旅途上的巨大暗礁。它常常在生命旅途上与人们不期而遇,给人们的心灵带来撕心裂肺的伤痛,使人们的心跌入痛苦的沼泽。这时一双温暖而有力的手——及时、科学的心理创伤咨询和治疗显得尤为重要。

一、什么是心理危机与创伤

1. 心理危机

心理危机是指由于突然遭受严重的灾难、重大的生活事件或精神压力,使生活状况发生显著的变化。尤其是出现了用现有的生活条件和经验难以克服的困难,致使当事人陷于痛苦和不安的状态,有绝望、麻木、焦虑以及自主神经症状和行为障碍的发生。

心理危机可分为以下几种类型:

(1) 发展危机

发展危机可界定为"一个内在形成的情境,它可能源自生理或心理的变化,再加上个体发展、生物性转变与角色变迁等因素"。因此,正常生理与心理发展中所出现的某些现象,也能引发危机反应,如受孕或不孕、婴儿时期与儿童早期、青少年时期的发展危机、性别认同危机、中年危机(包括生涯转变)、退休、老化和死亡等。

(2) 情境危机

情境危机主要指在生活情境中,由于个体某些方面的基本需求不能得到满足而引发的危机。如心爱的人死亡或离去;身体完整性的丧失(如残疾);可能会遭遇上述丧失状况的威胁性或危险性;个人能力范围之外的挑战(如在未做好妥善准备情况下的突然升迁)。

情境危机的出现,是因为发生了个体不能预知或控制不了的不寻常或意外事件,如车祸、绑架、强暴、失业以及突然生病死亡等。情境危机是随机发生的、事出突然的、令人震惊的、致使情绪激动的与变动剧烈的。

(3) 存在性危机

存在性危机是指伴随着重要人生问题出现的冲突和焦虑。大学生群体存在性危机主要涉及由人生存在性问题而产生的心理危机。

2. 心理创伤

威胁到个人的身体、生命或精神的完整性,带来超乎寻常痛苦的人生遭遇,引起个人社会地位或者社会关系网络发生急剧的威胁性改变,引起灾难性反应的事件称为创伤性事件。心理创伤也叫精神创伤,就是由外界因素造成的身体或心理的损害。

其构成创伤的两个条件:a. 事件本身的性质,一般包括现实的、严重的身体或情绪的损害。b. 事件对于受害者所具有的意义。有些体验对所有人可能都是创伤性的,如被强奸;而有些事件则因人而异,这主要看创伤对当事人具有什么意义。

创伤性事件分为三类。

(1) 自然灾难

自然灾难主要有洪涝灾害、飓风、森林火灾、雪崩、山体滑坡、地震等,如唐山大地震、汶川大地震。

(2) 意外灾难

意外灾难主要有地面交通事故、空难、海难、火灾或煤气爆炸、环境灾难(如核灾难)等。

(3) 人为灾难

人为灾难主要是由暴力、犯罪和恐怖主义引起的家庭暴力、抢劫、枪击、爆炸、强奸、拐卖、性侵犯、性虐待、拷打或关禁闭、战争、恐怖活动等。

(4) 其他的重要生活事件

其他的重要生活事件如重要丧失(失业、离婚、死亡等)、不公正待遇、医疗事故、经历他人死亡过程等。

二、大学生常见危机与创伤

大学生的心理危机是指大学生个体或群体面临大于其承受能力范围的压力时所产生的一种心理失衡的状态。大学生心理危机一旦发生并出现结果，就会对个体、他人(包括亲人、师生，甚至社会)产生强烈破坏性的影响。

1. 躯体疾病导致的心理危机

大学生在患急性疾病时容易出现以下心理反应：a. 焦虑。轻者感到紧张、忧虑、不安，重者甚至感到大祸临头。b. 恐惧。轻者感到担心、疑虑，重者惊恐不安。c. 抑郁。可致使情绪低落、悲观绝望、言语减少，不愿与人交往，严重者甚至出现自杀念头或者行为。

大学生在患慢性疾病时容易出现的心理反应：a. 抑郁。性格内向的当事人尤其容易产生这类心理反应。b. 性格改变。如总是责怪、埋怨、挑剔，对躯体方面的微小变化非常敏感。

2. 失恋导致的心理危机

失恋可引起严重的痛苦和愤懑情绪，有的可能出现自杀行为或攻击行为，攻击恋爱对象或所谓的第三者。

3. 亲人死亡导致的哀伤反应

哀伤是人们对于失落所产生的一种正常而自然的情绪反应。哀伤的反应是复杂的，有时候不仅仅会有单纯哀伤反应，还会涉及其他更多的认知、行为与情绪的反应。通常与死者关系越是密切的人，产生的哀伤反应也就越严重。亲人如果是猝死或意外死亡，如突然死于交通事故或自然灾害，引起的哀伤反应最为严重。

有些哀伤反应是正常的，但是有些哀伤反应却会延迟出现、压抑、过度强烈或持续过久，变成未完成的、慢性化的哀伤，影响生命的质量与人际关系。

(1) 急性反应

急性反应是指在听到噩耗之后陷于极度痛苦的反应。严重者情感麻木或者昏厥，也可能出现呼吸困难或窒息感，或痛不欲生、呼天抢地，或处于极度激动状态。

(2) 哀伤反应

哀伤反应是指当事人在居丧期间出现焦虑、抑郁，或自己认为对死者生前关心不足而感到自责或有罪。当事人脑子里常浮现死者形象或出现幻觉，难以开展日常活动，甚至不能料理日常生活，常伴有疲乏、失眠、食欲降低和其他胃肠道症状。严重的抑郁者可产生自杀企图或行为。

(3) 病理性居丧反应

如果哀伤或抑郁的情绪持续数月以上，有明显的激动或迟钝性的抑郁，自杀企图持续存在，幻觉、妄想、情感淡漠、惊恐发作，活动过多而无哀伤情感，行为草率或不负责任等，则为病理性居丧反应。

4. 重要考试失败导致的危机

重要考试失败导致的危机是指对个体本身具有重要意义的考试失败引起痛苦的情感体验,通常表现为退缩、不愿与人接触等。

三、大学生心理危机易感因素

大学生心理危机主要与其本身的年龄阶段和所处的环境有紧密的关系,研究者认为大学生的心理危机源自个体内部和环境两方面。

1. 个体内部的影响

(1)"自我同一性"危机

"自我同一性"危机是由美国心理学家埃里克森提出的。在埃里克森看来,自我认同危机是一种严重的心理冲突,个体常会模糊自身存在的状态,一切变得不确定,无法将已获得的认识与对自我的评价协调起来。大学生在寻找和确立自我的过程中,常常由于理想自我与现实自我的矛盾产生心理危机,这在大学生中普遍存在。其根本原因就是不能正确地评价自己与他人,容易产生强烈的挫折感,由过分的自尊转变为过分的自卑甚至自暴自弃。

(2)个性缺陷

人格是个体较为稳定的心理特征,如相对稳定的世界观、人生观、价值观和一个人的气质、性格等,都体现于人格特征之中。因此,当面对压力时,如何理解和处理事件,都会受到人格特征的影响。有研究表明,个性外向的大学生面对压力时,常能以较灵活和理性的态度对待现实。他们不仅善于依靠自己的努力去克服困难,而且善于利用外部的力量来帮助自己应对挫折;而性格内向的大学生遇到困难和挫折时,易表现出不思进取、无动于衷和缺乏人际交流的心理状态。轻生的人中,性格有缺陷的占相当大的比例。这些人往往心理承受能力差,人格偏执,易冲动或怯懦退缩,一旦面临危机就会手足无措、心理崩溃,找不到正确的解决办法。更有一些自闭孤僻的人不愿意与人交流,从而使自己因无法获得外界帮助而丧失了接受干预的机会,进而产生不理智的过激反应,对自己或他人的生命造成伤害。

(3)生理和心理矛盾

青年大学生生理和心理的发展正处在特殊时期,对人生和社会问题的认识飘忽不定:有时正确而深刻,有时错误且肤浅;有时客观而全面,有时主观且偏激。在大学生的意识之中,也常有自相矛盾的情况:独立性与依赖性交织,情绪与理智并存,强烈的求知欲和相对较差的识别力博弈,理想与现实脱节等。这种不稳定的心理状态如果受到外界因素的干扰和影响就很容易产生心理危机。

(4)个体应对策略不当

应对策略是个人面对应激事件和压力时所采取的行为方式。面对危机,心理健康的人常常能够正视危机,冷静解决;而有心理缺陷的人却常因认知偏颇、情绪失控、意志丧失而造成极为严重的后果。

2. 环境的影响

有研究者指出,现代社会转型加速,科技迅猛发展,社会竞争压力加大,不少大学生精神迷茫,常常陷入剧烈的心理冲突之中。伴随着科技的发展,社会对人才智能的要求越来越高,对人才需求的数量却越来越少。在优胜劣汰的激烈竞争中,一些同学整天忧心忡忡,表现出严重的危机感。

学校为了提高毕业生就业率以便在生源竞争和高校评估时处于更好的位置,于是在学科设置和课程数量等方面给学生带来沉重的学业负担。另有一些同学为了适应市场经济对人才的需求,不断地给自己施加各种压力,除了要完成学校规定的课程外,计算机水平等级考试,外语水平的提高,各种职业资格证书的获取都成了学生步入社会寻求发展的敲门砖;考研、出国也已成了大学生新的追求目标。

近年来就业形势严峻。大学生为增加就业机会拼命参加各种形式的等级考试和资格考试,使得自己长期处于身心疲惫的状态,从而引发心理危机。就业、生存、发展三座大山同时压在大学生身上,无形中加剧了大学生的心理压力与精神压力,一旦努力失败,会带来严重的心理挫折感。

3. 社会支持系统的缺乏

发展个体社会支持系统应该是危机干预策略的重要内容和发展的必然趋势。大量研究结果表明:在相同社会压力情境下,那些受到来自朋友或家庭较多的心理或物质支持的人,比受到较少支持的人身心更为健康。有人认为,社会支持作为个体所拥有的持久的建设性资源,能够为个体提供广泛、多样的支持。这些支持包括情感支持、指向任务的协助、关于期待和反馈的交流、获得多样化的新信息和社会交流机会、陪伴和娱乐以及归属感等,对个体适应危机情境、成功地度过危机具有极其重要的意义。

4. 性生理的成熟与性心理的不完善

大学生已经进入青年中期,性生理已经基本成熟,性意识不断增强,有性冲动的需求,对异性的友谊和爱情产生渴望。但由于性心理不完善和不成熟,生活经验欠缺,对青春期性冲动和性要求理解不当,大学生常会产生紧张、恐惧、羞涩甚至不正当的行为。还有的学生因陷入感情旋涡、失恋、单相思等问题的困扰产生苦闷、惆怅、失望、悔恨与愤怒的情绪,给身心带来严重的影响,甚至发展为精神疾病。

5. 早期家庭教育不良

心理专家认为,一个人在少儿时期形成的认知结构将会影响其一生。然而目前一些家庭的错误教育观念成为导致孩子心理问题的不可忽视的因素。当今的大学生,大多在儿童时期没有接受良好的心理教育,或多或少地存在心理的缺陷。一些学生的心理障碍在中小学时期便已成形。因此,提高大学生心理健康的水平,重新整合大学生的认知结构,构建现代化的人格和价值观念,加强对大学生的心理健康教育显得更加重要。

四、大学生常见的危机反应

危机发生后,个体会在躯体、认知、情绪和行为等方面发生种种变化。从过程来看,个体在经历危机后可能会出现以下一系列的反应:

1. 震惊

危机发生后,当事人表现出周期性或持续性的颤抖、长期的心烦意乱或不断否认、极端不安和精神恍惚、混乱。

2. 责怪

当事人不断地责怪自己或责怪他人,反复假想如果当初做什么或不做什么,事情的结局就会不一样。当事人此时会伴随极其强烈的内疚感,往往认为事情的发生是由于自己的错误引发的,不断地自责。

3. 焦虑

危机中的个体可能因为害怕、恐怖、忧虑而不知所措。其情绪可能会突然发作,经常坐立不安,并且借助于抽烟、喝酒、吃东西、打电话等行为来减轻焦虑,并伴随着出汗、头痛、心悸、胸痛、战栗、过度换气等生理症状。如果经历危机的个体不断地思索、幻想和诉说,反复体验创伤,一般正常的问题就会被夸大。其实问题并没有设想的那么严重。

4. 抑郁

人们在面临危机时往往表现得很抑郁,特别是在极端的情况下,会极度地悲伤、痛心和绝望。在这种情况下的个体表现得很无助,会认为面对如此情景,无论采用什么方法和手段都无济于事,无论怎样做都无法摆脱这种情况。

5. 逃避和专注

危机当事人可能会装作若无其事,假装适应的反应。这是所有的心理危机反应中最敏感的。有些人好像成功地应对了创伤和压力,但事实上他们只是故作轻松。假装适应的反应是一种自由抑制、自我克制等综合构成而支撑起来的相当脆弱的防御方法。假装适应的个体很少主动寻求帮助。

6. 情绪休克

个体被所经历的创伤事件弄得不知所措,感到茫然和麻木,时常有种"这并没有真正发生在我身上"的感受。他们也经常表现出眼神呆滞、说话恍惚,难以集中注意力,走路僵硬,并且很容易受到暗示的影响。一些个体由于突发事件而引起的压力反应是对他人的攻击,总觉得能够发泄心中的怒火和重新获得自尊的唯一途径就是毁灭那个他们认为伤害了自己的人;有些个体则是自我毁灭式的,例如酗酒、飙车、狂欢,直到神志不清。

7. 寻求改变

危机中的个体虽然对事件的不确定感到难受,处理问题的能力受到了限制,但他想获得别人的帮助,寻求途径摆脱困境,只不过常常采用一些不当的方式来处理问题。

第三节 危机干预与创伤治疗

> *名言警句*
> 累累的创伤,就是生命给你的最好东西,因为在每个创伤上面都标志着前进的一步。
> ——罗曼·罗兰

大学生心理危机干预是指根据心理危机干预的理论,找出影响大学生心理危机的因素,提出对策,制定步骤,恢复个体认知、情感和行为方面的功能,最终使大学生心理危机得到及时有效的缓解,变"危"为"机"。

一、什么是危机干预

危机伴随着人一生的发展,谁也不能避免危机。危机是一种认识,当个体感觉到外界环境或某一具体事件存在着威胁,仅仅依靠个体自身的资源和应对方式无法解决困难时,就产生了危机。一般来说,危机具有两面性,包含着危险和机遇两层含义。如果危机严重威胁到一个人的日常生活和家庭的其他成员,而个体又无法找到合适的解决办法,就有可能导致个体的精神崩溃甚至自杀,这种危机是危险的;但是如果一个人在危机阶段能够及时得到适当有效的治疗性干预,往往不仅会防止危机的进一步发展,而且可以帮助个体学到新的应对技巧,从而使个体的心理恢复平衡。

危机干预是随时对经历个人危机、处于困境(或遭受挫折)、将要发生危险(如自杀)的人提供帮助和支持,使之恢复心理平衡,达到危机前行为水平的短期治疗过程。可以理解为当当事人无法通过自身因素调整自身心理问题时,就应该采用外界手段干预的方式,对当事人进行提前治疗,以防止不良后果的产生。

二、大学生心理危机的预防

大学生心理危机的预防与干预应以预防为主。预防是前提,是基础,也是关键。只有把预防工作做实做好,才能有效地降低心理危机及恶性事件的发生。与狭义危机干预相比,预防是一项更为主动、积极,也是更有意义的工作。防范、预警、干预是学校做好大学生心理危机预防与干预的三条基本途径,其中防范和预警属于预防的两个基本环节。

1. 防范心理危机

要提高广大学生预防和应对心理危机的能力,就要学会利用各种教育形式,使学生了解心理危机的基本常识,学会辨认心理危机,增强危机中求助和助人的意识与能力;帮助学生完善心理品质,提高面对挫折的能力;指导学生认识并学习应对现实生活中可能遇到的各种挫折;让学生接受必要的社会实践锻炼,在实践中感受挫折、经受考验、锤炼意志、提高能力。

2. 预警心理危机

对可能发生的心理危机进行预报与监管,把心理危机控制、消除于危机发生的早期。预警心理危机,首先要建立科学的、易操作的预警指标,以便于及时发现危机的征兆。可根据刺激源、情绪变化、行为表现和生理反应四项内容,设定简易的和专业的两套预警指标,前者供非专业人员(如普通教师、行政管理人员、后勤服务人员、学生等)参考,后者由专业人员(如心理咨询专职教师、医务人员、社会工作者)掌握。容易引发心理危机的高危时段包括以下方面:学习、生活环境变化以后(如新生入学、改换专业、调换班级与寝室等);重要考试前和成绩公布后;评优选干的前后;受到惩处之时;群体或个体性突发事件(或重大变故)发生后;发生严重冲突以后;与学生自身利益密切相关的规定、措施出台(调整)后;毕业前夕、求职期间等。

 阅读材料

米缸里的老鼠

一次,一只老鼠不小心掉进了盛满大米的米缸里,都说"老鼠爱大米",这只老鼠望着自己喜欢的白花花的大米,高兴不已!想起从前担惊受怕、朝不保夕的日子,它心中忽然涌动着幸福感。望着满满的米缸,它畅想未来:以后再也不用为生计而奔波,可以安享美味佳肴了,真是"赛神仙"的日子,连做梦都想不到的生活!它不由得笑出声来……就这样,老鼠天天过着丰衣足食的生活,无忧无虑,它对自己的生活很满意。日子一天天流过,老鼠的身体也渐渐地肥胖起来,米也在渐渐地下移。直到有一天,老鼠厌倦了这种生活,想到外面的世界去看看,但很不幸的是,它发现自己离缸沿越来越远,臃肿的身体也已经使它无法跳跃。它开始无助地哭喊起来。直到它的哭声引来了主人,主人看到这只肥硕的老鼠,轻而易举地就把它消灭了。

3. 干预心理危机

干预心理危机是指心理危机发生后进行的"情绪急救"。有效的危机干预,既要具备快速的反应机制和干预通道,又要具备有力的管理措施和科学的干预技术。在心理危机干预中,要遵循安全、健康和人道的原则:确保经历危机的人和可能被危及的同学、教师的安全,不抱侥幸心理,不放松警惕;干预方法、途径和措施既要保证安全,也要符合人们的身心卫生要求,利于健康;在干预、处理危机过程中,学校要关心、保护学生的眼前和长远利益,充分体现人性化和人道主义原则。

三、危机干预的实施

危机干预本身属于一种心理卫生的救助措施,主要对心理适应陷入危机状态者给予适时救援,助其渡过危机,并根据个体情况转向有关机构进行治疗。处于危机中的当事人,常常容易对能够帮助到自己的自身资源进行忽略,而自我支持技术的目的在于从自身的角度出发来解决危机、调整情绪,使自身的功能水平得到恢复。

1. 寻求滋养型的环境

个体在危机中陷于莫名其妙的恐惧和不知所措的境地,不知道发生了什么事情,也不知道将来会发生什么事情,但可以肯定的是,那些过去有类似经历的人能够从其经验中得到帮助。因此,向有经验的人或心理咨询老师求助,是寻求解决问题的办法之一。

2. 积极调整情绪

危机的出现会使人们极度地紧张和沮丧,这些情绪反应不仅是内在的、强烈的不适感,而且是消极的挫折体验,将使危机进一步恶化。当危机超出个体控制以及个体无力改变外部事物时,把握自己的情绪尤为重要。情绪调节法包括抑制、分散等回避痛苦的方法。这些方法能转移人的消极思想和情绪,为个体心理重建赢得时间。当遇到的痛苦得到宣泄的时候,情绪会适度舒缓,因此向朋友倾诉、自我对话、大声独白和心情记录都是调整情绪的方法。

3. 建立良好的人际关系

孤立无援的个体希望能够得到别人的帮助。在危机期间和危机过后,个体都需要与周围的人保持良好的人际关系,但不一定是提供强烈的情感支持,而是与其保持日常联系,共同分享经验,共同面对事物。这有助于遭受危机的个体重新适应社会,还可以分散注意力,缓解消极紧张情绪。另外,每个人在与朋友的交往中都带有肯定自我的成分,倾向于选择能肯定其自我价值的人做朋友。

4. 面对现实,正视危机

在危机的前期,个体习惯采用积极的态度来应对危机,利用一切可以利用的资源来避免危机带来的损害。但到了危机中后期,当个体应对危机的策略失败,个体感到绝望的时候,他们就会消极地逃避现实,采取退缩的策略来应对危机。而面对现实、正视危机,有利于个体激发自身潜在的力量,动员一切资源寻求危机的解决办法。

5. 暂时避免做出重大决定

处于危机中的个体处理问题的能力比平时要低,由于个体受到问题和情感的双重困扰,搜集和处理信息的能力受到一定限制。个体在对面临的问题无法进行深入分析、掌握的信息量又少的情况下,很难做出正确的决策。个体虽然很想摆脱危机,努力去寻找一切解决问题的办法,但处于危机中的个体往往无法控制住局势,经常无功而返,甚至造成更大的伤害。因此,在危机时期,不做重大决定,有利于个体的自我保护,避免再次受到伤害。

> ∗ 名言警句 ∗
>
> 只要脊梁不弯,就没有扛不起的山。
>
> ——洪战辉

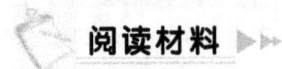

阅读材料

心理干预的七步模型

七步模型由艾伯特·罗伯特提出,用于帮助处于急性的心理危机、急性的情境性危机和急性的应激障碍的人群,包括以下七个步骤:

1. 彻底的生物心理社会评估和危机评估。设计对于危险性的迅速评估,包括自杀、杀人或暴力的危险性、药物治疗的需要、毒品和酒精滥用等情况的评估。

2. 快速建立友善的治疗关系。向对方表示你的尊敬和接纳是关键。要极力去迎合当事人的话题,并保持中立而不做评判,尽量确保不要表露个人观点。保持冷静,并使局面处在掌控之中。

3. 识别问题。用开放性问题让当事人用自己的语言解释和描述他(她)遇到的问题,这样便于危机干预工作者了解问题真相。可以感受到危机干预工作者的关注与理解,对当事人来讲很重要,而且也有利于友善、信任关系的进一步建立。第二步、第三步采用问题解决中心的疗法,识别当事人的能动性和应对资源,包括对其以往有效应对策略的辨别。

4. 用积极的倾听技巧来处理感情和情绪的问题。利用鼓励性的语言,让当事人感到危机干预工作者在仔细聆听,这些口头反馈在电话干预中尤为重要。除此之外,反应、解释、情绪定性等都是可使用的技巧,反应包括重复当事人所说的话、所表达的感情和想法;解释包括用危机干预者本人的语言来重复当事人的话;情绪定性包括归纳出隐含在当事人话语中的情感,如"你听起来非常生气"。

5. 通过识别当事人的能动性和以前成功的应对机制,寻求可供选择的方法。危机干预者和当事人的合作能使潜在的应对资源更为丰富,供选择的方法范围更为广阔。因此,危机干预工作者的创造性、灵活性和应变能力是成功干预的关键。

6. 贯彻行动计划。危机干预工作者应在限制性最小的模式下帮助当事人感到有自主性,这一步骤中重要的环节包括识别可供联系的人和转接资源以及提供应急机制。

7. 反复制订计划并达成一致。第一次会面后,危机干预的工作者应与当事人达成一致,共同确定能使危机得到解决的计划。这可以通过电话和面对面交流来完成。

四、创伤治疗

精神创伤(或心理创伤)是指那些由于生活中遭受严重的伤害事件所引起的心理、情绪甚至生理的非正常状态。这种不正常的状态可能比较轻微,经过一段时间(通常在3个月之内)的自我调整就能痊愈。但是也有一些精神的创伤影响会持续较长的时间,甚至是终生的。对于较为严重的精神创伤,在心理学和精神科的分类中被称为"创伤后应激障碍"(Post-Traumatic Stress Disorder,PTSD)。创伤治疗首先要做的是情绪稳定化。

严重的创伤所产生的后果可以让正常人人格解体、失去现实的检验,可以出现思维的混乱以及严重躯体反应,因此需要在绝对安全环境下进行安抚性的治疗。这种旨在提供安全、信任关系,提供身体照顾和情感支持的治疗称为"稳定化治疗"。它是在受害者启动恐惧系统时所使用的一种疗法,包括躯体接触(拥抱、握手)、提供基本生活所需(开水、毛毯等)、不急于解释而隔绝恐惧的来源(如将受害者带离现场或用隔离布将现场隔离,并告知个体,他们现在所有的情绪反应都是对非常事件的正常反应)。

稳定化的其他重要技巧如想象训练。因为所有创伤者特别是幼年时期的创伤受害者均有着丰富却可怕而失控的想象。所以,给他们传递稳定的、积极的想象,教其学会正确的想象办法是稳定化的核心。这些技术包括生命树、安全岛、保险箱、内在帮助者等。此外,还可以采用小组治疗方法和药物治疗方法。

治疗创伤案例分析

案例:

一位来自偏远山区的农村女大学生,家庭经济很困难。从农村来到城市上大学后,面对林立的城市高楼、陌生的同学面孔、繁重的大学学业,她感到应接不暇,正在此时,她的父亲因车祸而突然离世。从家里回来,她几乎垮掉了!天天以泪洗面,不止一次在同学中提起为什么那么多的事情都降临在她的头上,她觉得没有勇气继续活下去。在这种情况下,同学们建议她进行心理咨询。

分析:

对于该生目前的状况,咨询师首先帮助她检索自己的资源。在家里,她有爱她的母亲与亲密的兄长,哥哥为帮她完成学业不惜牺牲自己读书的机会;在大学里,有关心她的同学和教师,特别是她面临生命的重大丧失——失去了爱她的父亲时,同宿舍同学给予她心理与情感上的强有力的支持,老师给她发邮件,鼓励她从痛苦与阴影中走出来……咨询师让她懂得她并不是一个人孤独地站立在黑暗中,有很多人关心、支持、理解、爱着她,该生慢慢地认识到自己并不是一个不幸的人,尽管遭受挫折,仍旧有很多人关爱着她。

接着,面对重大丧失,咨询师给她进行专业的哀伤辅导,让她与父亲进行了道别。该生一直认为"父亲是因为供我读书,超负荷的劳动加上疲劳,因此在驾车时发生了车祸……"她一直将父亲的去世认为是自己的过错,这些非理性的想法加上罪恶感一直压迫着她。通过哀伤辅导,该生开始正视父亲的离去,并理清思绪,能够乐观地、独立地面对生活。

最后,建立真正意义的适应,在给予适当支持的基础上,让该生能够独立应对生活中的困难和挫折,达到真正的自我成长。

小 结

- 所谓生命教育,就是引导学生正确认识人的价值、人的生命,理解生命与生活的真正意义。广义的生命教育是一种全面培养的教育,从肯定、珍惜个人自我生命价值,到他人、社会乃至自然、宇宙的价值,并涉及对生死尊严、信仰问题的探讨。
- 大学生生命教育的主要内容包括生存信念教育、生命价值教育和生命发展教育。
- 大学生生命教育的意义是促进大学生健康成长、帮助大学生正确地面对压力和挫折、帮助大学生正确接纳自我。
- 心理危机是指由于突然遭受严重的灾难、重大的生活事件或精神压力,使生活状况发生显著的变化,尤其是出现了用现有的生活条件和经验难以克服的困难,致使当事人陷于痛苦和不安的状态,有绝望、麻木、焦虑以及自主神经症状和行为障碍的发生。
- 心理危机可分为发展危机、情境危机和存在性危机。
- 威胁到个人的身体、生命或是精神的完整性,带来超乎寻常痛苦的人生遭遇,引起个人社会地位或者社会关系网络发生急剧的威胁性改变,引起灾难性反应的事件,称为创伤性事件。
- 心理创伤也叫精神创伤,是指由外界因素造成的身体或心理的损害。构成创伤的两个条件包括事件本身的性质和事件对于受害者所具有的意义。
- 大学生的心理危机是指大学生个体或群体面临大于其承受能力范围的压力时所产生的一种心理失衡的状态。
- 大学生常见危机与创伤主要有以下几种:a. 躯体疾病导致的心理危机。b. 失恋导致的心理危机。c. 亲人死亡导致的哀伤反应。d. 重要考试失败导致的危机。

- 大学生心理危机主要与其本身的年龄阶段和所处的环境有紧密的关系。研究者认为,大学生的心理危机源自个体内部和环境两方面。内部因素主要有自我同一性危机、个性缺陷、生理和心理矛盾、个体应对策略不当;环境因素主要有社会转型造成的迷茫和危机感、学业压力过重、就业形势严峻、经济压力过大。此外,社会支持系统薄弱,人际关系紧张、性心理不成熟和早期家庭教育不良也是大学生心理危机的易感因素。
- 个人遭遇危机后常见的反应有震惊、责难、内疚、焦虑、抑郁、逃避、专注、情绪休克、寻求改变。
- 危机干预是随时对经历个人危机,处于困境(或遭受挫折)、将要发生危险(如自杀)的人提供帮助和支持,使之恢复心理平衡,达到危机前行为水平的短期治疗过程。
- 从自我支持技术来看,个体应对危机的方法有寻找滋养型的环境、积极调整情绪、建立良好的人际关系、面对现实正视危机、暂时避免做重大决定。
- 防范、预警、干预是学校做好大学生心理危机预防与干预的三条基本的途径,其中防范和预警属于预防的两个基本环节。
- 精神创伤(或心理创伤)是指那些由于生活中具有严重的伤害事件所引起的心理、情绪甚至生理的非正常状态。这种不正常的状态可能比较轻微,经过一段时间(通常在3个月之内)的自我调整就能痊愈。但是也有一些精神的创伤影响会持续较长的时间,甚至是终生的。对于较为严重的精神创伤,在心理学和精神科的分类中被称为"创伤后应激障碍"。(Post-Traumatic Stress Disorder,PTSD)。

* 心理测试 *

自测题

1.你何时感觉最好?(　　)。

A.早晨　　　　　　　　　　B.下午及傍晚

C.夜里

2.你走路时是(　　)。

A.大步快走　　　　　　　　B.小步快走

C.不快,仰着头面对前方　　D.不快,低着头

E.很慢

3.和人说话时,你(　　)。

A.手臂交叠站着　　　　　　B.双手紧握

C.一只手或两手放在臀部　　D.碰触或推与你说话的人

E.玩着你的耳朵、摸着你的下巴或用手整理头发

4.坐着休息时,你的(　　)。

A.两膝盖并拢　　　　　　　B.两腿交叉

C.两腿伸直　　　　　　　　D.一腿蜷在身下

5.碰到你感到发笑的事时,你的反应是(　　)。

A.一个人欣赏地大笑　　　　B.笑着,但不大声

C.轻声地咯咯地笑　　　　　D.羞怯地笑

6. 你去一个派对或社交场所时,你(　　)。
A. 很大声地入场以引起注意
B. 安静地入场,找到你认识的人
C. 非常安静地入场,尽量保持不被注意

7. 当你非常专心地工作时,有人打断你,你会(　　)。
A. 欢迎他　　　　　　　　　　B. 感到非常愤怒
C. 在欢迎与愤怒两极之间

8. 下列颜色中,你最喜欢哪一颜色(　　)。
A. 橘红色　　　　　　　　　　B. 黑色
C. 黄色或浅蓝色　　　　　　　D. 绿色
E. 深蓝或紫色　　　　　　　　F. 白色
G. 棕色或灰色

9. 临入睡前几分钟,你在床上的姿势是(　　)。
A. 仰躺,伸直　　　　　　　　B. 俯趴,伸直
C. 侧躺,微蜷　　　　　　　　D. 头睡在一手臂上
E. 被子盖过头

10. 你经常做梦梦到你在(　　)。
A. 落下　　　　　　　　　　　B. 大叫或挣扎
C. 找东西或人　　　　　　　　D. 飞翔或漂浮
E. 平常不做梦　　　　　　　　F. 梦都是愉快的

现在将所有分数相加,然后对照分析,看自己属于哪种类型。

分　数：

第1题　(A)2分；(B)4分；(C)6分

第2题　(A)6分；(B)4分；(C)7分；(D)2；(E)1分

第3题　(A)4分；(B)2分；(C)5分；(D)7分；(E)6分

第4题　(A)4分；(B)6分；(C)2分；(D)1分

第5题　(A)6分；(B)4分；(C)3分；(D)5分

第6题　(A)6分；(B)4分；(C)2分；

第7题　(A)6分；(B)2分；(C)4分；

第8题　(A)6分；(B)7分；(C)5分；(D)4分；(E)3分；(F)2分；(G)1分

第9题　(A)7分；(B)6分；(C)4分；(D)2分；(E)1分

第10题　(A)4分；(B)2分；(C)3分；(D)5分；(E)6分；(F)1分

参考解析：

1. 低于21分：内心的悲观者

人们认为你害羞、神经质、优柔寡断,需要别人照顾、永远要别人为你做决定,不想与任何事或任何人有关。你也是一个杞人忧天的人,一个永远认为存在着问题的人。有些人认

为你令人乏味,只有那些深知你的人知道你不是这样的人。

2.21～30分:缺乏信心的挑剔者

你的朋友认为你勤勉刻苦、很挑剔,是一个谨慎、非常小心的人,一个缓慢而稳定的辛勤工作者。如果你做任何冲动的事或无准备的事,你会令他们大吃一惊。他们认为你会从各个角度仔细考察一切后仍然经常决定不做,因为你天生小心。

3.31～40分:以牙还牙的自我保护者

别人认为你理智、谨慎,注重实效,是一个伶俐、有天赋、有才干而且谦虚的人。你不会很快、很容易和人成为朋友,但一旦成为朋友就是一个对朋友非常忠诚的人,同时要求朋友对你也有忠诚的回报的人。那些真正有机会了解你的人知道,要动摇你对朋友的信任是很难的,一旦这信任被破坏,会使你很难熬。

4.41～50分:平衡的中道

别人认为你新鲜、有活力、有魅力,讲究实际,而且永远有趣,经常是群众注意的焦点。然而你是一个足够平衡的人,不至于因此而昏了头。朋友们也认为你亲切、和蔼、体贴,能谅解人,是一个永远使人高兴并会帮助别人的人。

5.51～60分:吸引人的冒险家

别人认为你具有令人兴奋、高度活泼、相当易于冲动的个性,是一个天生的领袖、一个做事果断的人——虽然你的决定不总是对的。你大胆且喜欢冒险,愿意尝试任何事,因为你总能带来刺激,朋友们喜欢跟你在一起。

6.60分以上:傲慢的孤独者

在别人眼中,你自负、以自我为中心,是一个有极端的支配欲、统治欲的人,别人可能钦佩你,希望会多像你一点,但却不会永远相信你,会对与你有更深入来往有所犹豫。

* 自我感悟 *

思考与收获

通过对本章的学习,我的思考是＿＿＿＿＿＿＿＿＿＿＿＿＿＿＿＿＿＿＿＿＿＿＿＿

我的收获是＿＿＿＿＿＿＿＿＿＿＿＿＿＿＿＿＿＿＿＿＿＿＿＿＿＿＿＿＿＿＿＿＿

参考文献

[1] 王群.大学心理健康教育[M].上海:复旦大学出版社,2004.

[2] 周春明,徐萍.大学生心理健康[M].北京:北京理工大学出版社,2009.

[3] 陈桂香,王凤兰.大学生心理健康教育[M].北京:中国农业出版社,2010.

[4] 陈林.挫折是上帝掉下来的礼物[M].北京:北京航空航天大学出版社,2009.

[5] 张大均.大学生心理健康教育[M].北京:科学出版社,2009.

[6] 张国成,等.大学生心理健康指导[M].沈阳:辽宁科学技术出版社,2009.

[7] 汪元宏,吴贵春,等.大学生心理健康教育[M].合肥:合肥工业大学出版社,2006.

[8] 蔺桂瑞,杨芷英.大学生心理健康与人生发展:成长,从关爱心灵开始[M].北京:高等教育出版社,2010.

[9] 王云霞.大学生心理健康教程[M].西安:西北工业大学出版社,2009.

[10] 程样国,等.点亮心灵的明灯——大学生心理导航[M].南昌:江西高校出版社,2008.

[11] 王剑,王和平.大学生心理健康教育——呵护心灵 健康成长[M].长春:吉林大学出版社,2011.

[12] 孙玫璐.生涯规划[M].上海:华东师范大学出版社,2007.

[13] 张大均,吴明霞.大学生心理健康[M].北京:清华大学出版社,2007.

[14] 贾晓明,陶来恒.大学生心理健康——走向和谐与适应[M].北京:北京理工大学出版社,2005.

[15] 黄希庭.大学生心理健康教育[M].上海:华东师范大学出版社,2009.

[16] 金宏章,张劲松.大学生心理健康教育——理解·规范·提高[M].北京:科学出版社,2010.

[17] 刘嵋.心理健康教育与辅导教程[M].北京:机械工业出版社,2007.

[18] 王为正,韩玉霞.大学生心理自助读本[M].北京:科学出版社,2010.